Climat, mégafeux, inégalités

Questions contemporaines

Collection dirigée par Jean-Paul Chagnollaud,
Bruno Péquignot et Xavier Richet

Chômage, exclusion, globalisation… Jamais les « questions contemporaines » n'ont été aussi nombreuses et aussi complexes à appréhender. Le pari de la collection « Questions contemporaines » est d'offrir un espace de réflexion et de débat à tous ceux, chercheurs, militants ou praticiens, qui osent penser autrement, exprimer des idées neuves et ouvrir de nouvelles pistes à la réflexion collective.

Dernières parutions

Milène Coitoux (avec la participation de René Badache), *Le puzzle de la république. Marianne et le discernement,* 2022.
Martin NAYO, *Les enjeux et défis du contrôle social au temps de la Covid-19. Une société excessivement sous contrôle mais jamais en sécurité*, 2022.
Pia STALDER, Nanga Désiré COULIBALY et Christian AGBOBLI, *L'humour comme scène de jeux et enjeux sociaux. Perspectives internationales et interdisciplinaires*, 2022.
Michel Caudry (avec la collaboration de Dolores Lina Torres), *Il faut réparer notre médecine*, 2022.
Matthieu BORTOLIN, *La contestation domestiquée et son deuil. La révolte des gilets jaunes*. 2022.
Nicole PÉRUISSET-FACHE, *Vivre au XXIe siècle*, 2022.
Jean-François KUNTGEN, *Management et connaissance de soi*, 2022.
François CHARPENTIER, *Ces histoires qui ont tué le PS. De la Mnef au Cref*, 2022.
Hervé de TRUCHIS, *La pratique de la démocratie : nouveaux défis. Oser la confiance*, 2022.
Sabine NDZENGUE AMOA, *Santé pour tous et problématique des brevets sur les médicaments*, 2022.
Jocelyne KISS, Geoffreyjen EDWARDS, Thierry BELLEGUIC, *Penser la vulnérabilité, penser la situation de handicap,* 2022.
Rafik HIAHEMZIZOU, *L'islamophobie intellectuelle : une critique*, 2022.
Yvon QUINIOU et Nikos FOUFAS, *La possibilité du communisme*, 2022.

Philippe Nikonoff

Climat, mégafeux, inégalités

Pourquoi nous n'anticipons plus ?

L'Harmattan

5-7, rue de l'Ecole-Polytechnique, 75005 Paris
http://www.editions-harmattan.fr
ISBN : 978-2-14-030117-9
EAN : 9782140301179

Table des matières

Avant-propos

Qu'il s'agisse de climat, de chômage, d'incendies, d'inondations ou de pandémies, l'immense majorité de la communication institutionnelle, des débats ou des publications insiste beaucoup plus sur les responsabilités individuelles que sur celles que pourrait avoir notre système socio-économique. Ainsi, la communication sur les émissions de gaz à effet de serre porte sur les bons gestes des consommateurs. S'ils ne font pas ces bons gestes, nous serons collectivement punis par le changement du climat. Cette communication moralisante réduit le changement climatique aux comportements de consommateurs plus ou moins vertueux. Elle n'implique ni les États, ni les entreprises, ni la façon dont les biens que nous consommons sont produits, transportés, conçus pour durer peu de temps et remplacés avant d'être hors d'usage du fait d'une course effrénée à la nouveauté. De même, les inégalités sociales sont absentes du débat alors que les 10% les plus riches génèrent 50 % des émissions mondiales de CO^2 quand les 50 % les plus pauvres n'en émettent que 10%[1]. Enfin, les grandes entreprises sont les principales émettrices de gaz à effet de serre, les cent premières d'entre elles étant impliquées dans 70 % du total mondial. Les actions pour réduire les émissions devraient donc les concerner prioritairement, mais ce n'est pas le cas et les émissions progressent de façon continue.

La réflexion et l'action pour limiter le changement climatique ne peuvent négliger ces réalités. En juin 1992, la conférence sur le climat organisée par les Nations unies à Rio de Janeiro a insisté sur la nécessité de réduire les émissions de gaz à effet de serre. Cette année-là, les émissions mondiales s'élevaient à 21 milliards de tonnes, elles ont pratiquement doublé depuis et certaines hypothèses tablent sur 53 milliards de tonnes dès 2030. Manifestement, les bons gestes ne suffisent pas et ne suffiront pas. Agir pour limiter le changement climatique ne pourra se limiter aux comportements individuels, il faut désormais regarder du côté des entreprises, des États et du système économique lui-même. La même communication est à l'œuvre concernant l'évolution de l'emploi. Selon de nombreux rapports officiels, la hausse du chômage résulterait principalement de salariés qui ne se forment pas, ne sont pas assez flexibles, ne quittent pas leur région en déclin pour des zones plus dynamiques, etc.

---

[1] Cf. *Inégalités extrêmes et émissions de CO^2*, Oxfam, décembre 2015 p 4.

Le fait que des actionnaires ferment une entreprise mais la recréent dans un autre pays pour améliorer la rentabilité et donc leurs dividendes est hors sujet. Le fait que la part des profits dans la richesse créée ait explosé depuis quarante ans est également hors sujet. La façon dont les technologies nouvelles sont déployées est aussi hors sujet. Pourtant, lorsque des actionnaires décident d'investir dans des technologies nouvelles, c'est parce qu'ils anticipent davantage de rentabilité. Ces technologies visent à réduire les coûts, notamment la masse salariale qui constitue souvent le principal poste de dépenses. Mais comme l'augmentation des températures moyennes, l'augmentation du chômage serait davantage le produit de comportements individuels inadaptés que le produit des stratégies des entreprises. Dans le meilleur des cas, ce sont les dirigeants des entreprises qui sont critiqués et il suffirait de pointer les responsabilités personnelles des PDG d'Ali Baba ou d'Amazon. Mais les entreprises qu'ils contrôlent, les banques qui financent leur croissance, les accords internationaux qui favorisent l'explosion du commerce mondial sont des non-sujets. Alors que la logique d'entreprise domine la société contemporaine, l'entreprise elle-même disparaît lorsqu'il s'agit de réfléchir au climat, à l'emploi, la pauvreté et les inégalités.

De la même façon, la persistance de la pandémie de coronavirus est présentée comme le résultat du comportement inadapté d'individus qui ne se vaccinent pas ou ne respectent pas les gestes barrières. Mais nous vivons dans une économie mondialisée dans laquelle les marchandises et les personnes circulent massivement et rapidement, ce qui crée les conditions de la circulation des maladies contagieuses. Dans ce contexte, la qualité du système de soin et les moyens qui lui sont consacrés sont à prendre en compte. Cela d'autant plus que depuis plus de vingt ans, de nombreux spécialistes affirment que la pression sur les écosystèmes débouchera sur une succession de pandémies. C'est ce qu'analyse Marie-Monique Robin dans une remarquable enquête sur la pandémie de coronavirus[1]. Elle démontre que la destruction des écosystèmes, la déforestation, l'élevage industriel et l'expansion urbaine créent les conditions de pandémies à répétition. Le risque sanitaire ne se résume donc pas aux personnes rétives aux vaccins et il faut, dans ce domaine également, voir plus loin que les individus.

[1] Cf. Marie-Monique Robin, *La fabrique des pandémies. Préserver la biodiversité, un impératif pour la santé planétaire*, Cahiers libres La Découverte 2021.

Quel que soit le domaine, notre système socio-économique est absent des réflexions et des analyses. Il ne serait jamais responsable des catastrophes, qu'elles soient climatiques (réchauffement, inondations, mégafeux), sanitaires (pandémies) ou sociales (chômage, inégalités). Seuls les individus seraient responsables dans ces catastrophes. Des individus mis sur un pied d'égalité, qu'il s'agisse de propriétaires d'entreprises géantes agissant sur un marché mondial et comptant des centaines de milliers d'employés, de livreurs à vélo pour Uber ou de cueilleuses de thé sri-lankaises payées 70 euros par mois. Se limiter aux comportements individuels et occulter les responsabilités de notre système socio-économique empêche de comprendre pourquoi les émissions de gaz à effet de serre continuent à augmenter et pourquoi l'inaction climatique persiste depuis plus d'un quart de siècle. L'analyse des catastrophes environnementales ou sociales à laquelle nous procédons dans ce livre montre qu'il existe une cohérence entre l'inaction et la sous-estimation des risques. En effet, lorsqu'on sous-estime un risque, on ne s'y prépare pas, on ne l'anticipe pas. N'étant pas anticipé, il devient comme inexistant et on ne s'organise pas pour l'éviter ou en limiter les conséquences. Les sommes qu'il faudrait investir pour s'en protéger ne sont pas mobilisées, car les actionnaires et dirigeants des grandes banques et entreprises ont convaincu les électeurs qu'il fallait réduire la fiscalité et les dépenses publiques pour ne pas peser sur les profits. Ils les ont également convaincus de ne pas mettre en place de politique rigoureuse en matière environnementale et obtenu que le coût des nuisances qu'ils génèrent ne leur soit pas facturé. La responsabilité des entreprises disparaît, mais puisque les émissions continuent à progresser, il faut un bouc émissaire : l'individu sans vertu. Si on veut véritablement s'attaquer aux sources du dérèglement climatique, des mégafeux et des inégalités, il faut au contraire partir du système économique et non des individus. Plus précisément, il faut étudier sous un autre angle le mythe fondateur de l'efficacité.

En effet, l'efficacité d'une dépense ne se mesure pas de la même façon dans une entreprise ou dans un service public. Les services publics ne génèrent pas de chiffre d'affaires et leur efficacité ne se mesure pas en termes de productivité ou de rentabilité. Comment calculer la rentabilité d'un enseignant, éducateur spécialisé, soignant, pompier, gendarme, militaire, juge, musicien ou animateur ? Les effets de leurs actions sont très complexes et les services publics ne visant pas la rentabilité, ils ne peuvent pas utiliser les mêmes indicateurs simples que les entreprises.

Celles-ci ont un objectif individuel (dégager une marge financière qui pourra se traduire en dividendes pour les actionnaires), elles n'ont aucun objectif collectif (faire société). Pour une entreprise, une dépense est efficace si elle génère des bénéfices, elle est inefficace, donc inutile, si elle génère des pertes. Réduire la mesure de l'efficacité de l'action publique à des indicateurs créés pour mesurer des pertes et des profits surestime l'efficacité des dépenses privées mais sous-estime l'efficacité de l'action publique. Dans cette conception, toute dépense qui augmente les coûts pour les entreprises est jugée inefficace si elle n'améliore pas leur rentabilité. Cela débouche logiquement sur le rejet de tout scénario de crise future et c'est ce qui se passe depuis au moins un quart de siècle. La façon dont l'inaction climatique a été construite en est l'illustration. Dès le début des années quatre-vingt-dix, le coût d'une tonne de CO^2 émise dans l'atmosphère était estimé entre 4 et 150 euros. Mais les institutions internationales et les gouvernements ont systématiquement retenu les estimations les plus basses afin de ne pas peser sur la rentabilité des entreprises (et donc sur les dividendes versés). Sur la base de cette hypothèse minimaliste, le coût de l'action pour éviter le changement climatique était estimé à 1% du PIB mondial en 1995 (trois ans après la conférence de Rio). Il se situe désormais entre 12 et 20% du PIB mondial, soit une multiplication par douze à vingt en un quart de siècle. Cette croissance vertigineuse du coût de l'action résulte du refus initial d'augmenter les dépenses pour les entreprises et de réduire leur rentabilité. Cette incapacité à anticiper, cette incompétence construite ne s'est pas répandue par hasard et repose sur trois piliers :

1. Puisque l'efficacité de l'action publique est plus complexe à mesurer que celle des entreprises, c'est la nécessité de cette action elle-même qui est contestée.
2. Puisque l'action publique est présentée comme inefficace, la dépense publique est inutile.
3. Parce que le marché est supposé capable de régler n'importe quel problème, les scénarios de crise sont rejetés. Les entreprises privées sauront gérer les risques grâce à l'innovation, à condition qu'elles soient libérées de toute entrave. L'Etat doit donc se retirer et laisser faire le marché.

Mais la réalité est plus complexe que ce raisonnement simpliste :

- La circulation accélérée des marchandises dans un marché mondialisé contribue au changement climatique, à la circulation des virus mais aussi à la déqualification des emplois.

- La suppression de ces emplois repose sur des technologies gourmandes en CO^2, lesquelles contribuent par conséquent au changement climatique.
- Les monoproductions agricoles visant un marché mondial favorisent les mégafeux, contribuent au changement climatique et au développement d'une agriculture intensive, industrielle et chimisée. Ces monoproductions accentuent la déforestation et aggravent les risques pandémiques et climatiques.

Les statistiques disponibles montrent que les émissions de gaz à effet de serre progressent considérablement depuis soixante ans et que le rythme de progression accélère depuis vingt-cinq ans. Le volume du commerce mondial explose et accélère également depuis vingt-cinq ans. Ces progressions sont liées. Les différentes catastrophes que nous connaissons déjà ne sont pas le résultat de dysfonctionnements de notre système économique. C'est son fonctionnement normal, sa cohérence interne qui débouche sur le changement climatique, les inégalités, les mégafeux ou les pandémies. Cette cohérence doit être mise en évidence si on souhaite lutter simultanément contre ces risques majeurs.

On peut néanmoins comprendre ceux qui croient que quelques individus sont responsables de ces catastrophes. En effet, outre qu'il est plus difficile de remettre en cause un système économique que chercher un individu coupable, cet individu imaginaire rassure. On peut ainsi espérer que l'identifier suffise à régler le problème en l'empêchant de nuire. En revanche, il est angoissant de constater que le système économique qui génère nos emplois, nos revenus et notre consommation est devenu nuisible. C'est la logique interne à notre système socio-économique qui est devenue le problème. Si les analyses se limitent à pointer des responsabilités individuelles, même s'il s'agit de milliardaires, on ne peut comprendre pourquoi l'inaction climatique est la règle, pourquoi les inégalités sociales s'accentuent, pourquoi la France réduit les moyens consacrés à préserver les forêts et lutter contre les incendies, etc.

Dans le monde réel, les groupes mondiaux privilégient des technologies économes en emploi mais gourmandes en CO^2 et étendent sans cesse la circulation mondiale des marchandises. Cette stratégie est très rentable et génère des dividendes considérables mais elle favorise le dérèglement climatique, les inondations, les mégafeux, les pandémies.

La crise climatique est le produit de notre système socio-économique, elle n'a rien à voir avec un complot ou un combat métaphysique entre le bien et le mal. Ce système est à la fois une économie de marché et une économie capitaliste. Il s'agit d'une économie de marché parce qu'il repose sur l'achat et la vente de biens, de services et de travail. Ce marché est souvent idéalisé et présenté comme un lieu d'échange (souvent local) équilibré entre des participants égaux. Cette imagerie n'a rien à voir avec l'économie globalisée dans laquelle nous vivons.

Il s'agit d'une économie capitaliste parce que si ce système repose sur l'achat et la vente, les participants ne sont pas à égalité dans cet échange. Il existe un groupe social qui dispose de moyens de production ou de ressources à investir et un groupe social qui cherche à vendre sa capacité de travail et qui ne dispose pas de capital. Florence Jany-Catrice se demande ainsi s'il faut « penser l'économie par le capitalisme ou par l'économie de marché[1] ». Elle rappelle que les analyses en termes de marchés amènent à considérer les crises comme de simples dysfonctionnements dont la solution passe par une amélioration des mécanismes du marché (davantage de concurrence, création de nouveaux marchés, etc.). A l'inverse, si on étudie ces crises en prenant en compte le caractère capitaliste de notre économie, on peut s'interroger plus largement et notamment prendre en compte les inégalités entre groupes sociaux. Cela amène alors à constater que les grands groupes mondiaux sont contrôlés par des actionnaires privés. Ces groupes imposent leur modèle économique, basé sur la spécialisation internationale, la circulation des marchandises et l'automation/robotisation de la production. Ce modèle est gourmand en CO^2, économe en emploi mais très rentable. Comprendre cette réalité aide à mieux comprendre l'alternative qui s'offre à nous :

- Soit poursuivre dans cette logique économique qui génère du CO^2, des inégalités croissantes et des profits, au détriment de l'emploi et du revenu des plus pauvres.
- Soit rompre avec ce modèle et repenser l'ensemble des règles du commerce international et la fiscalité pour favoriser le circuit court et la proximité. Cet autre modèle émet beaucoup moins de CO^2. Mais dans la mesure où il a besoin d'emplois et d'infrastructures pour fonctionner, il génère aussi moins de profits.

---

[1] Cf. Florence Jany-Catrice, *Peut-on dissoudre le concept de capitalisme dans celui de marché ?* France culture, 21 septembre 2021

Pour être efficace, l'action pour limiter le changement climatique doit donner la priorité à une fiscalité contraignante. Celle-ci devra passer par une forte limitation des profits liés aux délocalisations et aux automatisations/robotisations afin de favoriser le circuit court, l'emploi de proximité, les productions relocalisées, plus faiblement émettrices de CO^2 que celles intégrées dans une logique mondiale à bout de souffle. Mettre en place cette fiscalité représenterait une ponction d'environ 12% du PIB mondial. Cette rupture est possible. La part des profits est passée d'environ 25 % de la richesse mondiale au début des années 1980 à environ 45% en 2020.

Faire peser cette fiscalité en totalité sur les profits ramènerait leur part dans le PIB mondial autour de ce qu'il était au début des années 1980. Il semble donc possible d'agir enfin et de faire porter les sacrifices sur les plus riches, lesquels sont également de très loin les principaux émetteurs d'équivalent CO^2.

Cela ne veut pas dire dédouaner les petits émetteurs de leurs obligations, car les gestes individuels sont nécessaires. Mais sans action globale sur les conditions de la production, ils seront largement insuffisants. Il faut s'attaquer aux sources des émissions de gaz à effet de serre et donc au mode de rentabilisation de notre système socio-économique. Ce qui doit être sacrifié est la logique du profit à tout prix, car ce modèle a épuisé sa capacité d'impulsion. Nous devons développer une économie de proximité, donnant la priorité à l'emploi plutôt qu'aux profits et aux émissions de gaz à effet de serre. Des profits en augmentation et toujours plus CO^2 mais peu d'emplois et de revenu. Ou moins de profits et de CO^2 mais davantage d'emplois et de revenus. À nous de choisir.

Chapitre I Penser autrement la dépense publique pour penser vraiment le futur

La première pandémie de coronavirus a révélé un manque criant d'équipements lourds (en réanimation par exemple) mais également en petits matériels (masques, gants, vêtements à usage unique pour les soignants, gel hydroalcoolique pour les salariés travaillant en EHPAD, aux caisses de magasins, les AESH[1], etc.). Sans oublier le manque de tests et la pénurie d'une série de médicaments nécessaires en réanimation, notamment les analgésiques, curare, sédatifs, relaxants musculaires, etc. Le même constat est fait concernant les moyens de lutte contre les incendies, le système éducatif, etc. Ces pénuries résultent des décisions de plusieurs gouvernements successifs, donnant une priorité absolue à la baisse des dépenses publiques. Ces restrictions ont aggravé les conséquences de la pandémie en termes de mortalité, d'effets dominos dans d'autres secteurs d'activité et donc de chômage, de pertes de ressources fiscales, de baisse du PIB. Cette crise est ainsi l'occasion de faire le point sur deux sujets :

I. Pourquoi choisir le terme de dépense plutôt que d'investissement lorsque les pouvoirs publics évoquent l'action publique ?

II. Une tradition prospective intègre l'idée qu'il faut impérativement envisager plusieurs scénarios, dont celui de l'inacceptable. Dans le cas du coronavirus, des mégafeux ou du changement climatique, chacun peut voir que ces scénarios ne font pas partie des options envisagées. Pourquoi ? Est-ce lié au fait qu'ils supposent des dépenses ? Quels sont les mécanismes qui amènent à rejeter une partie des scénarios possibles pour le futur ?

Ce chapitre montre la nécessité d'une approche systémique qui dépasse la question des comportements individuels. Il donne le cadre qui permet de comprendre pourquoi le climat se dégrade (chapitre deux), pourquoi le risque sur l'emploi que fait peser un certain usage des technologies nouvelles n'est pas pris en compte (chapitre trois) et pourquoi il en est de même des mégafeux (chapitre quatre).

[1] Accompagnants d'Enfants en Situation de Handicap.

I/ La dépense publique, un terme trop simple pour rendre compte d'actions complexes

Le mot dépense vient du latin *dispendere* qui signifie distribuer et qui a donné naissance à dispendieux, qui nécessite une grande dépense, onéreux. Le dictionnaire Larousse fournit plusieurs synonymes du terme : frais, paiement, charge, débours, débit, décaissement, consommation. Au fond, le terme de dépense fait davantage penser à une cigale inconséquente qu'à une fourmi besogneuse et prévoyante. C'est sans doute ce que pense le Premier ministre français qui évoque une addiction française à la dépense publique[1] en juillet 2017. Pourtant, à y regarder de plus près, cette dépense publique comporte deux aspects. Elle est en partie liée au fonctionnement[2] et pour partie une préparation du futur par le biais d'investissements. Mais ces investissements préparent-ils vraiment le futur ? En principe non, ils ne sont pas faits pour préparer le futur mais pour s'adapter à des futurs possibles :

- Un futur qui poursuit la tendance constatée dans le passé (futur au fil de l'eau).
- Un futur sur lequel la puissance publique choisit d'agir fortement par des investissements importants.
- Un futur qui prend en compte un ou des risques majeurs, crise économique ou financière, pandémie, dérèglement climatique, perte massive de terres agricoles du fait d'inondations ou de mégafeux, tempêtes récurrentes, guerre aux portes de l'Europe, etc. (futur inacceptable). Ces risques peuvent se cumuler, ce qui correspond à une évolution véritablement inacceptable mais dont il faut pourtant étudier les conséquences pour essayer de s'en prémunir.

Comme beaucoup d'autres pays, la France subit depuis trente ans un appauvrissement de la notion de dépense, symbolisé par la notion d'addiction. Il n'y a plus d'investissement public pour préparer le futur mais seulement une dépense indifférenciée. Il faudrait une dose quotidienne de dépense, sans projet autre que cette dose, puis attendre la suivante le jour suivant et ainsi de suite.

---

[1] Cf. Edouard Phillipe, Assemblée nationale, 4 juillet 2017.

[2] Dont les salaires, par exemple ceux des hospitaliers, en baisse de 1% en 2018 et de 0,8% en 2019. Cf. INSEE, informations rapides n°2020-81, 26 mars 2020 et INSEE première n °1872, septembre 2021.

La dépense publique est ainsi définie comme négative en elle-même, d'autant qu'elle suppose des financements par l'impôt ou l'endettement :

- Les impôts sont présentés comme contre-productifs au point d'avoir donné naissance à une formule célèbre mais non démontrée, *trop d'impôt tue l'impôt.* L'économiste américain Arthur Laffer a popularisé ce terme à la fin des années 70 au travers d'une courbe qui montrait selon lui la naissance d'une allergie fiscale à partir de certains taux d'imposition. À la même époque, Milton Friedman parlait de la drogue de l'inflation. Allergie, addiction, drogue, ce lexique médical revient à comparer les corps et les Etats : Un Etat est malade s'il dépense trop. Les États-Unis sont ainsi un corps/Etat très sain puisque la dépense publique et les impôts y sont réduits. Par comparaison, la France apparaît atteinte d'une addiction à la dépense publique. Dans cette optique, le modèle américain est considéré comme plus sain que le modèle français.
- La dette sert aussi à financer les dépenses publiques. En réalité, la dette ne finance pas des dépenses, mais des dépenses de fonctionnement (essentiellement les salaires) et des investissements pour préparer le futur. C'est d'ailleurs le raisonnement des entreprises qui recourent à l'endettement pour se développer. Les ressources obtenues par la dette vont accélérer leur croissance en créant un effet de levier. Les profits supplémentaires générés seront supérieurs au coût supplémentaire de la dette.

Pour les entreprises, s'endetter est un acte positif s'il s'inscrit dans un projet stratégique. Mais dans le cas des Etats, la dette serait négative par nature et il n'y aurait pas d'effet de levier. La dette constituerait alors une pression supplémentaire sur le budget national. Pourtant, aucune recherche ne démontre que l'investissement (donc la dépense et la dette) serait bon pour les entreprises mais néfaste pour les Etats, les collectivités territoriales ou le secteur hospitalier. En considérant la dépense et la dette publique comme toujours négatives, cette idéologie crée en outre un sérieux problème. En effet, puisque dépenser moins est l'objectif, les responsables des budgets publiques refuseront de prendre en compte des hypothèses de crise majeure dans leurs prévisions budgétaires. Ils prendront en fait le risque de nier l'existence de risques parce que leur priorité est la réduction des dépenses publiques, des impôts et de la dette.

II/ Comment prendre en compte l'inacceptable dans les scénarios prospectifs ?

A/ Toute prospective suppose plusieurs scénarios

Réaliser un travail prospectif suppose d'envisager plusieurs scénarios, dont celui d'un évènement jugé improbable mais néanmoins possible : rupture technologique qui rend caduque une filière et pertes massives d'emplois, rupture climatique et environnementale, multiplication de tempêtes détruisant les forêts, mégafeux, montée des eaux rendant inhabitables certains littoraux, pandémies, etc. Au début des années quatre-vingt, les travaux prospectifs ne rejetaient pas de façon systématique les hypothèses inquiétantes, éloignées de la moyenne des autres scénarios. Ces écarts n'étaient pas systématiquement considérés comme le produit d'erreurs méthodologiques mais comme un autre éclairage, un autre futur possible. La notion d'alternative n'était pas constamment rejetée par principe, il y avait débat, controverse et le terme « alternatives » avait droit de cité. Dans ces débats, la question du coût de l'action venait dans un second temps. Il fallait d'abord identifier les risques, établir des scénarios, estimer les coûts qui leur étaient associés et enfin informer les décideurs politiques afin qu'ils prennent des décisions en toute connaissance de cause.

Les élus comme les administrations centrales entendaient d'autant plus aisément ces futurs possibles que les cadres des collectivités et nombre de dirigeants nationaux admettaient la nécessité de se préparer à différents futurs. Penser l'avenir intégrait plus souvent des hypothèses de rupture, des déséquilibres systémiques et donc des crises majeures.

Les politiques publiques étaient alors supposées pouvoir s'adapter, par l'impôt, la réglementation, la dette ou un compromis entre ces différentes options. Mais ces scénarios intégrant des ruptures non voulues ont progressivement perdu droit de cité et la dépense publique a été présentée comme négative par nature. Cette régression a d'ailleurs été facilitée par les difficultés récurrentes de mesure objective de ses effets.

B/ Si l'asymétrie informationnelle dépense/efficacité sociale n'est plus pensée, l'efficacité de l'action publique est sous-estimée.

Toute politique publique repose sur un compromis entre son coût et son efficacité. Cette phrase, simple en apparence, est en réalité truffée d'embuches. En effet, le coût d'une politique publique est aisément mesurable par le biais des sommes mobilisées pour la mettre en place. Mais si la dépense est aisément mesurable, son efficacité ne l'est que partiellement, car les effets d'une action publique sont rarement uniquement monétaires. Illustrons le propos par une simple piste cyclable. Sa mise en place peut contribuer à réduire le trafic routier et changer la mobilité de proximité (vélo, trottinette, marche). Elle peut donc contribuer à réduire les émissions de CO^2 et de différents polluants. Cette partie physico-chimique est aisément calculable. Mais cette piste peut aussi contribuer à limiter la survenue de maladies pulmonaires. Or, mesurer ses effets sur la santé humaine est nettement plus complexe à calculer, car il faut élaborer des modèles basés sur des études épidémiologiques prenant en compte la génétique, les habitudes alimentaires, les conditions de vie et de travail, le cocktail chimique que subissent les personnes susceptibles d'emprunter cette piste, etc.

Ces travaux devraient savoir estimer que tenant compte de leurs pathologies, certaines personnes auraient une probabilité plus élevée de mourir sans la piste cyclable alors qu'elles seraient sauvées grâce à la réduction locale des polluants atmosphériques. De telles hypothèses sont extrêmement complexes à élaborer et leur fiabilité est d'autant plus réduite que l'échantillon de population concernée est faible. Autrement dit, le modèle statistique sera probablement crédible s'il est appliqué à un échantillon très important, d'échelle nationale ou mondiale. Mais son application locale est très aléatoire, car elle dépend d'une multitude de facteurs, variables dans chaque espace et dans chaque période. Par exemple, l'exposition au vent favorise plus ou moins la dissipation des polluants. Mais il faut également prendre en compte, la concentration des émissions dans la journée, les pathologies des usagers, les autres expositions comme les perturbateurs endocriniens, etc. Les problématisations et travaux de méthodologie sur ces sujets ont parfois plusieurs décennies d'ancienneté, il ne s'agit donc pas d'une découverte récente[1].

---

[1] Notamment Cohen de Lara et Dron 2001, *Evaluation économique et décision publique. Vers un renouveau des méthodes du calcul économique public ?* Métropolis Cf. Jean Pierre Nicolas, *Le coût des nuisances des transports : méthodes d'évaluation*

Enfin, ils devraient déboucher sur des mesures monétaires afin de donner un caractère objectif à la dépense effectuée d'un côté, aux économies réalisées de l'autre. Le point de départ est le calcul du montant d'investissement nécessaire pour éviter des morts supplémentaires. Ce chiffre correspond ainsi à une estimation du « coût » d'un mort, calculé à partir du « Montant tutélaire que la collectivité acceptera implicitement ou explicitement de prendre en compte pour une vie sauvée, ou fauchée[1]». Cette valeur traduit les représentations collectives de la valeur de la vie, le revenu moyen du pays concerné, son PIB[2], son système de santé, etc. Ainsi, des valeurs très différentes existent selon les pays. Elles ne traduisent pas la valeur d'une vie humaine dans l'absolu mais ce que la société pense raisonnable de dépenser pour éviter une mort supplémentaire. En fait, cette valeur exprime de façon indirecte le PIB et le pouvoir d'achat du pays concerné mais aussi celui de la personne considérée.

Ainsi, l'Assemblée nationale montre en 1999 que les différences de niveau de développement entre pays se traduisent par des écarts d'un à vingt entre les estimations[3]. Ces valeurs sont également liées à l'âge de la victime, c'est-à-dire au nombre d'années de revenu et de consommation perdus. Le calcul établi à partir des ventes manquantes est par conséquent socialement très marqué et soulève de profondes questions sociales, éthiques et politiques. Comment calculer la valeur des productions et consommations perdues par la mort précoce d'un lycéen ?

---

et usage des résultats obtenus, document de travail n° 98/02. Stéphane Luchini 2001, *De la singularité de la méthode d'évaluation contingente. Économie et Statistiques* n° 357/358, 2002. Christophe Ripert, *Transport/logistique de marchandise et environnement*, note de réflexion 02/11/2000. *Quantification de polluants et consommations liées à la circulation routière,* Comptes 1999 des transports, janvier 1999. Brossier et Leuxe, *Les nuisances générées par les transports*, juin 2000. *Un exemple d'externalité : la mesure des coûts complets du transport routier,* APPA n° 64, premier semestre 2003. *L'internalisation des coûts externes et la prise en compte de l'environnement dans la politique des transports*, SNCF 1997.

[1] Cf. *Transports, choix des investissements et coût des nuisances,* Commissariat général au plan, 2001.

[2] Le PIB annuel correspond à la somme des valeurs ajoutées brutes produites sur une année.

[3] Cf. *Les coûts de production de l'électricité*, Assemblée nationale, rapport de l'Office parlementaire d'évaluation des choix scientifiques et technologiques, 1999. Également, *Fiscalité de l'environnement*, rapport du Conseil d'analyse économique, 24 juillet 1998.

Faut-il prendre en compte la catégorie socioprofessionnelle de ses parents, leur revenu et leur patrimoine et considérer que ce lycéen aurait dû avoir la même vie que ses parents ? Qu'il ne serait pas lui-même devenu un cadre supérieur ou un riche homme d'affaires (s'il est fils d'ouvrier ou d'ouvrière par exemple) ?

Ou un ouvrier (s'il est fils de cadre supérieur ou d'un homme ou d'une femme d'affaires) ? On comprend que ces mesures sont très complexes et reposent sur une multitude d'hypothèses. Cette complexité résulte d'une asymétrie d'information : la dépense publique est mesurable à l'*instant t* (financer une piste cyclable) mais l'effet de cette dépense ne l'est pas.

Ceci est particulièrement vrai dans les domaines qui touchent à l'essence même de l'humain (maladies, morts ou accidents évités, échecs ou réussites scolaires, insertion ou exclusion, etc.). Il existe ainsi une double rupture dans l'information :

- Le coût de l'action publique est mesurable mais ses effets ne le sont pas toujours. Il est possible de mesurer une dépense mais il est pratiquement impossible d'estimer une recette. La mesure monétaire apparaît ici insuffisante du fait de la complexité et de la diversité des effets de l'action publique.
- Le prix payé par une entreprise est mesurable mais les effets de sa stratégie ne le sont pas totalement du fait d'externalités négatives (pollutions, changement climatique, mégafeux).

La complexité des mesures monétaires résulte de la difficulté à estimer les coûts complets d'une pollution, d'une dégradation de l'environnement, du changement de climat, etc.

Ces difficultés se traduisent par des mesures qui peuvent varier d'un à dix, cinquante ou cent selon les hypothèses retenues et les connaissances scientifiques disponibles au moment des études. Qui doit prendre en charge la pollution générée par une entreprise particulière ? La collectivité ou l'émetteur de cette pollution ? Et dans les deux cas, comment la mesurer ? En termes de volumes uniquement (tonnes de CO^2, de souffre, de plomb, etc.) ? En essayant de donner une valeur monétaire à ces volumes émis ? Il n'existe à ce jour pas d'autre solution que de donner une valeur monétaire à ces coûts afin d'avoir un cadre d'analyse et d'action. C'est ce qui permet de débattre de la face cachée de toute activité économique et de réfléchir à la façon dont elles doivent s'insérer dans notre environnement au sens large.

Donner une valeur monétaire ne signifie pas autoriser les entreprises à polluer en payant. C'est au contraire les faire payer pour qu'elles ne polluent plus, qu'elles intègrent dans leurs prix de vente le coût réel de leur activité.

C'est ce coût réel qui permet de réorienter l'économie vers une organisation compatible avec la préservation du climat. Si ce coût n'est pas pris en compte, les entreprises peuvent continuer à épuiser les ressources de la planète sans aucune conséquence pour leur rentabilité. S'il est pris en compte, elles sont contraintes de revoir leur organisation.

Cela peut favoriser la relocalisation des activités productives et réduire massivement les transports mondiaux de marchandises, extrêmement coûteux en termes d'émissions de CO^2.

C/ Les coûts externes, un sujet centenaire !

Ces questions ont été soulevées il y a plus de cent ans. L'économiste anglais Arthur Pigou en pose les bases dès 1920 en mettant en évidence l'existence d'externalités. Il préfigure ainsi le principe du pollueur-payeur dans un livre fondateur[1]. Ces réflexions sont malheureusement restées confinées dans un cercle étroit. En particulier, elles sont exclues du champ de réflexion et de modélisation de l'économie néo-classique qui domine les débats depuis l'arrivée au pouvoir de Margaret Thatcher et de Ronald Reagan[2]. Elles le sont également de leurs héritiers au pouvoir dans de nombreux pays qui continuent à sous-estimer le risque environnemental et à surestimer la capacité du marché à régler le problème. Or, les externalités négatives peuvent être massives comme le montre l'exemple des gaz de schiste. Ils ne sont pas concentrés dans une poche comme les gaz ou hydrocarbures conventionnels mais contenus dans des roches qui contiennent 5 à 10% de gaz exploitable. Il faut donc fracturer cette roche pour permettre au gaz de s'échapper en injectant de l'eau mélangée à du sable à très forte pression pour faire éclater la roche. Cela nécessite une énorme consommation d'eau puis l'injection de très nombreux produits chimiques (antibactériens, biocides, anticorrosifs, etc.) et la fracturation de roches qui crée des milliers de microséismes, polluant gravement les nappes phréatiques. Le coût de production d'une unité de gaz de schiste peut être d'un euro à la charge de l'entreprise.

[1] Cf. Arthur Cecil Pigou, *L'économie du bien-être*, 1920.
[2] Respectivement mai 1979 et janvier 1981.

Mais son coût environnemental peut être de 10, 20, ou 100 euros du fait de la pollution des sols, sous-sols et nappes phréatiques, de la dégradation des habitations du fait des microséismes que produit la fracturation des roches, etc. Un écart de 1 à 10 signifie qu'un bien ou service vendu un euro par une entreprise peut coûter collectivement dix euros.

Les neuf euros manquants correspondent alors à des externalités négatives, c'est-à-dire à des dégâts que la collectivité doit supporter. Autrement dit, l'entreprise vend un euro un bien ou service dont le coût réel est de dix euros. Ce prix de vente d'un euro intègre le profit de l'entreprise. Si on estime celui-ci à 20%, l'écart entre le profit privé et le coût supporté par la collectivité pour réaliser ce profit est abyssal.

Pour réaliser vingt centimes de profit privé, cette entreprise socialise neuf euros de pertes, soit un rapport de 1 à 45 entre le profit privatisé et le coût socialisé. De tels écarts sont courants comme nous le verrons en étudiant certains accidents industriels[1]. Nos économies fonctionnent donc sur des modes de calcul doublement partiels, l'efficacité de la dépense publique est structurellement sous-estimée tandis que l'efficacité de l'initiative privée est structurellement surestimée :

Cette double inconstance[2], cette asymétrie informationnelle au profit des entreprises et au détriment du service public pose un problème lorsqu'il s'agit d'évaluer des risques pour le futur. « Le risque a cette ambiguïté constitutive que l'on ne sait pas quand va frapper l'accident (sans quoi il serait possible de l'anticiper), mais on sait qu'il va certainement se produire. Il est à la fois contingent et inévitable. C'est cette fatalité paradoxale qui fait du temps du risque un rapport à l'avenir totalement différent de la continuité sans heurts recherchée par le schéma moderniste issu des lumières[3] ». Ne pas prendre en compte les coûts cachés revient à ne pas prendre en compte l'idée même de risque. Minorer les externalités négatives, crée les conditions pour sous-estimer les dangers comme utiliser un thermomètre hors d'usage empêche de mesurer correctement la température. Les scénarios d'actions pour le futur ne peuvent qu'en souffrir.

---

[1] Chapitre deux.

[2] Ecrite en 1723, cette pièce de Marivaux décrit un monde d'intrigues et de manipulations.

[3]Cf. Pierre Charbonnier, *Abondance et liberté. Une histoire environnementale des idées politiques*, Editions La Découverte 2020, p 337.

D/ Les difficultés de mesure de l'efficacité des dépenses publiques tendent à écarter tout scénario catastrophe

Restons pour le moment sur la comparaison du rapport coût/efficacité des entreprises privées et du secteur public. Une entreprise est considérée comme efficace si elle génère du profit.

Mais on ne peut mesurer l'efficacité de l'action publique dans les mêmes termes puisqu'elle ne vise pas à dégager du profit. Si on réduit cette action à ce qu'elle coûte, on la réduit aux indicateurs des entreprises alors que ces deux structures différentes n'ont pas les mêmes objectifs. Cela biaise la réflexion puisqu'une seule dimension est prise en compte, la dépense mais non la recette, qui consiste par exemple à permettre la scolarisation, l'accès aux soins, à la culture, à une nature préservée et des forêts en bon état, etc.

Se contenter d'utiliser le calcul monétaire pour mesurer ce que coûte l'action publique est inefficace. Mais cela limite également la vision prospective et la capacité d'anticipation pour plusieurs raisons.

En premier lieu, on ne sait pas toujours si la situation de départ (la réalité que l'on observe) correspond à un idéal, à une situation catastrophique ou à un entre-deux. La volonté d'objectiver l'analyse, c'est-à-dire de la présenter d'une façon neutre en utilisant la monnaie comme indicateur peut amener l'analyste à éviter tout jugement sur la situation initiale. D'autant plus que, lorsque des écarts importants sont constatés dans les résultats des évaluations, les valeurs les plus faibles et les plus élevées sont souvent éliminées des analyses car jugées aberrantes. Cela revient à ne retenir que des scénarios relativement standards et consensuels. On parlera alors d'évolution au fil de l'eau, de petite récession, de croissance raisonnable mais jamais de rupture ou de scénario catastrophe. Ces dernières décennies ont vu l'élimination des scénarios de rupture, de crise majeure, au motif que leurs hypothèses n'étaient pas démontrées. Or, même si les hypothèses sont inhabituelles, il est toujours nécessaire d'envisager des évolutions qui ne poursuivent pas les tendances existantes afin de se préparer à d'éventuelles ruptures majeures. Le service public devrait avoir l'obligation d'envisager ces risques de rupture en ne censurant pas les travaux qui prévoient des crises importantes sous prétexte d'éviter des dépenses supplémentaires.

Lorsque l'action publique se limite à un objectif unique de réduction des dépenses, on finit par croire que la situation va s'améliorer lorsque les dépenses diminueront. L'objectif de baisse des dépenses devient une fin en soi, elle est présentée comme la solution globale.

Mais comme on ne sait pas mesurer ce que cette dépense apporte à la société, la réflexion reste enfermée dans une seule dimension (la dépense), dans une seule rationalité (celle de l'entreprise) et dans un seul instrument de mesure (la monnaie).

La pensée se réduit alors au monde de l'entreprise alors que les objectifs d'une entreprise et d'un Etat ne sont pas les mêmes. Dans notre économie capitaliste, une entreprise cherche à faire du profit, un Etat est supposé chercher à faire société. L'Etat perd cette capacité si son seul objectif devient la réduction de ses dépenses alors qu'il ne dispose pas d'outils pour mesurer le « profit » dégagé par celles-ci. Cette approche très réductrice revient à dépolitiser le politique. Elle remplace la décision politique par l'expertise. L'expert indiquerait le bon niveau de dépense et « le politique » réduirait son rôle à la mise en place des mesures permettant d'atteindre ce niveau. C'est un renoncement à toute stratégie publique et le triomphe des comptables et cabinets-conseils.

Des calculs sont effectués mais ils ne s'appliquent pas à une chose réelle, à une chair. Ils sont désincarnés si l'Etat renonce à mesurer ce qui ne se donne pas facilement à mesurer en termes monétaires, le vivre ensemble, la santé, l'éducation, l'environnement, le climat, la nature et les massifs forestiers, etc. Il existe ainsi un lien fort entre cette réduction de la mesure de l'efficacité de l'Etat aux indicateurs des entreprises, la stigmatisation de la dépense publique et le refus des scénarios de crise. Cette obsession de la réduction des dépenses publiques passe notamment par un langage désincarné qui insiste sur la dépense et qui masque la réalité du travail effectué dans les services publics.

E/ Il est plus facile de supprimer un poste qu'un emploi

La conception du futur qui s'impose depuis un quart de siècle sous-estime structurellement l'efficacité de l'action publique. Dans cette approche, on va insister uniquement sur ce que coûte un emploi de fonctionnaire, sans chercher à mesurer ce qu'il apporte à la société. C'est notamment ce qu'ont montré les personnels hospitaliers qui n'ont cessé d'alerter sur les pénuries de moyens et les risques de rupture plusieurs mois avant la pandémie ou encore les pompiers en grève de longs mois pour disposer de davantage de moyens avant les mégafeux. Le scénario de l'inacceptable sur lequel ils alertaient constamment les pouvoirs publics n'a pas été entendu. Depuis plus d'une décennie, les suppressions de postes et les fermetures de lits d'hôpital et de réanimation ont continué. On parle d'ailleurs de suppressions de postes et non de suppressions d'emplois.

Dans un emploi, il y a une ou des fonctions, on est employé à quelque chose. Employé renvoie également à utilisé, est employé ce qui est utile, ce qui sert à quelque chose, par exemple une infirmière, une anesthésiste, un enseignant ou un pompier.

Le terme d'emploi renvoie davantage à des fonctions, à des missions, à des tâches, à un rôle. Il évoque une utilité sociale. A l'inverse, le terme de poste ne renvoie ni à des fonctions ni à des tâches, il est plutôt statique. Un poste est aussi un lieu (un poste de transformation de courant électrique par exemple), le poste est plutôt immobile, il n'exprime pas de dynamique. On ne parle donc plus de la même chose lorsqu'on communique avec un autre vocabulaire. Lorsqu'on supprime des postes, on ne supprime pas des activités qui contribuent au bien commun, on a le courage de lutter contre l'addiction à la dépense publique. Mais lorsqu'on supprime des emplois, on doit choisir qui soigner dans les phases critiques comme celles des crises épidémiques, on peut être amené à choisir les hameaux ou villages à préserver lors des grands feux, etc.

D'autre part, derrière un emploi, il y a une personne et sa famille, directement affectée par la perte de revenus, l'angoisse. Dans le premier cas (poste) on manipule des abstractions, dans le second (emploi) il s'agit de vies humaines et de l'utilité du travail effectué. Le choix des mots n'a donc rien d'anodin, il contribue à effacer le sens du travail[1], à faire de l'action publique une comptabilité des dépenses. Parler de postes plutôt que d'emplois est cohérent avec le fait de se limiter à mesurer la dépense sans chercher à en mesurer l'utilité. Il est d'ailleurs un fait significatif à vérifier à cet égard à chaque élection présidentielle. De nombreux candidats affirment vouloir supprimer tant de centaines de milliers d'emplois publics s'ils sont élus. Mais une fois sortis de cette généralité, ils ne sont jamais en mesure de préciser s'il faut supprimer des personnels soignants, des enseignants, des policiers ou gendarmes, des éducateurs ou des pompiers. Il y a un lien logique entre la culture de la réduction de l'emploi et la culture de la réduction de la dépense publique.

---

[1] Un ordinateur comporte une fonction annuler, dont la traduction en anglais est *cancel*. Ce terme provient du latin *cancellare* et de l'ancien français *canceller*, apparu au XIIIe siècle. *Canceller* un nom consistait à en enlever la trace sur un monument ou un document. On effaçait ainsi la mémoire de cette personne en détruisant son nom au burin sur une stèle par exemple, en mettant une croix sur le document à l'endroit où le nom était indiqué jusque-là. En annulant une subvention à une association, on efface la mémoire de son utilité et la mémoire de ceux qui y travaillaient.

Il y a un lien logique entre le refus des scénarios de l'inacceptable et la difficulté à mesurer l'efficacité de l'action publique. Mais ce faisant, les prospectives et les scénarios retenus depuis des décennies sont insuffisants, incomplets, imparfaits, partiels.

Depuis un quart de siècle, il manque le plus important dans les hypothèses de travail des pouvoirs publics, en l'occurrence le risque majeur, systémique. Dans un tel contexte, que peut-on dire des scénarios d'évolution au fil de l'eau, volontaristes ou de rupture ?

1) Le scénario au fil de l'eau est présenté comme le choix de l'immobilisme

Une évolution au fil de l'eau poursuit les tendances passées, sans rupture marquée, que ce soit vers le haut (croissance démographique ou économique soutenue, émergence de nouvelles activités ou entreprises, etc.) ou vers le bas (difficultés économiques, récession, crise environnementale, etc.). Progressivement, les discours officiels ont fait de ces évolutions l'image de l'inertie et du manque de volonté. Or, de nombreux changements peuvent intervenir sans être visibles, simplement parce qu'il n'existe pas d'indicateurs permettant de les mesurer.

Ces changements seront surtout qualitatifs et non monétaires, ils ont lieu mais ne se lisent pas dans les statistiques. Une politique publique peut se révéler très efficace, sans que les indicateurs quantitatifs habituellement utilisés ne soient capables de rendre compte de cette efficacité. Pour dire autrement, si la dimension quantitative d'une politique publique particulière ne connaît pas de rupture visible, cela ne signifie pas que cette politique est sans effet, qu'elle ne produit pas d'évolutions qualitatives, de mutations, d'améliorations de la vie de nombreuses personnes. Ces mutations, ces améliorations, ces changements qualitatifs peuvent ne pas être visibles statistiquement. Le qualitatif ne produit pas toujours et de façon rapide du quantitatif mesurable. Il faut qu'il y ait un saut dans ces évolutions qualitatives pour qu'elles se traduisent en termes quantitatifs, statistiquement identifiables.

Faute de capacités à rendre compte de cette complexité, la pensée comptable supprimera la ligne de dépense et les postes correspondant à cette politique. On retrouve ici le travers que nous avons noté concernant l'évaluation des politiques publiques. Ces évaluations ont le plus grand mal à passer le cap de la monétarisation et du quantitatif.

De ce fait, le scénario au fil de l'eau est devenu l'expression de ce qu'il ne faut pas faire, il est naturellement remplacé par le scénario volontariste.

2) Le scénario volontariste est l'univers de ce qui se voit le plus

Puisque la dépense publique n'est plus considérée comme un investissement, le volontarisme des origines s'est retourné en son contraire. Il consiste désormais à réduire les dépenses, par opposition au fil de l'eau accusé de les laisser filer. La baisse des dépenses devient le signe du courage et de la volonté. C'est ce qu'indiquait le discours de politique générale du Premier ministre français, fustigeant en juillet 2017 l'addiction à la dépense. Cet homme courageux lutte contre une addiction, une pathologie, comme beaucoup de ses prédécesseurs de ces dernières décennies. Le volontarisme devient un outil de communication voire de propagande. Le mouvement permanent exprimerait la volonté, par opposition au fil de l'eau qui se contenterait de subir les évolutions. Mais ce scénario est lui aussi marqué par la difficulté à évaluer correctement les politiques publiques. Il repose souvent sur des éléments trop simples pour être adaptés aux missions. Ce faisant, il perd sa capacité d'analyse prospective. Cela se comprend puisque toute prospective doit intégrer différentes options, différentes hypothèses, dont certaines vont nécessiter des dépenses nouvelles. Or, si la dépense publique exprime l'immobilisme, alors le volontarisme ne peut plus répondre à des situations où il faudrait dépenser davantage. En niant que des risques majeurs existent, on fait l'économie de dépenses préventives, on résiste à l'addiction pour la dépense. Mais on se rend incapable de se protéger des risques pandémiques, de lutter contre de puissants incendies, d'éviter la progression des inégalités ou de réduire les émissions de CO^2 pour limiter le changement du climat, etc.

3) *Le scénario de l'inacceptable est présenté comme une utopie alarmiste*

Au vu de ce qui précède, on comprend que les scénarios évoquant des risques majeurs ne soient plus étudiés par les pouvoirs publics. S'ils sont utilisés, ils le sont comme repoussoirs, pour montrer que le scénario volontariste choisi est le seul qui permette d'éviter l'inacceptable. L'analyse de l'impact sur l'emploi d'un certain usage de l'intelligence artificielle s'inscrit dans cette stratégie du repoussoir[1]. Les pouvoirs publics affirment en effet constamment qu'il n'y a pas de risque important sur l'emploi. Si cela devait se produire, ce serait le fait de salariés refusant de se former, installés dans des rigidités, etc.

Il en est de même concernant les retraites. Le repoussoir consiste à affirmer que sans réforme des retraites, le système mis en place en 1945 irait à la faillite. Or, un scénario de l'inacceptable ne devrait pas être conçu comme un repoussoir mais comme un ensemble d'hypothèses décrivant un futur possible. Il ne doit pas être un outil de communication au service d'une ligne politique prédéfinie. Il doit au contraire résulter d'une analyse scientifique objective, transversale et indépendante de toute pression politique ou financière. Un scénario de l'inacceptable doit toujours être la priorité des travaux prospectifs, car c'est celui-ci qui permet de prévoir les situations difficiles. Un tel scénario doit être systémique pour se protéger des risques systémiques.

Il doit envisager qu'un phénomène imprévu intervienne et qu'il entraînera des conséquences graves, pandémie, changement climatique, rupture technologique générant une déqualification des emplois, combinaison de ces risques, etc. Ces scénarios ne sont plus retenus dans les prospectives budgétaires, car celles-ci sont enfermées dans des logiques comptables dans lesquelles l'utilité de la dépense publique n'est plus prise en compte. Plus largement, le rapport entre le risque de l'inaction et le coût de l'action a progressivement disparu des radars de l'action publique. Chaque haut fonctionnaire ou ministre se convainc qu'il est sain de réduire ou de supprimer telle ligne budgétaire. Cela sans étudier à quoi elle servait, ni pourquoi elle avait été créée.

Cette pratique toxique s'est répandue dans l'ensemble de la fonction publique. Au-delà des hauts fonctionnaires, nombreux sont ceux qui pensent que réduire la dépense publique est la meilleure chose à faire.

---

[1] Chapitre trois.

Dans un tel contexte, tout scénario évoquant un risque générateur de dépenses est sous-estimé, voire nié, « couvrez ce sein que je ne saurais voir[1] ». L'absence de prise en compte des risques majeurs reflète une limite de la théorie économique dominante. Dans cette théorie, les crises ont toujours des racines externes au système économique, car celui-ci est supposé ne pas comporter de contradictions internes. Ce présupposé est faux, ce qui rend ce modèle théorique incapable d'anticiper. En considérant que les ruptures ne peuvent être qu'extérieures au système économique, la théorie néo-libérale dominante crée les conditions pour que les risques systémiques ne soient pas étudiés ou qu'ils soient étudiés trop tard.

Cette théorie est donc non seulement inopérante puisqu'elle ne correspond pas à la réalité mais, de plus, elle se révèle dangereuse, car elle empêche de prendre les mesures qui s'imposent. On peut comparer ces économistes aux astrophysiciens dont une branche est spécialisée dans l'analyse des géocroiseurs, c'est-à-dire des astéroïdes dont l'orbite peut croiser la terre. À la différence de ces économistes, les astrophysiciens étudient différents types de risques, y compris le choc cataclysmique entre un gros astéroïde et la terre. Leur lucidité et leur capacité à regarder dans le passé pour comprendre le présent et imaginer les risques futurs devrait inspirer les économistes gravitant autour de la théorie dominante. La crise de compétences que nous subissons depuis des décennies est un révélateur de ce qu'il faut changer. Changer pour que les autres crises systémiques qui attendent l'humanité soient gérées dans l'intérêt de l'humanité entière comme dans l'intérêt des espèces qui peuplent notre planète. L'analyse de cette question est illustrée par l'exemple des coûts environnementaux. À partir de ce cas précis, nous verrons l'ampleur des changements nécessaires.

---

[1] Ecrit en 1664, le tartuffe de Molière poursuit « Par de pareils objets les âmes sont blessées. Et cela fait venir de coupables pensées ». La coupable pensée contemporaine est-elle celle d'un scénario alternatif ?

Chapitre II La priorité au marché et à la libre entreprise a déstabilisé le climat

« Identifier les coûts externes, c'est faire un pas en avant dans la définition de politiques d'encadrement pour que chaque énergie soit traitée en fonction de son coût social complet et pas seulement en fonction de son coût économique[1] ».

La connaissance des risques environnementaux progresse depuis des décennies et les différentes nuisances environnementales sont bien identifiées depuis le début des années 1990. Les valeurs estimées à l'époque pour les principaux polluants sont en revanche très variables mais elles ont le mérite d'exister.

I/ Dès 1995, on sait estimer la part du PIB mondial à consacrer à l'action contre le changement climatique

En 1995, la Commission européenne a synthétisé ces connaissances dans une étude qui constitue une des premières estimations chiffrées du coût des nuisances environnementales des émissions de dioxyde de soufre (SO^2), oxyde d'azote (Nox), dioxyde de carbone (CO^2) et composés organiques volatils (COV) [2]. Cette étude a reconstitué pour chaque filière de production d'électricité le niveau d'émission de polluants, les fonctions dose-réponse[3] et l'évaluation monétaire de ces externalités. Ses estimations de coût sociétal par tonne variaient de 1 à 15 pour le dioxyde de soufre, de 1 à 21 pour l'oxyde d'azote, de 1 à 28 pour les particules et de 1 à 33 pour le dioxyde de carbone. Pour le CO^2, les trois hypothèses principales de l'époque variaient entre 4 et 150 euros. En 1995, le PIB mondial était estimé à 29 000 milliards d'euros[4] et les émissions mondiales d'équivalent CO^2 à 23 milliards de tonnes[5].

---

[1] Cf. *Les grandes batailles de l'énergie*, Jean Marie Chevalier, Galimard 2004.
[2] Cf. *External costs of energy. Communauté* Européenne, 1995. Les valeurs étaient à l'époque exprimées en unité de compte européenne (ECU). Un ECU correspond approximativement à un euro.
[3] Il s'agit de la relation entre une dose d'un certain produit et les effets de ce produit sur l'organisme, un milieu vivant, etc.
[4] Sur la base d'un taux de change euro/dollar de 0,85.
[5] Cf. *Changement climatique et effet de serre*, INSEE Références, 27 février 2020.

Les trois principales hypothèses de l'étude External cost avaient donc un impact très différent sur l'estimation du coût environnemental mondial des émissions de gaz à effet de serre :

- Avec une tonne de CO^2 estimée à quatre euros, le coût mondial des émissions n'était que de 92 milliards d'euros, soit 0,3% du PIB mondial
- avec une tonne de CO^2 estimée à cinquante euros, ce coût mondial était de 1 150 milliards, soit 4 % du PIB mondial.
- Avec l'hypothèse haute (tonne de CO^2 estimée à cent cinquante euros), ce coût mondial était de 3 450 milliards, soit 11,9% du PIB mondial.

Tenant compte de l'ampleur de l'écart entre l'hypothèse la plus basse et l'hypothèse la plus haute, on pourrait imaginer que toutes les hypothèses ont été approfondies pour affiner les prévisions et mesurer plus précisément l'effort à réaliser. Or, la plupart des études officielles ultérieures n'ont retenu que l'hypothèse la plus basse et parfois l'hypothèse moyenne. Elles ont rapidement fait disparaître l'hypothèse la plus élevée, celle qui pouvait représenter près de 12 % du PIB mondial et qui obligeait à réfléchir à un scénario de rupture. Cette hypothèse de risque élevé supposait en effet que des mesures fiscales et réglementaires très strictes soient mises en place pour imposer aux entreprises une organisation productive générant beaucoup moins de gaz à effet de serre. De fait, les limites nécessaires à la libre entreprise et à la toute-puissance du marché expliquent l'inaction climatique et la progression constante des émissions de CO^2.

Le scénario de crise climatique a été rejeté, comme le fait notamment l'étude suivante de 2004. Celle-ci ne retient que les hypothèses basses et moyennes (coûts externes pour le CO^2 compris entre quatre et cinquante euros par tonne émise). Il en est de même pour les émissions de dioxyde de soufre et pour les oxydes d'azote. Seules les hypothèses les plus élevées sont rejetées, ce qui signifie qu'au moins jusqu'au début des années 2000, les scénarios pour le futur rejetaient la notion de risque majeur.

Tableau 1[1]

Étude des coûts de certains polluants en 2004 ne prenant en compte que les hypothèses basses et moyennes

	Hypothèses de coûts externes		
Émissions de CO_2	4 €/tonne	20 €/t	50 €/t
Émissions de SO_2	500 €/t	2 000 €/t	10 000 €/t
Émissions de NO_x	1 000 €/t	2 000 €/t	15 000 €/t

Cette minoration des risques appelle trois remarques :

1. Lorsque des analyses officielles ne s'appuient que sur des hypothèses basses de coût environnemental, elles envoient un message rassurant qui exclut tout risque majeur. L'absence de scénario catastrophe et le faible coût de l'action vont de pair. La vie est un long fleuve tranquille.
2. Si le coût de correction des effets négatifs de notre modèle de développement est faible, la fiscalité et la réglementation ne sont pas nécessaires. Les ajustements seront trouvés par le marché et une action publique forte serait excessive.
3. Si le coût environnemental d'une tonne de charbon ou de pétrole est minoré, ces énergies restent compétitives en apparence. Des énergies potentiellement moins polluantes comme le solaire, le photovoltaïque, l'éolien, l'hydrolien ou la géothermie restent beaucoup plus chères et se déploient beaucoup plus lentement que nécessaire.

Minorer les risques et les coûts environnementaux freine la mutation vers des énergies moins polluantes. C'est un frein à l'action concrète contre le changement climatique. Prendre en compte les externalités et les coûts environnementaux aurait changé le regard sur l'efficacité comparée des différentes énergies il y a plusieurs décennies. Minorer l'ampleur du risque a empêché d'anticiper correctement. Le rejet du risque majeur est cohérent avec le rejet d'une fiscalité environnementale efficace, le rejet de l'action publique et la foi affichée dans le marché. Cette foi s'appuie en particulier sur la théorie économique globale (TEG) qui affirme que les effets positifs ou négatifs d'une action ne peuvent profiter qu'à l'auteur de l'action. Dans cette hypothèse, l'acte d'achat/vente est neutre et le prix prend en compte la totalité des coûts et un profit considéré comme normal.

[1] Cf. DGEMP, ministère des Finances, 26 avril 2004.

Cette neutralité supposée de l'opération d'achat/vente ne correspond pas à la réalité puisque le changement climatique résulte précisément du fait que la totalité des coûts n'est pas prise en compte dans l'acte de vente. Si cela était vrai, personne ne parlerait de coûts externes, ou d'externalités négatives. Dans la suite d'Arthur Pigou, l'économiste et philosophe autrichien Otto Neurath montre dès les années 1930 qu'un choix économique n'est jamais neutre et qu'il peut générer des coûts qui dépassent les seuls coûts de production. En 1928, il compare une centrale thermique et une centrale hydroélectrique et démontre qu'il existe des différences entre le coût apparent et le coût réel[1]. Cette approche novatrice a été oubliée pendant des décennies puis a ressurgi au début des années 1990 avec l'apparition de l'enjeu climatique. Il y a trente ans, l'OCDE considérait ainsi que la différence entre le coût apparent et le coût réel nécessitait une action publique. « La différence entre le coût privé d'une activité et son coût pour la collectivité implique qu'une politique de laisser-faire ne peut pas permettre aux forces du marché d'atteindre l'équilibre souhaité entre qualité de l'environnement d'une part, production de biens d'autre part. Une dégradation persistante de la qualité de l'environnement justifie une intervention des pouvoirs publics[2] ». Quelques années plus tard, les éditions de la prestigieuse université américaine Harvard ne disaient pas autre chose. « L'intervention de l'Etat dans le domaine de l'environnement se justifie d'un point de vue théorique par le fait que la pollution, conséquence involontaire des décisions du marché, représente un exemple classique d'externalité. Les négociations privées n'internaliseront pas convenablement ces externalités sans l'intervention de l'Etat[3] ».

À la même époque, la Commission des Communautés européennes estimait que « Le système de tarification actuel des produits énergétiques ne tient pas plus compte de la valeur énergétique relative des produits que de l'impact environnemental de leur consommation. Le système actuel de tarification ne garantit pas l'intégration des coûts externes[4] ». Mais l'action ne peut se limiter à faire payer le pollueur, car on ne connaît pas avec exactitude le coût de cette pollution.

---

[1] Cf. *Empirisme et sociologie*, 1973, Marie Neurath et Robert Cohen.

[2] Cf. Revue économique de l'OCDE, printemps 1991.

[3] Cf. *L'approche économique de la protection de l'environnement,* Robert Stavins, Harvard, 2003.

[4] Cf. *Livre vert sur l'efficacité énergétique*, Commission des Communautés européennes, 22 mai 2005.

« Le principe du pollueur-payeur ne peut donc se substituer au principe de précaution, car à lui seul il ne peut conduire à une gestion protectrice de la nature. La prévention consiste à prendre des mesures face à un risque connu ; la précaution consiste à se prémunir contre un risque potentiel entouré d'incertitude due à notre ignorance[1] ». Un point de vue identique est affirmé en 1998 par le Conseil d'analyse économique. « Les dégâts à l'environnement ne sont pas en général réparables, et cette irréversibilité implique des conséquences qui relèvent plus souvent de « l'incertitude » radicale que du « risque » calculable. Le principe de précaution conduit alors à prendre en compte des dommages incertains mais graves[2] ». L'ONU avait conscience de ces questions vers la même époque. « Jusqu'à une date très récente, pratiquement tous les pays omettaient de faire figurer l'environnement dans leurs comptes nationaux, et ce pour de bonnes raisons. L'activité humaine n'était pas jugée susceptible d'affecter l'environnement au point de compromettre sa contribution à l'économie et au développement du bien-être[3] ». La preuve de la dégradation massive de l'environnement est apportée depuis longtemps. Les rapports successifs du GIEC[4] montrent que la catastrophe environnementale aura lieu plus tôt qu'envisagé dans le passé et qu'elle sera plus brutale et globale, comme le montrent les mégafeux que connaissent la France et l'Europe en 2022. Pourtant, les entreprises n'ont pas été contraintes à réduire leurs émissions.

---

[1] Cf. Jean Marie Harribey, *La soutenabilité, une question de valeur(s), document* CED n° 34/1999.

[2] Cf. *Fiscalité de l'environnement*, rapport du Conseil d'analyse économique, 24 juillet 1998.

[3] Cf. *Comptabilité environnementale et économique intégrée, manuel des opérations,* Nations-Unies 2001.

[4] Groupe Intergouvernemental d'Experts sur l'évolution du Climat.

II/ La subvention mondiale aux émissions de CO^2 augmente constamment

A/ Entre 1995 et 2005, l'Europe recule puis renonce à agir

En 2003, le Conseil d'analyse économique fait part de son scepticisme sur le pourcentage du PIB mondial à consacrer à la lutte contre le changement climatique. Il évoque une « estimation marchande minorée des coûts sociaux[1] », et indique que les coûts réels seront plus importants. Mais c'est pourtant cette estimation minorée qui a servi de base à la création d'un marché des émissions de CO^2. Ce marché s'appuie sur des permis d'émission négociables issus de propositions américaines qui partent du constat que le coût de suppression d'une tonne de CO^2 est souvent plus faible dans un pays en voie de développement que dans un pays développé. Créer un marché mondial des émissions permet à l'entreprise du pays développé de racheter les « droits à polluer » d'une entreprise d'un pays moins développé. L'entreprise du pays développé s'économise ainsi une opération de dépollution tout en réduisant les pollutions mondiales. Ce dispositif s'inspire du « Trading Policy », système élaboré en 1977 aux États-Unis pour la réduction des émissions de plomb. À l'origine, l'Union européenne s'opposait à cette logique et défendait une intervention basée sur la réglementation et l'action publique. On retrouvait d'ailleurs cette inquiétude dans la presse de l'époque, posant parfois la question du rôle respectif du marché et de l'Etat. Le quotidien *Les Échos* mettait ainsi en cause en 1997 ce choix. « L'inconvénient d'un tel système libéral, qui table sur la création d'un marché international du CO^2, est qu'il suppose des mesures sans défaillance des émissions qui deviennent un bien marchand[2] ». Les mêmes doutes étaient exprimés par une revue à destination de professionnels de l'énergie. « Lorsque les pays industrialisés auront réalisé les investissements les plus rentables en matière de réduction des émissions dans ces pays, que leur restera-t-il, si ce n'est les investissements les plus lourds à réaliser et les moins payants en matière de limitation des émissions. Est-ce vraiment l'intérêt de la planète [3]? ».

---

[1] Cf. *Kyoto et l'économie de l'effet de serre,* Conseil d'analyse économique, 14 janvier 2003.

[2] Cf. *Les Échos,* 25 juin 1997.

[3] Cf. *Pétro Stratégie*, 17 novembre 1997.

Le journal *Le Monde* quant à lui voyait émerger « un clivage idéologique quant aux rôles respectifs du marché et de l'Etat, le débat est aussi idéologique : réglera-t-on les problèmes planétaires par la seule voie libérale ou par le contrôle étatique ?[1]». Enfin, une étude collective mettait en avant « L'absence d'une sanction des impacts négatifs (qui) dissuade les producteurs de réaliser des investissements qui auraient une productivité sociale élevée. Il est donc recommandé aux pouvoirs publics d'obliger les entreprises à prendre en charge les coûts externes de leur activité[2] ». Malgré ces doutes et critiques, les institutions européennes ont choisi la marchandisation des externalités, en créant un marché des émissions de CO^2 dont les prix se sont basés sur l'hypothèse la plus basse de coût environnemental.

B/ Dès son origine, le marché européen minore le coût des émissions de CO^2

La création en 2005 du marché européen des permis d'émission reposait sur des quotas d'émissions, les entreprises disposant de quotas non utilisés peuvent les vendre à des entreprises qui ont dépassé les leurs. Préalablement à la création de ce marché, le coût environnemental estimé d'une tonne de CO^2 émis a baissé dans les versions successives des études d'externalité comme nous l'avons vu. Cette baisse du coût environnemental estimé s'est appuyée sur la disparition des hypothèses moyennes et hautes. C'est en particulier le cas de l'étude Externe dans sa version de 1998, laquelle valorisait la tonne de CO^2 entre 18 et 46 euros avec une moyenne de 29 euros. Ces valeurs correspondent à une fourchette nettement plus basse que celle mise en avant dans l'étude de 1995. Dans la suite, la Commission française des Comptes de l'Économie de l'Environnement fournit une estimation symbolique de 2,4 euros, argumentée de façon fallacieuse dans le rapport 2003 de la Commission des Comptes et de l'Économie de l'Environnement. « La différence provient d'une meilleure prise en compte des effets bénéfiques du réchauffement global (réduction des charges de chauffage, meilleure productivité agricole dans les climats froids, etc.[3] ».

---

[1] Cf. *Le Monde*, 2 novembre 1998.

[2] Cf. *L'énergie de demain*, EDP sciences 2005.

[3] Cf. Rapport de la Commission des Comptes et de l'Économie de l'Environnement, 14 janvier 2003.

Ces hypothèses d'une réduction des dépenses pour le chauffage des habitations et d'amélioration des rendements agricoles n'ont aucune valeur scientifique. D'une part, le changement climatique va nécessiter des budgets considérables d'isolation des habitations contre les températures élevées mais aussi contre les inondations.

D'autre part, l'alternance de saisons chaudes et de saisons pluvieuses va au contraire se traduire par une baisse des rendements agricoles. Cette disparition des scénarios de risque climatique élevée n'est pas le produit d'un complot mais celui d'une logique économique. Les producteurs d'énergie fossile, les banques et les grandes entreprises n'ont aucun intérêt à ce que des coûts environnementaux significatifs soient pris en compte. Cela nécessiterait en effet qu'ils soient facturés à leurs émetteurs, ce qui pèserait sur leur rentabilité. Et la rentabilité n'est pas une affaire de complot mais de logique économique, de rationalité d'un système socio-économique. On notera sur ce sujet les commentaires de Bruno Latour. « On ne voit pas quelle entreprise aurait dépensé un dollar pour produire de l'ignorance sur la détection du boson de Higgs. Mais pour dénier la mutation climatique, là, c'est une autre affaire : les financements affluent. Cette ignorance du public est un bien si précieux qu'elle justifie même d'immenses investissements[1] ». Le prix symbolique du marché du CO^2 a reflété cet arrangement avec la réalité. La valeur des externalités négatives a été minorée et laissée à la libre appréciation des entreprises, comme le pourboire est laissé à la libre appréciation du client. Le tableau ci-dessous reprend les prix du marché européen du carbone depuis sa création en 2005 jusqu'à 2020 compris. Ce prix de marché est toujours proche de l'hypothèse basse de l'étude Externe 1995, avec une valeur moyenne de 12,4 euros par tonne pour les 16 années d'existence de ce marché[2].

---

[1] Cf. Bruno Latour, *Où atterrir ? Comment s'orienter en politique,* éditions La Découverte 2017, p 102/103. Le boson de Higgs est une particule élémentaire dont l'existence a été supposée en 1964, car cette existence non prouvée à l'époque rendait plus cohérent ce que les physiciens appellent le modèle standard de la physique. Son existence est démontrée en mars 2013.

[2] Sources. Pour les années 2005 à 2007, *Prix du quota de co² et taxe carbone,* Conseil Economique pour le Développement Durable, n°12/2010. Pour les années 2008 à 2020, *chiffres clés du climat,* Commissariat Général au Plan Développement Durable, édition 2019, p 64. Le second semestre 2021 a vu un mouvement de hausse spéculative jusqu'à 90 euros.

Tableau 2[1]

Évolution du prix d'une tonne CO^2 selon le marché des émissions

005	21 €	2013	4 €
2006	17 €	2014	5 €
2007	17 €	2015	7 €
2008	20 €	2016	5 €
2009	9 €	2017	5 €
2010	15 €	2018	12 €
2011	15 €	2019	25 €

Sur les 16 années étudiées, le prix moyen sur le marché du CO^2 est de 12,4 euros la tonne. Cette valeur moyenne est à comparer à l'hypothèse la plus basse de l'étude Externe 1995, soit environ 6,7 euros en 2020 tenant compte de l'inflation européenne moyenne sur la période. Depuis sa création et en dehors du mouvement spéculatif de 2021, le marché européen du CO^2 s'est toujours situé à un niveau symbolique. Ce marché qui concerne moins de 50 % des émissions européennes a nié que le risque environnemental puisse être élevé. En 2020, la Banque mondiale retient également un prix symbolique, soit 25 euros la tonne de CO^2[2]. Ce prix est dix fois plus faible que celui proposé par la majorité des spécialistes, dont l'organisme public France Stratégie qui retient 250 euros et précise par ailleurs que « La valeur de l'action pour le climat vient combler cette défaillance de marché : elle donne une mesure du chemin qui reste à parcourir – et exprime en conséquence la valeur que la société doit accorder aux actions publiques et privées de décarbonation permettant d'arriver au bout du chemin[3] ». De fait, la valeur de la tonne de CO^2 dans le marché contemporain est si faible que non seulement les entreprises continuent à être subventionnées pour continuer à polluer mais que la subvention qu'elles perçoivent augmente chaque année.

---

[1] Source marché européen des permis d'émissions.

[2] Cf. INSEE analyses n° 56 octobre 2020.

[3] Cf. *La valeur de l'action pour le climat,* France Stratégie, février 2019, p 10.

Graphique 1[1]

Prix comparé d'une tonne de CO^2 selon Externe 1995 et marché européen des émissions

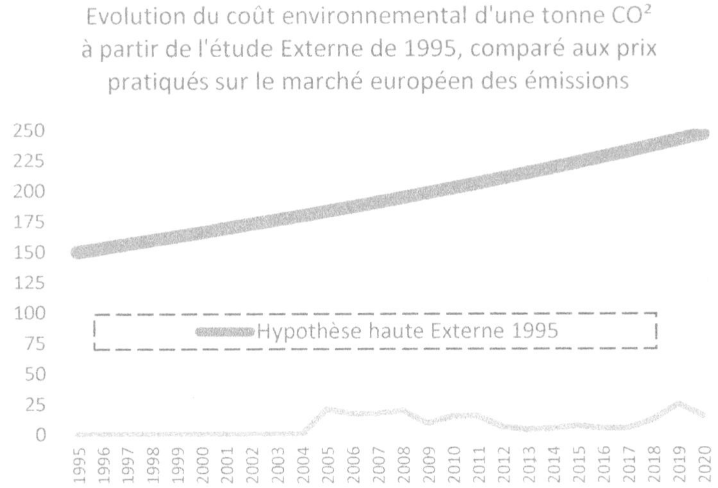

Le tableau 3 ci-après suit l'évolution du prix de la tonne de CO^2 avant la création du marché en 2005 puis après. Il déduit ce prix de marché pour estimer la subvention nette dont profitent les entreprises. Celle-ci était de 150 euros en 1995, 165 euros en 2000 et 179 euros en 2004, dernière année avant la création du marché. Elle baisse légèrement entre 2005 et 2008 mais augmente régulièrement à partir de 2009 pour atteindre 231 euros en 2020. La subvention par tonne a donc augmenté malgré la création du marché. Malgré l'augmentation du nombre et de l'intensité des mégafeux, les sécheresses, les inondations, l'accélération du changement climatique, l'accélération de la fonte des glaces polaires et des glaciers, l'augmentation significative du nombre de jours de canicule, les records de températures, la réduction rapide de la biodiversité, l'effondrement des populations de nombreuses espèces, l'extinction en cours de nombre d'entre elles, etc. aucun changement d'orientation n'apparaît.

---

[1] Sources : Conseil Economique pour le Développement Durable, Commissariat Général au Plan Développement Durable, marché européen des permis d'émissions.

L'absence de réaction face à l'inefficacité du marché montre l'absence de conscience du risque climatique dont font preuve la plupart des gouvernements, l'Union européenne et les instances internationales.

Tableau 3[1]

Évolution de la subvention aux émissions de CO² (par tonnes)

1995	150 €	2008	174 €
1996	153 €	2009	189 €
1997	156 €	2010	187 €
1998	159 €	2011	191 €
1999	162 €	2012	204 €
2000	165 €	2013	210 €
2001	169 €	2014	213 €
2002	172 €	2015	2 156 €
2003	176 €	2016	222 €
2004	179 €	2017	227 €
2005	162 €	2018	224 €
2006	169 €	2019	216 €
2007	173 €	2020	231 €

C/ La baisse des émissions européennes est une illusion d'optique

On pourrait imaginer que l'Europe a quand même réduit ses émissions de CO² mais il s'agit d'une illusion d'optique. La baisse des émissions est le résultat de délocalisations. Ce qui n'est plus produit en Europe est importé et de nouvelles émissions sont générées ailleurs dans le monde. Les émissions ne sont donc pas supprimées, elles sont réalisées hors d'Europe puis importées de sorte que l'Union européenne émet 1,5 fois plus de gaz à effet de serre par habitant que la moyenne mondiale[2]. L'INSEE rappelle que les émissions européennes ont baissé entre 1970 et 2018 alors qu'elles ont été multipliées par près de 6 en Chine[3].

---

[1] Sources Conseil Economique pour le Développement Durable, Commissariat Général au Plan Développement Durable, marché européen des permis d'émissions.

[2] Cf. INSEE analyse n° 74, 20/07/2022. *Un tiers de l'empreinte carbone de l'Union européenne est dû à ses importations.*

[3] Cf. INSEE analyses n° 56, octobre 2020.

Ce remplacement des productions par des importations concerne tous types de produits. Par exemple, l'Europe importe de l'électricité de plusieurs pays frontaliers (Russie et Ukraine principalement mais également Albanie, Bosnie, Monténégro et Serbie). Ces importations sont estimées à environ 20 TWh en 2019[1], ce qui se traduit par l'équivalent de 126 millions de tonnes de CO^2 importées. « Si cette électricité avait été produite en Europe, elle aurait émis environ 11 millions de tonnes de CO^2 en moins, car la production des pays d'Europe est moins carbonée[2] ».

Le Haut Conseil pour le climat rappelle que depuis 1995, les émissions liées aux importations ont doublé et que l'empreinte carbone par habitant est de 11 tonnes, dont seulement 6,6 liées à la production nationale[3].

L'empreinte carbone se calcule comme suit : émissions nationales + émissions importées – émissions exportées. En 2018, l'empreinte carbone française est de 749 millions de tonnes d'équivalent CO^2, dont seulement 441 millions produites en France et 425 millions importées[4]. Autrement, dit, la France importe des émissions de CO^2 pratiquement équivalentes à sa production. Dans le même temps, les institutions européennes continuent à financer massivement les énergies les plus polluantes.

---

[1] Cf. *The european power sector in 2019, up to date analysis on the electricity transition,* Agora, mars 2020.

[2] Cf. Marie Dégremont, *la Recherche*, juin 2020.

[3] Cf. *Agir en cohérence avec les ambitions*, Haut Conseil pour le Climat, rapport 2019, juin 2019, p 34.

[4] Cf. *redresser le cap, relancer la transition*, Haut Conseil pour le Climat, rapport 2020, juillet 2020, p 16/20.

D/ La Commission européenne favorise les entreprises les plus polluantes

Le déni de réalité ne se limite pas à l'importation d'électricité dont le coût environnemental n'est pas pris en compte. Les institutions européennes continuent à subventionner massivement les énergies polluantes, malgré les engagements pris[1]. Ainsi, le groupement de journalistes Investigate europe[2] a estimé à environ 137 milliards d'euros les subventions annuelles versées par les pays de l'Union européenne, dont près de 24 milliards d'allégements fiscaux ou de remboursements d'impôts sur les carburants fossiles. Ils estiment que ce système a coûté à l'Union européenne près de 18 milliards d'euros en 2019 puisque 43 % des allocations d'émissions sont attribuées gratuitement.

Ainsi, non seulement le prix de la tonne de CO^2 émise est dérisoire mais de plus le marché censé permettre la réduction des émissions couvre moins de 60 % des allocations d'émissions. Investigate Europe et l'organisation environnementale Sandbag ont ainsi listé les principales entreprises bénéficiant de ces allocations gratuites en Europe et en France pour la période 2013/2019. Ils montrent que les vingt premières entreprises européennes bénéficiant d'émissions gratuites de CO^2 ont pu émettre plus de 2 milliards de tonnes de CO^2 entre 2013 et 2019, dont près de 500 millions de tonnes pour le seul groupe Arcelor Mittal. Sur la même période, les émissions non imposées des vingt premières entreprises françaises ont représenté près de 370 millions de tonnes. Les deux organisations à l'origine de cette analyse ont ensuite appliqué à ces émissions la valeur moyenne du marché des permis d'émission sur la même période, soit quatre euros par tonne pour 2013, cinq euros pour 2014, 2016 et 2017, douze euros pour 2018 et vingt-cinq pour 2019. Mais lorsqu'on s'éloigne du prix de marché et que l'on prend en compte les estimations scientifiques, les sommes en jeu sont encore plus conséquentes. Il faudrait en effet retenir une valeur moyenne de 227,5 euros pour la période 2013 à 2019.

---

[1] Le Conseil européen affirmait en 2013 son intention « d'éliminer progressivement les subventions préjudiciables à l'environnement ou à l'économie, y compris celles accordées aux énergies fossile ». Document 2014/C 200/1, *communication de la Commission. Lignes directrices concernant les aides d'Etat à la protection de l'environnement et à l'énergie pour la période 2014/2020.*

[2] Groupement de neuf journalistes européens, soutenu par plusieurs fondations et des donateurs individuels.

Ces vingt entreprises françaises auraient donc économisé environ 472 milliards d'euros entre 2013 et 2019. Si on élargit l'analyse à l'ensemble des entreprises, que l'on prend en compte les importations d'électricité et les biens transportés sur des milliers de kilomètres, on mesure à quel point le marché des permis d'émission est une illusion, il ne permet pas de réduire les émissions de CO^2. La Commission européenne elle-même en vient à évoquer à mots feutrés cette hypothèse de non-fonctionnement du marché. « Bien qu'il soit généralement admis que les marchés concurrentiels tendent à produire des résultats efficients en termes de prix, de production et d'utilisation des ressources, lorsque des défaillances du marché existent_(voir note 38), une intervention de l'État peut améliorer le fonctionnement efficient des marchés[1] ».

La note 38 évoquée dans le document de la Commission indique qu'il arrive que le marché connaisse des défaillances générales et indique qu'appartient aux États membres « de démontrer qu'il existe une défaillance du marché qui n'a pas encore été corrigée pour l'activité spécifique bénéficiant de l'aide et que l'aide cible effectivement cette défaillance[2] ». C'est le creux dans la sémantique qui est ici le plus intéressant.

Phrase 1. « Il est généralement admis que les marchés concurrentiels tendent à produire des résultats efficients en termes de prix, de production et de ressources ». L'expression il est généralement admis possède un sens différent de l'expression nous admettons, voire nous savons que. Cette expression est floue d'un quadruple point de vue :

1. On ne sait pas très bien qui est ce « il » qui admet. Ce pronom personnel utilisé par la Commission semble inclure une majorité de parties prenantes, ce que l'on retrouve dans l'idée d'une admission générale. Mais on ne sait pas si cette admission est très majoritaire, quasi-unanime ou bien alors s'il existe une forte minorité qui ne partage pas ce point de vue.
2. Le terme admis est flou. En dehors d'une personne reçue à un examen ou un concours, une chose admise n'est pas une vérité scientifique, c'est une opinion partagée par une majorité de personnes. Dans le passé, il était admis que la terre était plate par exemple.

---

[1] Cf. *communication de la Commission, lignes directrices concernant les aides d'Etat à la protection de l'environnement et à l'énergie pour la période 2014/2020, Commission des Communautés européennes,* document 2014/C 200/1.

[2] Cf. Ibid, note 38.

3. On ne sait pas non plus ce qu'il en est des personnes qui n'admettraient pas cette « capacité des marchés à produire des résultats efficients ». Qu'est-ce qui pousse ces personnes minoritaires à ne pas croire que les marchés produisent toujours de l'efficience ?

4. Enfin, le marché est supposé efficient pour trouver le bon prix. Mais le prix est précisément le problème puisqu'il existe des coûts environnementaux qui dépassent les prix pratiqués sur le marché.

Finalement, l'affirmation selon laquelle le marché produit des résultats efficients en termes de prix est creuse puisqu'elle n'aborde pas la différence entre prix et coût alors que cette différence est précisément la question. Elle ne permet pas de savoir si le marché est capable de traiter cette différence comme le confirme la phrase 2 ci-dessous.

Phrase 2. « Il arrive que le marché connaisse des défaillances générales… ». Cela arrive souvent ? Ces défaillances sont-elles graves ou anodines ? Sait-on pourquoi elles ont lieu ? Les milliers de milliards d'euros d'externalités négatives non pris en compte par le marché sont l'indice d'une défaillance générale du marché.

Cette défaillance est structurelle, le marché a pour vocation d'exprimer un prix résultant de l'offre et de la demande, il n'a pas pour vocation de prendre en compte des contraintes environnementales mondiales qui vont au-delà des responsabilités propres à chaque entreprise. Ne pouvant aborder la différence entre prix et coût, la logique de marché s'avère impuissante. La **note 38** évoque « une défaillance du marché qui n'a pas été encore corrigée ». Ici, c'est le terme encore qui est le plus significatif puisqu'il sous-entend que le marché corrigera ces défaillances de toute façon. Mais cette croyance n'est pas une démonstration.

Enfin, puisqu'il existe une différence entre prix pratiqué sur le marché et coût environnemental, il faut se poser la question du lien entre défaillance du marché et différence prix/coût. En refusant de se pencher sur la différence prix/coût, la Commission se rend incapable d'analyser les raisons des défaillances du marché. Imperturbable, le rapport 2019 du FMI affirme de son côté que « Aucune question n'importe plus sur la scène internationale que le commerce[1] ». Toutes les religions comportent leur lot d'hypocrites et les institutions internationales semblent en être le panthéon.

[1] Cf. Fonds Monétaire International, rapport 2019.

C'est que confirme l'analyse des coûts environnementaux transférés des entreprises qui les émettent vers la société dans son ensemble. Nous parlons de milliers de milliards d'euros que les entreprises ont économisés chaque année depuis des décennies et en particulier depuis le dernier quart du siècle.

III/ Des coûts mondiaux minorés de 150 000 milliards d'euros en 25 ans ?

Les émissions d'équivalent CO^2 sont passées de 23,4 milliards de tonnes en 1995 à 36,8 milliards en 2019, soit une augmentation de 58 % en 25 ans, très largement supérieure à celle de la population mondiale sur la même période (34%). Il n'y a donc aucune inversion de courbe. L'agriculture quant à elle rajoute environ 5 milliards de tonnes à ce total[1], ce qui comprend les émissions liées à la riziculture et à l'élevage familial mais également à l'élevage industriel, les effets de la déforestation, etc. Le moteur du capitalisme, la logique interne qui l'a rendu si performant dans le passé est la production à moindre coût. Or, réduire les coûts passe davantage par la suppression des emplois que par la réduction des émissions de CO^2. C'est la raison pour laquelle les entreprises investissent dans des technologies nouvelles. Ces investissements visent à réduire les coûts qui leur sont facturés, dont les salaires, et non les coûts externes qui ne leur sont pas facturés (les émissions de CO^2).

A/ La progression des émissions mondiales est cohérente avec notre modèle économique

Le modèle économique mondial repose sur la vente renouvelée en permanence de biens et services. Il faut produire massivement et accélérer le vieillissement des produits par l'obsolescence programmée, le marketing, les influenceurs, etc. Il existe d'ailleurs un lien structurel entre le discours sur les vertus de l'innovation et l'obsolescence.

Valoriser de façon aussi insistante ce qui est nouveau revient à présenter comme inutile et dépassé ce qui ne l'est pas.

[1] Un peu plus de 5 milliards de tonnes, le total des émissions mondiales de CO^2 dépasse 40 milliards de tonnes depuis 2012.

Ces discours de l'innovation permanente sont en creux des discours de l'obsolescence accélérée et par conséquent des discours de croissance des émissions de gaz à effet de serre[1].

Enfin, la production en très grand volume, par de très grands groupes qui spécialisent leurs sites dans une logique mondiale, impose la circulation des marchandises d'un continent à l'autre. Produire davantage et le plus souvent possible, faire circuler ces productions au gré des écarts de rentabilité selon les pays et continents est rentable. Cette cohérence économique n'est plus compatible avec la préservation du climat. Et des technologies dites vertueuses en termes d'émission de CO^2 ne changeront pas le modèle économique. Elles ne suffiront pas à réduire les émissions, car elles n'agissent pas sur la circulation mondiale des marchandises qui est au cœur du modèle économique.

Si le coût des émissions de CO^2 était pris en compte par les entreprises, chaque tonne de CO^2 émise devrait être facturée au moins 250 euros, soit près de 9 000 milliards d'euros en 2019 et environ 12 % du PIB mondial. Sur ces 25 dernières années, les contributions climat qui auraient dû être prises en compte sont proches de 148 000 milliards d'euros. Ces sommes n'ayant pas été payées, les entreprises ont bénéficié d'une subvention mondiale d'environ 150 000 milliards d'euros en 25 ans, dont probablement 100 000 milliards pour les plus grandes d'entre elles.

Ne pas avoir pris en compte le coût réel de ces émissions représente l'équivalent de deux années du PIB mondial sur les 25 dernières années. Ces chiffres semblent vertigineux et ils seront contestés, ce qui est l'intérêt bien compris des gros émetteurs de CO^2, qu'il s'agisse de pays (dont la France) ou de groupes mondiaux géants. Pour ces gros émetteurs, les enjeux se chiffrent en centaines ou milliers de milliards d'euros chaque année. Leur résistance est donc compréhensible, rationnelle. Elle ne s'explique pas par l'incompétence mais par la préservation des intérêts d'un groupe social particulier. L'inaction des Etats se comprend également puisqu'ils devraient changer leurs politiques économiques, fiscales et sociales, en contradiction avec leurs dogmes et avec les milieux financiers et industriels qui les soutiennent.

---

[1] Matthew Crawford considère ainsi que « Dans le type d'économie matérielle qui a prévalu au cours du dernier demi-siècle, l'obsolescence s'est imposée comme corollaire de la foi dans le progrès ». Cf. *Prendre la route*, éditions La Découverte 2021, p 96.

Mais la dégradation de la situation n'est plus contestable, il n'y a pas eu inversion de la courbe des émissions alors que les entreprises ont été libres d'agir. Le marché dans sa forme capitaliste a prouvé son incapacité à agir dans un domaine où il ne peut pas être compétent étant donné sa nature même.

B/ L'inaction revient à subventionner les émissions de CO^2

Les marchés ne sont pas les lieux où se définissent les formes de la vie sociale. Leur rôle est de contribuer à maintenir ou améliorer la rentabilité des entreprises en régulant la concurrence. Ils ne couvrent donc qu'une partie de ce qui fait société et cette partie passe pour l'essentiel par des instruments quantitatifs et simples comme le prix. Or, le changement climatique n'est pas une question de prix interne aux entreprises mais de coût collectif. Dans la mesure où ils ne sont pratiquement plus soumis à des régulations publiques, les marchés ne sont pas incités à s'imposer des restrictions qui réduiraient fortement les profits. C'est la raison pour laquelle il n'y a pas d'action sérieuse contre le changement climatique.

Pour que cela ait lieu, il faudrait que les Etats contraignent les marchés et leur imposent la prise en compte des coûts environnementaux. Ce sont les seules institutions capables d'imposer à tous de nouvelles conditions de concurrence. Mais ces institutions internationales ont renoncé à contraindre les entreprises. Il ne se passe donc rien et le coût mondial des émissions progresse de façon continue. Le tableau ci-après montre que le coût environnemental mondial du CO^2 ne cesse d'augmenter : chaque année le nombre de tonnes émises augmente et chaque année le coût environnemental d'une tonne de CO^2 augmente. En 1995, soit quelques années après la prise de conscience de l'impact des émissions de CO^2 sur le climat, 23,4 milliards de tonnes d'équivalent CO^2 étaient émises pour un coût mondial d'environ 3 500 milliards d'euros. En 2019 et hors agriculture, près de 37 milliards de tonnes sont émises pour un coût de près de 8 900 milliards. Il est de plus en plus coûteux d'agir pour limiter le changement climatique. Les émissions pourraient passer d'ici 2030 à plus de 50 milliards de tonnes pour un coût annuel de 12 500 milliards.

Tableau 4

Évolution annuelle de la subvention mondiale aux émissions de CO^2

Émissions mondiales d'équivalents CO^2 d'origine humaine	**Milliards tonnes**	**Valeur de la tonne**	**Total en milliards €**
1995	23,4	150 €	3 510
2019	36,8	241 €	8 878
Total 1995/2019	**758**		**148 897**

[1]

Les émissions mondiales augmentent sans cesse, car la stratégie des grands groupes mondiaux repose sur l'extension de la circulation des marchandises et les délocalisations. D'ailleurs, le Parlement européen prévoit une très forte augmentation des émissions du transport aérien et du transport maritime. En 2010, le directeur général du Centre d'analyse stratégique indiquait déjà « Le transport de marchandises produit aujourd'hui près de 10 % des émissions mondiales de dioxyde de carbone. Pourtant, ce thème est quasiment absent du débat public[2] ». Le Parlement européen indique que les émissions du transport aérien ont doublé en vingt ans et qu'en 2050 « malgré les améliorations en matière de consommation de carburant, les émissions provenant des avions devraient être 7 à 10 fois supérieures aux niveaux de 1990, tandis que les émissions des navires devraient augmenter de 50 à 250% [3] ». Les autres modes de transport devraient également voir leurs émissions augmenter du fait d'une conjonction d'impacts négatifs comme les véhicules de type SUV, la réduction du fret ferroviaire du fait des déréglementations du rail, le développement des véhicules utilitaires à délégation de conduite, etc. La stabilisation des émissions mondiales apparaît incompatible avec l'actuel schéma de rentabilisation des entreprises. Pour appréhender l'ampleur des coûts environnementaux non pris en compte, nous avons retenu quelques exemples sans lien avec les émissions de CO^2 mais qui montrent que les dégâts commis localement par une activité peuvent être gigantesques.

---

[1] Sources, External costs of energy 1995 et conférence de Bonn sur le changement climatique, juin 2019.

[2] Cf. *Le fret mondial et le changement climatique,* Centre d'analyse stratégique, 22 septembre 2010.

[3] www.europarl.europa.eu/news/fr/headlines/society/20191129STO67756/emissions-de-co2-des-avions-et-des-navires-faits-et-chiffres-infographie.

IV/ Trois exemples de coûts environnementaux sous-estimés

A/ Le village du Teil

Le plus fort tremblement de terre en France métropolitaine depuis 1967 a eu lieu en novembre 2019[1] et a pratiquement rasé le village ardéchois du Teil. La secousse a par ailleurs déclenché une alarme sur l'un des quatre réacteurs de la centrale nucléaire de Cruas-Meysse située à une quinzaine de kilomètres du village. Les sismologues chargés d'analyser cette catastrophe mettent en avant quatre caractéristiques de ce séisme :

1. Le mouvement du sol dans l'épicentre[2] du séisme a été d'une grande intensité (huitième niveau sur douze possibles).
2. Son foyer est situé à environ un kilomètre de la surface alors que la très grande majorité des séismes en France métropolitaine se situe au moins à cinq kilomètres de la surface.
3. Le sol a subi un soulèvement d'une dizaine de centimètres sur environ quatre kilomètres de long.
4. Le nombre de répliques (c'est-à-dire de nouvelles secousses) a été très faible comparativement à ce qui peut être constaté dans des phénomènes ayant la même ampleur et des structures géologiques comparables.

Au regard de la zone et de son histoire sismologique, ces quatre caractéristiques ne font toutefois pas de ce séisme une anomalie certaine pour les sismologues qui ont étudié comment il a réactivé une faille déjà existante. Ils indiquent qu'il a eu lieu à proximité d'une grande carrière et que dans plusieurs cas, l'extraction massive de roches pouvait déstabiliser la zone et provoquer un séisme[3]. Pour vérifier cette hypothèse, ils ont mesuré le volume de roche extrait depuis la création de la carrière puis mesuré l'évolution de la pression horizontale et verticale sur la faille existante. Ils ont estimé qu'il pouvait y avoir un lien entre l'extraction et la rupture de la faille. On peut illustrer leur analyse à partir d'une image. Retirer chaque jour une page de livres situés le plus à droite d'une étagère n'a pas d'impact immédiat sur l'étagère.

---

[1] Magnitude comprise entre 5,2 et 5,4.

[2] L'épicentre est le point du sous-sol dans lequel le séisme trouve son origine, il n'est pas nécessairement à la verticale du lieu où les dégâts sont les plus visibles et importants.

[3] Cf. *Aux origines du séisme du Teil, La Recherche*, juillet-août 2020.

Mais sur la durée, cela représente l'équivalent d'une dizaine de livres retirés au bout de dix ans et l'étagère peut basculer si elle est mal fixée. Les experts qui ont étudié ce séisme n'affirment pas qu'il serait dû à l'extraction des roches sur trois quarts de siècle. En revanche, ils indiquent que c'est possible et qu'il vaut mieux être prudents, ne pas poursuivre l'exploitation, éviter les constructions nouvelles et sécuriser les sites productifs. « La sismicité modérée peut produire des dégâts considérables dans des zones où les vulnérabilités sont multiples (bâtiments anciens, industries, voies de transport). La rupture exceptionnelle de la surface du sol et les très fortes vibrations amènent à reconsidérer l'évaluation du risque, en particulier pour les ouvrages industriels à risque spécial. Le séisme du Teil est un avertissement à peu de frais[1] ». Comme les spécialistes du climat, le travail des sismologues permet d'alerter sur les risques. À quinze kilomètres du Teil, l'un des réacteurs d'une des deux centrales nucléaires a été arrêté un mois, le temps de vérifier que le séisme n'avait pas généré de dégâts structurels non visibles.

Le périmètre proche compte également deux barrages et trois sites Seveso[2], de sorte que le coût économique et humain aurait pu être beaucoup plus élevé. De multiples études estiment l'ordre de grandeur d'une catastrophe nucléaire à plusieurs dizaines ou centaines de milliards d'euros. Si un ou des réacteurs d'une des centrales avaient été détruits ou devaient l'être dans le futur, c'est cet ordre de grandeur qu'il faudrait avoir à l'esprit. Comment établir par avance ce coût et le facturer à l'exploitant de la carrière sachant que le risque est non seulement incertain mais statistiquement peu probable ? Ce qui s'est passé dans ce village est un exemple qui montre la difficulté à estimer les liens entre une activité économique quelconque et un impact sur la nature et les humains. Il faut du temps pour estimer ces coûts, mais encore faut-il vouloir les prendre en compte. Cette prise en compte est relativement facile pour une carrière, activité qui génère peu de chiffre d'affaires et de rentabilité et dont la fermeture ne serait pas coûteuse.

---

[1] Ibid.

[2] Les sites classés Seveso comportent des installations potentiellement dangereuses. Seveso est le nom d'un village du nord de l'Italie victime le 10 juillet 1976 d'un nuage toxique dû à un herbicide comportant des produits très toxiques. Moins d'une semaine après l'accident, l'usine reprenait ses activités et l'entreprise n'a informé de cette émission de produits hautement toxiques que le 19 juillet. Les populations n'ont été évacuées que le 23 juillet, soit deux semaines plus tard.

Mais réorienter un modèle économique planétaire est d'une toute autre ampleur. Les partisans du marché comme solution à tous les problèmes refusent de prendre en compte les menaces sur le climat du fait de l'impact de l'action climatique sur la rentabilité. Rejeter l'idée de risque systémique est cohérent avec l'ensemble de la logique de notre système économique :

- Si le salaire est un facteur important de coût, leur logique de rentabilisation généralisera des technologies réductrices de l'emploi comme nous le verrons en étudiant les enjeux et l'intelligence artificielle[1].
- Si la délocalisation, la massification des productions, la généralisation des transports intercontinentaux sont une condition de la rentabilité, il y aura délocalisation, massification et transports intercontinentaux.
- Si cette économie mondialisée, dominée par des groupes géants, crée des effets négatifs, les entreprises nieront ces effets négatifs.

Comme ils ont intérêt à rejeter la complexité du réel, de la nature, de la géologie, de la chimie, de la physique, de la mécanique des fluides, etc., les défenseurs d'un marché idéal sont amenés à présenter l'économie comme une science exacte. Non seulement une science exacte mais une sorte de super science, portant une vérité que la physique, la chimie, la géologie, etc. ne pourraient atteindre. Pourtant, dans le monde réel, les actions ont des effets et ces effets ont des coûts pour les générations présentes et futures. C'est cette réalité qu'illustre le séisme du Teil et les exemples suivants.

B/ Les mines du Montana, le nitrate d'ammonium et d'autres exemples

L'exploitation d'environ 20 000 sites miniers dans le Montana depuis la fin du XIXe siècle a favorisé une large dissémination de résidus de cuivre, arsenic, cadmium, zinc, acide sulfurique dans les sols et les nappes phréatiques. Dès 1907, la mort du bétail des éleveurs situés à proximité d'une mine de l'Anaconda Copper Company a mis en évidence la toxicité de l'activité.

Pendant des décennies, aucun mécanisme n'a existé pour contraindre les entreprises minières à couvrir les frais des pollutions qu'elles généraient[2].

---

[1] Chapitre trois.

[2] Cf. Jared Diamond, *Effondrement,* Folio essais 2006. P 61 à 67.

Il a fallu attendre décembre 1980 pour que soit créé le fonds spécial de traitement des pollutions (superfund). Il se substitue aux entreprises qui n'ont pas procédé aux réhabilitations et décontaminations des cours d'eau ou qui se sont déclarées en faillite plus ou moins justifiée. Ce sont donc les impôts qui prennent en charge les dégâts causés par les entreprises. Ainsi, le coût d'élimination des résidus acides et métaux toxiques de la seule rivière Clark Fork au Montana est estimé à un milliard de dollars. Le coût environnemental réel de cette exploitation représentera par conséquent certainement plusieurs fois le chiffre d'affaires réalisé par l'exploitant sur toute la durée de vie de la mine et plusieurs dizaines ou centaines de fois les profits générés. Jared Diamond indique que le seul traitement de l'eau dans certaines mines pendant des décennies centuplera le coût de remise en état par rapport aux estimations antérieures[1].

Des centaines de milliers d'entreprises ne couvrent pas les coûts que leurs actions génèrent. L'explosion d'un stock de nitrate d'ammonium dans le port de Beyrouth en août 2020 a fait plus de 6 500 blessés, plus de 220 morts, près de 40 disparus et des dégâts estimés autour de 12 milliards d'euros. Le nitrate d'ammonium est un engrais chimique très utilisé dans l'agriculture intensive et chimisée. Dans une composition différente, c'est également un explosif. Or ce changement de composition peut résulter des conditions de stockage, de la température, etc. C'est ce qui explique l'explosion de Beyrouth comme celle de l'usine AZF près de Toulouse en septembre 2001 qui a fait 31 morts, 2 500 blessés et de très lourds dégâts[2]. La France compte une centaine de sites de stockage de nitrate d'ammonium classés Seveso et consomme environ 8% de la production mondiale[3]. Mais elle compte également des milliers d'exploitations agricoles non biologiques utilisant et stockant ce produit sous forme d'engrais.

---

[1] Ibid, p 699.

[2] « Le danger associé aux ammonitrates est la détonation. Une explosion ne peut survenir que dans des conditions particulières, par exemple, quand l'engrais est contaminé par des matières incompatibles. Dans ces conditions, c'est-à-dire lorsque les normes s'imposant aux engrais agricoles ne sont plus respectées, le risque de détonation se trouve fortement accru en cas d'incendie ». cf. ministère de l'Agriculture 06/08/2020.https://agriculture.gouv.fr/les-engrais-base-de-nitrate-dammonium-le-stockage-et-les-risques-daccidents. A partir d'un certain volume stocké, les sites sont classés Seveso.

[3] Cf. *Où se trouvent les stocks de nitrate d'ammonium en France et comment sont-ils surveillés ? Le Figaro*, 10 août 2020.

« Exposé durablement à plus de 32 degrés, le nitrate d'ammonium agricole tend à se rapprocher du nitrate d'ammonium servant à la fabrication d'explosif, car cette température permet une meilleure diffusion du combustible liquide. Ces stocks sont de véritables bombes agricoles en puissance [1] ». La multiplication *des é*pisodes caniculaires rend de plus en plus probable ce type de risques. L'agriculture dite conventionnelle, c'est-à-dire chimisée, est productrice de risques dont le coût collectif peut se révéler très élevé en cas d'accident. En octobre 2003, un feu s'est développé dans une ferme de Saint-Romain-en-Jarez (Loire) qui stockait plusieurs sacs de 500 kilos d'ammonitrate. L'accident a fait 26 blessés, dont certains très graves, rasé la ferme et généré de nombreux dégâts.

Il en est de même de l'incendie des produits chimiques de l'usine Lubrizol à Rouen fin septembre 2019 dont les conséquences sanitaires n'ont toujours pas été évaluées, selon un rapport sénatorial remis en juillet 2020. Or, ces conséquences relèvent à la fois du court terme (effets sanitaires immédiats au travers par exemple d'affections pulmonaires) mais aussi du long terme, ce qui nécessite un suivi des populations concernées sur plusieurs années.

Dans tous les cas, le temps du marché est infiniment plus court que celui de la santé, des effets géologiques, des pollutions du sol et des nappes phréatiques. Le temps de l'entreprise est au mieux celui de l'année et du compte de résultat annuel. Le temps de la collectivité et le temps de l'entreprise ne sont pas le même temps. « Le temps économique n'a aucune commune mesure avec le temps biologique et écologique. Les processus de constitution et d'évolution des écosystèmes échappent à tout horizon humain. Il ne faut pas confondre l'horizon économique tout au plus éloigné de quelques décennies et l'horizon physique et biologique de la biosphère et des espèces vivantes[2] ». Cet autre temps est celui qui prend en compte les risques parce qu'il prend en compte la complexité des interactions entre l'activité productive et le biotope.

---

[1] Cf. Ronan Nicolas, spécialiste des risques industriels, 21 août 2020.

[2] Cf. Jean Marie Harribey, *La soutenabilité, une question de valeur(s),* document de travail du CED n° 34/1999.

C/ Les datacenters, un produit nouveau qui n'est pas dans les moyens de la planète[1]

L'explosion mondiale des datacenters est le résultat d'un coup de génie commercial qui a consisté à convaincre les consommateurs de confier le stockage de leurs données à leurs fournisseurs d'accès internet sous deux conditions :

1. Offrir le service gratuitement, pour qu'il soit plus intéressant d'externaliser la gestion de ses données plutôt que d'acquérir et gérer des systèmes internes de sauvegarde.
2. Remplacer ces systèmes internes par des outils centralisés, gérés par ces fournisseurs d'accès. Il s'agit du cloud[2], mode de gestion à distance qui garantit au consommateur la conservation de ses données.

La généralisation du cloud a permis l'hébergement et le stockage des dizaines de milliers de vidéos, photos, images, enregistrements, documents, échanges sur les réseaux sociaux, etc. de chaque client. Ces données décrivent les achats, goûts, centres d'intérêt, lieux de vacances ou séminaires, musiques écoutées, commentaires likés, etc. Ce sont ces informations qui intéressent les opérateurs du numérique. En les stockant et en les analysant grâce à l'intelligence artificielle, ils établissent des ciblages commerciaux très précis qu'ils vendent à des entreprises de tous types. C'est cette logique globale qui donne son sens à l'expression « si c'est gratuit, vous êtes le produit ». Les données des consommateurs conservées pour être vendues à des publicitaires sont stockées dans des datacenters. Ils sont principalement constitués d'un bâtiment dans lequel sont installés des équipements permettant le stockage des données. Ces centaines de serveurs génèrent une chaleur importante, c'est pourquoi les datacenters possèdent des dispositifs techniques potentiellement très polluants :

- Des systèmes de refroidissement et d'évacuation de la chaleur, lesquels représentent souvent plus de 50% de la consommation électrique des datacenters.
- Des équipements de secours en cas de coupures électriques. Il s'agit de groupes électrogènes alimentés au fioul, de cuves pour stocker ce fioul et de batteries. Ces équipements lourds expliquent pourquoi les

[1] Cette section ne traite pas des usages professionnels d'Internet. La très grande majorité des besoins de stockage concerne les images, vidéos, etc. Ce sont ces usages qui sont l'objet de la présente analyse.
[2] Nuage en anglais.

gros datacenters sont soumis à la réglementation ICPE (installations classées protection de l'environnement).

Le problème majeur posé par les datacenters est environnemental. En effet, le remplacement de centaines de millions d'unités de stockage individuel des données chez les utilisateurs par ces serveurs centralisés représente une consommation d'électricité gigantesque. L'ensemble du numérique pourrait représenter 13% de la consommation électrique mondiale en 2030[1]. Un datacenter de taille moyenne (125 gigawatts de puissance électrique) génère environ 9250 tonnes de CO^2 par an si on s'appuie sur le rapport 2017 du régulateur de l'électricité (RTE) qui indique que produire un kilowatt heure génère 74 grammes de CO^2. Avec une tonne de CO^2 émise, valorisée à 250 euros, le coût environnemental annuel de ce datacenter de taille moyenne dépasse 2,3 millions d'euros.

D'après France stratégie, les émissions du numérique dépassent celles du secteur aérien mais, surtout, elles ont une dynamique de croissance beaucoup plus rapide (+10 par an). « La prise de conscience du caractère insoutenable de telles consommations se fait attendre. L'accumulation de ces trois critères – un secteur parmi les plus énergivores, une croissance à contre-courant des objectifs que s'est fixés l'humanité et une absence de prise de conscience d'une responsabilité sectorielle – doit nous interpeller[2] ».

De son côté, l'ADEME[3] met en avant le manque d'anticipation des risques climatiques sur les équipements : Conséquences des inondations et tempêtes sur l'intégrité des installations informatiques, difficultés de refroidissement du fait des canicules et concurrence pour l'accès à l'eau avec d'autres usagers, croissance des consommations électriques pour assurer le refroidissement dans ce contexte, pression sur les réseaux électriques et recours croissant aux générateurs de secours très polluants, etc.

On peut espérer que ces équipements progresseront dans la réduction de leur consommation électrique mais cette espérance a peu de chances de se réaliser pour deux raisons.

---

[1] Cf Anders Andrae et Tomas Edler, *On global electricity usage of communication technology. Trends to 2030*, 2015.

[2] Cf. *Maîtriser la consommation du numérique, le progrès technologique n'y suffira pas*, France stratégie, octobre 2020, p 85.

[3] Cf. *L'impact spatial et énergétique des datacenters sur les territoires*, ADEME, février 2019, p 98.

D'une part, il faut prendre en compte l'effet rebond, c'est-à-dire le fait qu'une amélioration technique qui réduit la consommation d'une ressource ne se traduit pas nécessairement par une réduction de sa consommation totale. Si une innovation permet de consommer moins d'électricité pour stocker un téraoctet de données, on peut augmenter massivement le nombre de téraoctets stockés et la consommation électrique totale augmentera. « L'utilisation de technologies plus efficaces en matière d'énergie et moins émettrice de CO^2, ne garantit pas une baisse de la consommation totale de l'énergie, au contraire. L'industrie des datacenters illustre bien ce paradoxe[1] ».

D'autre part, l'explosion de l'usage des objets connectés qui permettent de suivre avec encore plus de précision les comportements des consommateurs doit être prise en compte. L'équipementier CISCO prévoit 500 milliards d'objets connectés d'ici 2030, dont il faudra stocker les données. Si nos sociétés restent dans ce modèle insoutenable, Il faudra donc davantage de datacenters et d'électricité.

Enfin, les datacenters sont de gros producteurs de chaleur. Si cette chaleur générée par les serveurs n'est pas récupérée, il y a création d'ilots de chaleur, lesquels ont tendance à se concentrer dans les centres-villes, car la densité urbaine empêche l'air de circuler. Par conséquent, lors des canicules, les habitants de territoires urbains situés près de ces équipements ne connaitront pas une baisse de température nocturne, ce qui rend difficile la récupération et le repos[2].Pour que la chaleur soit récupérée, il faut des investissements publics pour créer des réseaux de chauffage de l'habitat collectif ou des hôpitaux, ce qui suppose une planification, une anticipation des projets, ce qui n'est pas le cas aujourd'hui[3].

D/ Le coût sociétal de l'inaction et du refus d'envisager les risques

Le changement du climat est le résultat de décisions prises des années auparavant. Ces microdécisions n'ont été possibles que parce qu'il n'y a pas eu de macrodécisions par les Etats sous forme de lois, de règlements, de fiscalité ou de cumul de ces outils.

---

[1] Ibid, p 62.

[2] Cf. *Recommandations pour lutter contre l'effet d'îlot de chaleur urbain,* ADEME 2012, p 6/7.

[3] Cf. *L'impact spatial et énergétique des datacenters sur les territoires*, ADEME, février 2019, p 13 et 46.

Les Etats n'ont pas agi pour encadrer les pratiques alors que de réelles possibilités s'offraient à eux. Ils pouvaient empêcher les délocalisations en imposant les tonnes de CO^2 émises du fait de transports sur des milliers de kilomètres. Soit 150 euros en 1995 et au moins 250 en 2020. Les non-décisions de ces 25 dernières années ont transféré près de 150 000 milliards d'euros vers les entreprises, dont près de 9 000 milliards pour la seule année 2019. Chacun pense bénéficier de produits et services à bon marché et se satisfait de la situation. Mais en laissant se développer une colossale dette environnementale, nous aurons bientôt ruiné la planète et ne pourrons plus rembourser. Depuis 25 ans au moins, nous savons que les dégâts sont rapides, majeurs, systémiques et toujours plus graves et rapides que ce qu'envisageaient les premières études. Dans la suite de la conférence de Copenhague de 2009, les conventions climat et l'accord de Paris n'ont aucun caractère contraignant, « Le bilan du sommet de Copenhague est peu reluisant : un accord non contraignant qui n'est pas signé par tous les pays, obtenu par des négociations de couloir. Le texte ne comporte aucun engagement chiffré de réduction des émissions de gaz à effet de serre. Un accord sans ambition et sans contraintes[1] ».

Vingt-cinq ans après les travaux fondateurs et la mise en évidence de l'urgence, notre système socio-économique n'a pas évolué.

- Absence de contrôle des émissions de CO^2.
- Poursuite de la hausse des émissions.
- Généralisation du droit pour les grandes entreprises d'émettre des centaines de millions de tonnes sans contraintes ni impositions.
- Maintien d'un prix de marché de la tonne de CO^2 dérisoire.
- Généralisation du transport de marchandises sur des milliers de kilomètres.
- Extension massive du numérique sans aucun contrôle au nom de la modernité.
- Systématisation des accords commerciaux internationaux, accélérant la circulation mondiale des marchandises, etc.

Cette absence de réaction résulte à la fois de la forte rentabilité permise par le droit mondial à polluer et de la foi dans l'efficacité du marché. « La mercantilisation des droits à polluer servirait à une régulation magique, tout le monde sachant que les propriétaires ont tous la vertu innée, et tous, un souci exacerbé du futur et de l'intérêt

[1] Cf. *Le Monde*, *Le bilan décevant du sommet de Copenhague,* 19 décembre 2009.

général[1] ». La foi dans la vertu absolue du capitalisme et du marché est une pensée construite qui débouche sur une impasse comme le montre l'inaction de ce dernier quart de siècle. Alors, le libéralisme et la suprématie du capitalisme sont-ils encore la solution ? Si l'impréparation, le refus des scénarios catastrophes et le refus de la dépense publique sont inséparables de la logique marchande, n'est-il pas temps de chercher à rétablir l'équilibre entre le marché et la régulation publique ? Si cette domination du capitalisme sans contre-pouvoir génère une dette environnementale colossale ne faut-il pas s'attaquer frontalement à ce déséquilibre qui nous condamne ?

Cela reste possible, mais inverser la tendance suppose de sortir de l'illusion d'une succession de miracles technologiques qui sauraient à la fois poursuivre l'extension permanente des marchés, des transports et du numérique et faire disparaître les gaz à effet de serre.

V/ L'illusion de la technologie miracle

A/ Il y a davantage de profits à réaliser dans la poursuite du modèle actuel que dans la préservation du climat

Une entreprise ne s'engage pas dans une activité nouvelle s'il n'y a pas de rentabilité. S'il ne s'est rien passé dans le domaine environnemental, c'est qu'il est plus rentable de continuer à développer des technologies basées sur des échanges mondiaux de marchandise plutôt que de prendre une autre voie. La circulation des marchandises, la course aux nouvelles technologies et aux nouveaux produits, la spécialisation mondiale des sites permettent aujourd'hui de capter des revenus colossaux. Mais en contrepartie, ce modèle économique crée énormément de gaz à effet de serre. Les technologies numériques ont considérablement progressé ces vingt dernières années. Leur généralisation permet de réduire le volume d'emplois et sa qualification pour améliorer la rentabilité. Ces ruptures technologiques ne visent pas la réduction des gaz à effet de serre parce qu'il y a davantage de profit à réaliser en réduisant la masse salariale. C'est la raison de l'échec. Mais de quel échec parle-t-on ? Les entreprises n'ont pas d'objectif sociétal, elles sont créées pour dégager du profit. Elles n'ont donc pas échoué dans leurs objectifs propres.

---

[1]Cf. Raphaël Romi, préface de *Libéralisme et protection de l'environnement*, L'Harmattan 1999.

En revanche, c'est la société dans son ensemble qui est en échec. Les Etats et institutions internationales ont cru (ou fait semblant de croire) que réduire la fiscalité et les contraintes réglementaires, inciterait les entreprises à créer un nouveau marché rentable, celui du climat.

Au bout de 25 ans, nous voyons bien que cette stratégie n'oriente pas les entreprises vers des technologies capables de supprimer des milliards de tonnes de CO^2. Pour que cela soit possible, il faudrait non seulement créer ces technologies qui n'existent pas aujourd'hui mais également changer profondément la logique de rentabilisation basée sur la mondialisation des échanges, la circulation massive des marchandises, l'obsolescence programmée, la course aux nouveaux produits, etc. C'est la logique du capitalisme mondialisé qui est incompatible avec la réduction des émissions de CO^2. Pour que cette réduction devienne prioritaire, il faudrait que chacun ait le sentiment d'un intérêt commun à limiter le changement climatique. Or, les plus riches pourront plus facilement s'en protéger que les plus pauvres. Ils pourront changer de lieu de résidence s'ils possèdent du patrimoine dans des zones désormais inondables. Ils pourront aussi recourir à des sociétés privées de protection contre les incendies. Ils peuvent également construire des habitations bioclimatiques, protégées des canicules et rafraichies par des climatisations mixant électricité solaire, photovoltaïque et éolienne. S'ils choisissent des endroits soumis à des pénuries d'eau, ils pourront accéder à des ressources privées. Le groupe californien CME a lancé en septembre 2020 un contrat à terme sur l'eau. Ceux qui auront le plus d'argent pourront accéder à cette ressource, quant aux autres… « Nous sommes tous dans le même bateau, mais ce n'est pas la même chose d'être confiné dans les soutes, les premiers à être noyés, ou sur le pont des premières classes, à proximité des canots de sauvetage[1] ». Les plus riches refusent de prendre leur part des dépenses nécessaires pour limiter des dégâts dont ils sont les premiers responsables et contre lesquels ils ont davantage de moyens de se protéger.

Ils savent qu'il y a des gisements de profit beaucoup plus importants dans la mondialisation des échanges que dans l'action pour limiter le changement du climat. C'est en cela que les solutions par la technologie ou le marché sont la même illusion.

---

[1] Cf. Philippe Descola dans *Penser l'anthropocène*, science po les presses 2018, p 29.

B/ Deux mythes modernes, la responsabilité environnementale des entreprises et le miracle technologique.

Depuis un quart de siècle, il n'y a eu ni fiscalité environnementale dissuasive, ni contraintes réglementaires pour lutter contre le changement climatique. Les instances européennes et mondiales ont donné carte blanche aux entreprises et au marché. La responsabilité sociale et environnementale de l'entreprise s'inscrit dans cette logique. Élaborée en 2001 par la Commission européenne, cette responsabilité n'a aucun caractère contraignant comme le confirme d'ailleurs le gouvernement français. « La responsabilité sociétale des entreprises (RSE) est définie par la Commission européenne comme l'intégration volontaire par les entreprises de préoccupations sociales et environnementales à leurs activités commerciales et relations avec les parties prenantes. Une entreprise qui pratique la RSE va donc chercher à avoir un impact positif sur la société tout en étant économiquement viable[1] ». Cela signifie que les entreprises peuvent prendre en compte les questions sociales et environnementales sur la base du volontariat. L'entreprise qui s'engage dans ce processus va « chercher à avoir un impact positif sur la société ». Mais ses décisions dans ce domaine sont soumises à une condition, elles doivent être économiquement viables.

Il faut donc que l'action contre le changement climatique soit compatible avec la rentabilité puisqu'il s'agit de l'objectif premier de toute entreprise privée. C'est précisément parce que les entreprises ont cette priorité particulière qu'il faut leur imposer une priorité collective.

Ce refus de prendre en compte une priorité collective explique pourquoi les responsabilités des entreprises et de notre système socio-économique dans le changement climatique ont disparu du débat public. L'origine de la croissance des émissions de CO^2 est rendue invisible et on détourne l'attention en se limitant aux comportements individuels. Le consommateur est sommé de réduire ses émissions de gaz à effet de serre mais dans le même temps, le marketing le pousse à consommer.

Vendre constamment des produits et les renouveler très rapidement est au cœur du modèle économique dans lequel nous vivons. Ce modèle est très instable, car il repose sur deux injonctions contradictoires :

- Moins consommer pour réduire les émissions de gaz à effet de serre.

---

[1] Cf. https://www.economie.gouv.fr/entreprises/responsabilite-societale-entreprises-rse#.

- Consommer davantage pour assurer la croissance qui créera les emplois et le pouvoir d'achat.

Cette contradiction empêche de s'attaquer aux problèmes du climat. Insister sur la consommation sans remettre en cause la production est un contre sens. On ne peut se contenter de demander à chaque individu d'être vertueux sur le plan environnemental alors même que le système socio-économique dans lequel il vit, se déplace, travaille et consomme exerce une prédation sur le climat. Plutôt que demander aux consommateurs de ne pas acheter certains biens, il vaut mieux en produire moins ou les rendre plus durables. Il est bien évidemment nécessaire que chacun fournisse des efforts mais ces efforts seront inutiles si on ne remet pas en cause la spécialisation mondiale des sites et la circulation mondiale des marchandises.

Il en est de même de la responsabilité sociale et environnementale des entreprises. L'action ne peut se baser sur la bonne volonté, elle doit désormais être imposée par des règles, des lois et de la fiscalité.

Le discours de l'efficacité du marché prétend que si les entreprises sont libres d'agir sans contraintes, elles pourront créer des technologies efficaces pour lutter contre le changement climatique. Elles sont supposées créer à la fois un nouveau champ technologique, un nouveau marché et un nouvel espace de rentabilisation. Deux options principales font l'objet de retours réguliers dans le débat public depuis plusieurs décennies, la production d'hydrogène dit propre (c'est-à-dire n'émettant pas de gaz à effet de serre) et le captage et le stockage du CO^2.

L'hydrogène est évoqué depuis la fin des années 1980 et réapparait comme solution miracle depuis 2020. La France et l'Union européenne ont décidé d'un plan de soutien aux grandes entreprises du secteur afin de favoriser ce type de production mais les critiques des dernières décennies restent valables. Les technologies permettant de produire cet hydrogène dans de bonnes conditions environnementales n'ont en effet que très peu progressé depuis cette époque. L'hydrogène propre reste une éventuelle perspective à vingt ou trente ans, alors que la forte baisse des émissions de CO^2 doit intervenir maintenant. Baser la réduction des émissions de gaz à effet de serre dont nous avons besoin maintenant sur une hypothèse technologique qui n'est pas opérationnelle traduit l'incapacité des dirigeants politiques à penser autrement.

Une autre option technologique tout aussi théorique concerne le captage et le stockage du CO^2.

Dès les années 1990, des études ont envisagé d'utiliser les gisements épuisés de combustibles fossiles pour stocker le carbone émis. Ces projets font référence aux puits de carbone naturels que constituent les prairies, les forêts, les tourbières et les océans. Mais stocker une pollution est une solution d'attente qui n'élimine pas la nuisance. De nombreux travaux ont évoqué les risques de libération brutale et massive de ce CO^2 en cas d'incident important (glissement de terrain, tremblement de terre, éruptions volcaniques, rupture de l'étanchéité de la fosse, etc.). Une expérience est ainsi menée en Norvège sur le site pétrolier de Sleipner, propriété d'Exxon depuis 1996. Ce site stocke un million de tonnes de CO^2 par an dans un aquifère (roche poreuse utilisée comme réservoir à 1000 mètres de profondeur. Or, dix ans après le début de l'expérience, le CO^2 stocké se trouvait déjà à plus de quatre kilomètres du puits par lequel il a été injecté alors que les prévisions initiales reposaient sur une diffusion homogène d'environ 1,5 kilomètre de circonférence[1]. Ce CO^2 émis devrait être facturé à Exxon Mobil 250 euros par tonne, soit 250 millions d'euros chaque année pour ce seul site. Ce montant est toutefois un minimum tenant compte des risques liés à ce CO^2 stocké qui se déplace d'une façon inattendue et qui peut générer une catastrophe écologique dont personne ne peut anticiper ni la nature ni l'ampleur. « Le stockage dans les fonds marins est une solution très spéculative en raison de la complexité des phénomènes naturels en jeu et des risques qu'elle présente pour la faune marine[2] ».

D'autre part, la question du coût de ces hypothétiques technologies est mise en avant de longue date, car la séparation physique du gaz à récupérer et du CO^2 à stocker dans un autre lieu est une opération très coûteuse.

L'absence de solution technologique qui était évidente au milieu des années 2000 le reste plus de quinze ans plus tard comme le confirme l'INSEE [3]. « Le chemin à parcourir pour l'utilisation généralisée d'une telle technologie reste très important, ce qui rend cette hypothèse plutôt incertaine à moyen terme. Par ailleurs, il n'y a pas de consensus sur son coût ni sur sa faisabilité à grande échelle, les estimations allant de 50 euros à plusieurs centaines voire milliers d'euros par tonne de CO^2 ».

---

[1] Cf. *Captage et stockage géologique du CO^2, retour d'expérience et perspectives,* INERIS, 30 novembre 2017, p 13.

[2] Cf. *Charbon propre, Mythe ou réalité ?* Groupe de travail sur le charbon du délégué interministériel au développement durable, 23 mars 2006.

[3] Cf. INSEE analyses, n° 56.

Aucune de ces deux spéculations technologiques n'apporte de solution satisfaisante. Soit parce que les coûts de traitement sont considérables et peut-être même supérieurs à la fiscalité qu'il faut mettre en place sur les émissions, soit parce que ce sont des technologies faussement vertueuses sur le plan environnemental.

De façon plus générale, il faut sortir de l'illusion que les solutions passeront par les technologies et le marché qui ont eu le temps de faire leurs preuves depuis un quart de siècle. En 2020, il y a chaque année 15 milliards de tonnes de CO^2 de plus qu'en 1995[1]. Les mesures à prendre remettent nécessairement en cause la place du marché dans nos sociétés. Contrairement à l'affirmation du FMI, le commerce n'est pas ce qui importe le plus. L'enjeu est celui de la capacité à faire vivre correctement des milliards d'humains et des centaines de milliards de non-humains sur notre planète.

C/ L'obsession de l'Organisation mondiale du commerce empêche d'agir pour le climat

Les économistes et les institutions européennes et mondiales ont conscience de la pression sur l'environnement depuis 25 ans mais l'idéologie du marché comme solution a bloqué toute action. Une partie des théoriciens minore le coût des dégâts environnementaux et l'ampleur du changement climatique. Ils souhaitent un coût de la tonne de CO^2 le plus faible possible et recherchent toutes les solutions pour éviter d'imposer des contraintes réglementaires ou fiscales aux entreprises. Dans cette optique, les marchés sont les régulateurs principaux d'une économie supposée fonctionner de manière pratiquement optimale. Une seconde famille soutient la libération des marchés afin que les entreprises puissent innover sans contraintes. « Le thème majeur est que si on ne les entrave pas, les forces du marché sont capables de relever le défi de la question écologique. La Banque mondiale, la CNUCED, l'OCDE, l'AIE sont les fers de lance de cette famille de pensée[2] ».

Le dernier quart de siècle montre que ces deux familles de pensée ont eu tort ou ont sciemment dissimulé la réalité. Prendre en compte le coût environnemental bouleverse la compétitivité des énergies mais également celle des pays.

---

[1] Cf. *Changement climatique et effet de serre,* INSEE, 27 février 2020.

[2] Cf. *Fiscalité de l'environnement*, rapport du Conseil d'analyse économique, 24 juillet 1998.

Ainsi, les États-Unis se sont opposés au protocole de Kyoto puis à l'accord de Paris[1] parce que cela aurait imposé des mesures économiques incompatibles avec leur modèle économique[2]. La lutte contre le changement climatique reste subordonnée aux règles du commerce mondial. Pourtant, dès 2003, le Conseil d'analyse économique évoquait la nécessité d'un retour sur les principes de l'Organisation mondiale du commerce et sur les clauses concernant les procédés et modes de production qui prévalent depuis le GATT[3] de 1947. « Quel que soit le sentiment que l'on ait à priori sur l'opportunité d'une démarche mettant en cause la séparation commerce/environnement, il est bien évident qu'un rapport sur les enjeux économiques de l'effet de serre ne peut l'éluder[4] ». Autrement dit, ce rapport proposait de revoir les fondements du GATT puis de l'OMC. On ne limitera pas le changement climatique sans remettre en cause les règles du commerce mondial. S'attaquer au problème suppose de le prendre à la racine en s'appuyant sur les quatre constats suivants :

1. Prendre en compte les coûts environnementaux augmentera les coûts de production.
2. Prendre en compte les coûts environnementaux augmentera les coûts de transport des biens.
3. Prendre en compte les coûts environnementaux se traduira par une baisse des échanges mondiaux de marchandises, par des relocalisations de production.
4. Prendre en compte les coûts environnementaux créera des emplois, parce que réduire les émissions imposera le circuit court, ce qui limite les circulations mondiales de marchandises.

---

[1] Respectivement 1997 et 2015. Aucun de ces accords ne comporte de mesures obligatoires et contraignantes.

[2] Sans compter l'impact sur l'emploi dans les secteurs pétroliers, charbonniers et gaziers, l'industrie automobile, etc.

[3] General Agreement on Tariffs and Trade. Accord général sur les tarifs douaniers et le commerce signé en octobre 1947 par 23 pays qui représentaient l'essentiel de l'économie mondiale hors Union Soviétique et ses pays satellites. Avec la décolonisation et l'effondrement du système soviétique, le nombre de pays signataires de l'accord est passé à 120 en 1994. Le GATT a débouché sur la création de l'OMC, Organisation mondiale du commerce en 1995. Depuis cette date, les émissions de gaz à effet de serre ont explosé.

[4] Cf. *Kyoto et l'économie de l'effet de serre*, rapport au Conseil d'analyse économique, 14 janvier 2003.

Ce chapitre permet de comprendre en quoi l'asymétrie dans l'information sur les coûts réels de production est à l'avantage des groupes dominants l'économie mondiale. Cela permet de mieux comprendre pourquoi ces derniers défendent le rôle dominant du marché. Dans une logique de marché pur et parfait, les externalités négatives n'existent pas. L'intérêt bien compris de ces grands groupes est par conséquent d'éviter que la question du coût environnemental ne soit posée. Il est donc parfaitement logique, rationnel, cohérent de leur point de vue qu'ils récusent tout scénario catastrophe. On comprend également qu'il n'y a aucun complot dans ces comportements, ils correspondent à l'intérêt commun d'un groupe social particulier.

Nous avons démontré l'inefficacité du marché dans la lutte contre le changement climatique et mis en évidence que la technologie ne résoudra pas les questions environnementales. Mais résoudra-t-elle la question de l'emploi ou bien dans ce domaine également avons-nous à craindre un scénario de l'inacceptable et une rupture majeure ? Regardons cela de plus près.

Chapitre III Quels emplois demain ?

Les prospectives récentes en matière d'impact des technologies nouvelles sur l'emploi sont-elles différentes des prospectives concernant le climat ? Nos gouvernants ont-ils pris en compte des scénarios de l'inacceptable dans ce domaine ? Le rapport sur l'intelligence artificielle et l'emploi remis au gouvernement par France stratégie en mars 2018 permet de répondre par la négative à ces questions.

I/ L'intelligence artificielle réduit l'emploi et le déqualifie

Le rapport de France Stratégie étudie de façon prospective un secteur caractérisé par la présence d'emplois souvent peu qualifiés (les transports) et deux secteurs qui ont à la fois des emplois peu qualifiés et de nombreux emplois qualifiés (la banque et la santé). Il porte sur l'impact en termes d'emplois de cette rupture technologique. « La question clé est de savoir si l'intelligence artificielle représente une rupture technologique telle que le travail s'en trouvera transformé de manière brutale, avec des répercussions importantes sur l'emploi, ou si elle s'inscrit dans la continuité des transformations numériques à l'œuvre depuis plusieurs décennies[1] ».

A/ Transformation ou rupture ?

L'alternative est donc soit une transformation brutale, soit une continuité avec des transformations à l'œuvre depuis plusieurs décennies. Dans les deux cas, le mot-clé de l'alternative est celui de transformation. Ce qui se transforme ne disparaît pas mais change de nature. L'avant-propos illustre cela par un exemple. « Un chatbot qui répond automatiquement peut malgré tout nécessiter un humain capable de prendre le relais en cas de besoin. Et si la machine vient en effet à soulager les hommes des activités les plus routinières, ces derniers risquent de ne traiter que des tâches complexes, d'où une intensification du travail et un risque de surcharge cognitive[2] ».

---

[1] Cf. *Intelligence artificielle et travail,* France stratégie, 28 mars 2018, avant-propos p 3.
[2] Ibid.

L'hypothèse centrale du rapport est celle de mutations qualitatives du travail (intensification, charge mentale et cognitive) plutôt qu'un risque de mutations quantitatives (pertes massives d'emplois). Mais cette hypothèse n'est ni démontrée ni argumentée. Ainsi, l'exemple du chatbot nous amène à nous demander si les auteurs croient vraiment qu'il nécessitera un humain capable de prendre le relais pour des opérations complexes par exemple. La réponse à cette question pourtant essentielle n'apparaît pas clairement.

1. Indiquer que ce chatbot peut nécessiter ne garantit pas que cela se fera, contrairement à va nécessiter qui exprime une certitude. Peut nécessiter indique que cela est possible, tandis que va nécessiter indique que cela est certain. Si les auteurs sont convaincus de leur propos, pourquoi ne pas être affirmatifs ou bien prendre un exemple incontestable ?
2. On note d'ailleurs que l'avant-propos confirme que « les tentatives de projection des impacts sur les métiers et l'emploi resteront durablement incertaines[1] ».
3. On en déduit donc que les auteurs ne savent pas si le chatbot nécessitera un humain ni combien d'humains seront nécessaires.
4. Si ce chatbot peut nécessiter « malgré tout » une présence humaine, on rappellera que l'adverbe malgré tout est synonyme de quoi qu'on fasse, quoi qu'il arrive, quoi qu'on en dise, n'en déplaise à, cependant, tout de même, etc. Le Larousse quant à lui évoque en dépit de tout ce qui pourrait aller à l'encontre. C'est donc un terme qui évoque une forte détermination, une quasi-certitude.

La présence de peut nécessiter et de malgré tout dans une même phrase est antinomique. L'un évoque une possibilité (peut), alors que l'autre évoque une quasi-certitude (malgré tout). En 1970, le biologiste Jacques Monod a développé et rendu célèbre l'expression « le hasard et la nécessité » dans un essai philosophique qui a fait date[2]. Mais les sciences humaines et la biologie n'ont pas le même rapport à l'action consciente et on ne peut se satisfaire de cette cohabitation de termes de sens opposé. Ou alors il faut affirmer qu'on ne sait rien et que ce qui se produira sera le fruit d'une combinaison de hasards et de nécessités impossibles à anticiper.

---

[1] Ibid, p 3.
[2] Cf. Jacques Monod, *Le hasard et la nécessité*, Seuil 1970.

Tenant compte des enjeux, on s'attendrait à ce que le rapport soit explicite sur le risque dominant pour l'emploi. Ce risque est-il essentiellement qualitatif ou essentiellement quantitatif ? Essentiellement porté sur la qualité des emplois et leur qualification ou essentiellement sur la quantité, le nombre d'emplois ? Le chatbot peut ou va nécessiter des emplois ?

La seule hypothèse examinée est celle du risque qualitatif (la surcharge mentale), le risque quantitatif (la disparition d'emplois) n'est pas étudié. Pour les auteurs, l'ajustement se fera malgré tout et il n'y aura pas de déséquilibre dans les volumes d'emplois.

Cette affirmation va à l'encontre du mouvement de fermetures d'agences bancaires observé partout en France[1]. La double dimension qualitative/quantitative des mutations de l'emploi correspond à deux types d'effets différents qu'il faut analyser si on veut mener une analyse exhaustive et objective.

- Des mutations essentiellement qualitatives conservent globalement le volume d'emploi mais la nature de celui-ci change. À cet égard, le rapport insiste à juste titre sur les questions liées à la surcharge cognitive et aux risques psychosociaux que celle-ci peut générer. Il est donc légitimement attentif sur ce point.
- Des mutations essentiellement quantitatives conservent pour l'essentiel la qualité des emplois mais leur nombre change. La lecture du rapport montre une nette asymétrie de traitement entre les risques qualitatifs et les risques quantitatifs. À aucun moment, un risque sur le volume d'emploi n'est appréhendé, quelques évocations éparses ne faisant pas une analyse.

Dans la réalité, les mutations sont souvent à la fois quantitatives (le volume d'emploi augmente ou diminue) et qualitatives (les conditions de travail s'améliorent ou se dégradent). Il faut donc envisager toutes les hypothèses, y compris le double risque de pertes d'emplois et de dégradation des conditions de travail. La gestion prospective des risques ne peut se limiter à la requalification des salariés, sinon elle n'est qu'une forme de gestion des ressources humaines.

La gestion des risques doit aussi envisager que l'introduction de ces technologies vise prioritairement l'économie sur les salaires parce qu'il s'agit de la principale source de dépenses pour les entreprises[2].

---

[1] Dans leur édition du 15 avril 2018, *Les échos* titraient *Le rythme de fermeture d'agences bancaires doit quintupler en France.*

[2] Dans leur rapport final d'avril 2015 sur *les métiers en 2022. Résultats et enseignements*, la DARES et France Stratégie prévoyaient encore à cette époque un

À cet égard, l'avant-propos évoquant le transport routier de longue distance est symptomatique de ce flou. Les conséquences des véhicules autonomes sur l'emploi « pourraient cependant, le moment venu, être significatives[1] ». Cette seconde phrase est remarquable tant elle semble ériger l'imprécision sémantique en principe. Un tel flou dans une étape pourtant charnière du rapport ne permet pas de clarifier trois enjeux :

- Le moment du moment. À quelle échéance un tel impact est-il envisageable ?
- La durée du moment. Combien de temps ce moment d'impact significatif peut-il durer ?
- L'ampleur du moment. À quelle quantité d'emplois supprimés correspond l'adjectif significatif ?

Le terme moment est imprécis mais correspond à une courte durée : instant, date, seconde[2], minute, occasion. Ce terme évoque parfois également une durée plus longue, époque, saison, temps. Quelle est la durée et l'intensité envisagées par les auteurs concernant ce moment ? La même imprécision concerne l'impact sur l'emploi des 800 000 chauffeurs. On découvre en effet que ces conséquences peuvent être significatives, terme aussi flou que celui de moment.

Le rapport ne fournit aucun élément sur la quantité d'effets que recouvre le terme significatif. S'agit-il de milliers ou de centaines de milliers d'emplois ? Vers quelle échéance ? Pendant combien de temps ?

Ainsi, le rapport indique que cela pourrait faire disparaître à terme le métier de chauffeur[3] puis tempère le propos en affirmant que cela « ouvre en même temps des possibilités multiples de nouveaux métiers dans les activités complémentaires. Construction, entretien, gestion de flotte, accompagnement des passagers demeureront, alors que les sorties récréatives, la logistique ou tout simplement les déplacements professionnels bénéficieront de coûts plus faibles ou d'une disponibilité accrue[4] ».

---

scénario de crise. Très encadré certes et excluant toute valeur aberrante comme nous l'avons vu dans le chapitre introductif, mais néanmoins existant.

[1] Cf. *Intelligence artificielle et travail,* France stratégie, 28 mars 2018, p 4.

[2] Au moyen âge, un moment exprimait une durée de 90 secondes.

[3] Quelques lignes plus loin, le rapport indique que ces chauffeurs sont « susceptibles de voir leur travail changer radicalement à mesure que se déploient les véhicules autonomes. Le plus souvent, cette transformation ne sera pas brutale mais elle conduira à réorienter le contenu du travail vers des tâches de supervision ».

[4] Cf. *Intelligence artificielle et travail*, France stratégie, 28 mars 2018, p 9.

On comprend que l'emploi des 800 000 chauffeurs pourrait disparaître à terme, ce qui reste aussi imprécis que le moment venu. Mais de plus, il n'y a pas de précision sur ce que pourraient être les nouveaux métiers remplaçant les emplois perdus. En effet, le parc de véhicules utilitaires existant compte déjà du personnel pour sa construction, son entretien et sa gestion. Ces activités ne sont donc pas nouvelles et elles ne pourront offrir de débouchés aux chauffeurs dont l'emploi disparaîtrait. Les nouveaux emplois supposés compenser les pertes sont déjà occupés[1].

Enfin, le rapport indique que ces transformations ne seront pas brutales dans la plupart des cas. Cela est contestable, car l'intérêt de ces technologies est leur mise en place rapide du fait de leur impact très positif sur la rentabilité.[2] C'est ce que confirme pourtant le rapport par ailleurs. « À terme, la présence d'un chauffeur pourrait même n'être requise qu'en tête de convoi. Une présence humaine resterait en effet nécessaire pour prendre en charge des tâches qui ne seraient pas encore automatisées (par exemple faire le plein de carburant[3]) ». Cela appelle deux remarques. D'une part, si le chauffeur n'est nécessaire qu'en tête de convoi, il faudra donc un seul chauffeur au lieu de 4 ou 5 au préalable. D'autre part, un poids lourd peut effectuer jusqu'à 2000 kilomètres sans effectuer de plein, soit plus de vingt heures de route. L'entreprise n'a aucun intérêt à payer vingt heures un chauffeur pour qu'il consacre quelques minutes à effectuer un plein, il est largement préférable que l'automatisation permette au personnel en station de s'en charger. En présentant cette hypothèse peu crédible, le rapport semble indiquer que ses auteurs ne voient pas véritablement de solution de substitution pour les anciens chauffeurs et qu'un scénario de l'inacceptable est à prévoir pour eux.

D'ailleurs, si l'avant-propos du rapport rejette ce scénario, il le réintroduit dans la suite au travers d'un scénario qualifié de disruptif[4].

---

[1] Il en est de même des caissières. Deux arguments sont utilisés en ce sens. D'une part, en supprimant ces emplois, on limite les troubles musculosquelettiques de caissières manipulant plusieurs tonnes par jour. D'autre, les caissières passeront en rayon pour réachalander. Or, ces emplois sont déjà occupés. La suppression des caissières ne vise pas à préserver leur santé mais à réduire les coûts.

[2] Les coûts salariaux représentent entre 35 et 45% du coût total « ce qui constitue pour les entreprises une forte incitation à investir dans des technologies prometteuses d'économies ». Cf. *Intelligence artificielle et travail,* France stratégie, 28 mars 2018, p 34.

[3] Ibid, p 34/35.

[4] Disruptif vient du latin disrumpere, rompre, il évoque une rupture brutale.

Le risque de pertes brutales d'emploi n'est pas totalement nié. « Compte tenu de la part du coût du chauffeur dans le coût total et de la pression concurrentielle, la transition pourrait intervenir rapidement dès lors que la technologie est mûre. Le marché unique européen incite en outre à une concurrence réglementaire entre autorités de certification, favorable à un déploiement rapide[1] ». Certains passages du rapport évoquent donc bien des risques quantitatifs mais il faut les chercher entre les lignes. Ce manque de lisibilité apparaît également dans le secteur bancaire pour lequel l'avant-propos indique. « Pour les banques, hors scénario de développement rapide de nouveaux acteurs très innovants, qui ne s'est pas matérialisé jusqu'ici[2], l'intégration de l'intelligence artificielle devrait avoir un impact significatif sur la pratique professionnelle des conseillers commerciaux, et accentuer la tendance à la réduction de leur nombre en agences, mais sans rupture majeure[3] ». On retrouve ici la même insistance sur l'aspect qualitatif des changements avec la notion d'impact significatif sur la pratique des conseillers commerciaux. Mais la dimension quantitative des changements n'est pas documentée, l'absence supposée de rupture majeure ne permettant pas d'estimer le volume d'emplois concernés. Dans cette vision du monde, il n'y a pas de scénario disruptif, parce que le système économique n'est pas supposé déboucher sur des crises qui résulteraient de son fonctionnement. Ces crises sont présentées comme le résultat de phénomènes externes, jamais le produit de la logique du système socio-économique lui-même.

C'est pourquoi ce rapport insiste sur les responsabilités supposées des salariés. S'ils se forment et acceptent de changer, il n'y aura pas de problème d'emploi mais des phases de transition plus ou moins longues entre deux emplois. C'est exactement la même logique que celle que nous avons évoquée dans le chapitre précédent concernant la responsabilité des individus/consommateurs dans le changement climatique[4].

---

[1] Cf. *Intelligence artificielle et travail,* France stratégie, 28 mars 2018, p 39/40.

[2] Ce constat concernant le passé semble contradictoire avec l'idée même de disruption. Si l'objet du rapport est d'étudier les risques, il ne peut se contenter de dire que dans le passé ce risque n'a pas été confirmé. Ce qui s'avère d'ailleurs faux puisque la suite du rapport évoque une forte baisse de l'emploi des traders chez Goldman Sachs. Voir infra.

[3] Cf. *Intelligence artificielle et travail,* France stratégie, 28 mars 2018, p 6.

[4] Cf. *Deux mythes, la responsabilité environnementale des entreprises et le miracle technologique.*

On retrouve cette logique dans le secteur de la santé dans lequel l'enjeu clé serait la répartition des tâches entre médecins et infirmiers.

B/ Un scénario de rupture n'est pas une prophétie !

L'étude du secteur de la santé concerne les robots chirurgicaux, l'interprétation des radios et les diagnostics assistés par ordinateur. Elle insiste sur les changements qualitatifs et étudie en particulier l'évolution de la répartition des tâches entre professions de santé (médecins, et pratiques avancées des infirmiers[1]). Mais elle ne développe pas la dimension quantitative des changements, c'est-à-dire le nombre d'emplois. Selon l'avant propos, un scénario de l'inacceptable n'a pas lieu d'être étudié et ceux qui l'envisagent « prophétisent avec pessimisme la disparition inéluctable de pans entiers d'activité et des emplois correspondants[2] ». Cette assertion pose plusieurs problèmes.

1. Tout travail prospectif doit aider à préparer le futur, ce qui impose l'examen d'un scénario de rupture non voulue, de crise. Un tel scénario n'est pas une prophétie mais une nécessité pour se préparer à un risque éventuel. Cela est vrai pour les métiers de chauffeur et il en est de même concernant les personnels hospitaliers ou bancaires.
2. Le rapport met en avant un futur technologique plutôt positif pour l'emploi mais il n'explique pas en quoi le scénario de pertes importantes d'emploi serait prophétique. L'accusation de prophétisme portée à l'encontre d'hypothèses envisageant un autre futur ne constitue pas un argument mais un jugement de valeur. Lorsque ces jugements sont assénés par des personnes en situation de pouvoir ou des institutions, ils deviennent alors des arguments d'autorité. Ils n'ont plus besoin de démonstration puisqu'ils sont affirmés par des sachants.
3. Enfin, considérer que le moment venu un impact significatif peut avoir lieu dans un domaine particulier des transports est trop imprécis. On pense que quelque chose se passera peut-être et que cela aura un effet mais on ne sait pas si cet effet sera important, quand il aura lieu et s'il durera longtemps ou pas.

Les auteurs affirment que si des destructions massives d'emplois devaient advenir, cela serait surtout la conséquence de l'impréparation au changement avec d'un côté. « Un scénario de rupture, sans phase

---

[1] Cf. *Intelligence artificielle et travail,* France stratégie, 28 mars 2018, p 6.

[2] Ibid, p 7.

préparatoire, avec tout ce que cela suppose d'ajustements brutaux (chômage, reconversions professionnelles, détérioration des conditions de travail, etc.) [1] » et de l'autre « Un scénario progressif dans lequel la gestion prévisionnelle aura été bien anticipée par les acteurs, permettant une adaptation en douceur des compétences, des reconversions professionnelles, du changement organisationnel, du système de formation continue[2] ». Lorsque le changement est préparé, on peut former les personnels aux nouveaux emplois qui compensent les disparitions.

Au fond, si des centaines de milliers d'emplois devaient disparaître sans créations équivalentes dans de nouveaux secteurs, ce déséquilibre serait la faute des salariés et de leurs organisations représentatives. Cette présentation met de côté la logique d'introduction des technologies nouvelles par les entreprises, notamment les plus grandes, celles qui ont les moyens de créer des technologies qui réduisent massivement les coûts de production. Puisqu'il y a davantage de bénéfices à réaliser dans la baisse ou la déqualification des emplois, les entreprises ont un comportement rationnel en réduisant leurs coûts internes plutôt que des coûts collectifs qui ne leur sont pas facturés.

Parce qu'il ne veut pas prendre en compte ces faits, ce rapport exclut le risque de baisse des effectifs et de déqualification qui serait lié à un certain usage des technologies. Pire, ceux qui mettent en avant ce risque sont disqualifiés et accusés de prophétie. Ils sont présentés comme des conservateurs qui rejettent le progrès, terme passe-partout utilisé pour faire l'économie de l'analyse de son contenu concret dans l'économie contemporaine. Dans le monde réel, introduit-on une technologie nouvelle pour améliorer le sort des salariés, réduire leur temps de travail, la pénibilité ou pour augmenter la rentabilité ? Cette question pourtant essentielle n'est pas posée, elle est remplacée par l'anathème et la stigmatisation. Cela empêche de débattre des logiques d'introduction de ces technologies et du risque de rupture dans l'emploi. Ne pas envisager le risque empêche d'anticiper correctement ce qui pourrait se passer « le moment venu ».

Ne voulant pas évoquer le risque inhérent à l'introduction de technologies nouvelles dans une logique de rentabilisation, les auteurs font l'impasse sur le fond et restent à la surface des enjeux.

---

[1] Ibid, p 72.
[2] Ibid, p 72.

Il n'y a aucun volontarisme à se contenter de plans de formation ou de reconversion professionnelle. La gestion prévisionnelle de l'emploi et des carrières relève du travail des DRH, directions des ressources humaines des entreprises, mais pas d'un exécutif ni d'une vision prospective des grands enjeux de notre société. Le véritable volontarisme consiste à regarder les risques en face pour mieux les affronter. Y compris et surtout si le risque en question est le produit du fonctionnement normal et rationnel des entreprises, notamment les plus grandes. Pour éviter de subir, il est indispensable de prendre en compte différents futurs possibles face aux ruptures technologiques en cours. Parmi ces hypothèses, il faut envisager un futur négatif en termes d'emplois :

- Appropriation privée massive des métadonnées et généralisation d'un usage de l'intelligence artificielle rentabilisé par la baisse des effectifs et la déqualification.
- Développement des véhicules à délégation de conduite qui se rentabilisent en réduisant massivement l'emploi des 800 000 chauffeurs existant en 2018.
- Automatisation massive de tâches administratives aujourd'hui confiées à des opérateurs humains.
- Bouleversements dans les métiers médicaux et disparition possible d'emplois très qualifiés, etc.

Si de tels risques liés à cet usage des nouvelles technologies venaient à se confirmer, ils impacteraient lourdement l'emploi. Le terme impact faisant ici particulièrement sens, car il renvoie à un choc météorique, rapide, violent, massif, mondial. Afin d'étudier ces impacts potentiels, il est donc utile de revenir sur la nature de cette révolution technologique et sur les raisons pour lesquelles des technologies sont favorisées et généralisées dans une économie marchande (II) puis d'examiner les secteurs du transport (III), de la banque et de la santé dans l'hypothèse d'une rupture inacceptable en termes d'emplois (IV) et enfin de s'interroger sur la confusion entretenue entre innovation et progrès (V).

II/ Les technologies peuvent servir à réduire l 'emploi si cela augmente la rentabilité

« Celui qui découvre une machine ou qui en fait le premier l'application pourra pendant quelques années jouir d'avantages spéciaux et légitimes et de profits énormes ».
David Ricardo *« Des principes de l'économie politique et de l'impôt »* 1817.

Tout le monde s'accordera sur le fait que notre société repose sur une logique marchande. Comme le notait déjà David Ricardo il y a 200 ans, dans une économie marchande, le développement de technologies nouvelles est le produit de calculs de retour sur investissement. L'investissement dans une technologie doit apporter un avantage concurrentiel, le plus souvent en réduisant une dépense en matières premières, salaires, etc.

A/ Cette logique n'est pas nouvelle

Le mécanisme décrit par Davis Ricardo peut être illustré par l'analyse de la rupture technologique intervenue dans l'industrie verrière au début des années 1960. À cette époque, on produisait du verre plat en étirant une pâte de verre avec des procédés mécaniques. Partout dans le monde, ce process a été remplacé par la technologie du verre flotté qui permettait une baisse immédiate des coûts de 9% par m², essentiellement en réduisant la masse salariale grâce à l'automatisation que permettait la coulée continue[1]. Entre l'année de sa mise au point (1959) et sa généralisation au début des années 1970, la part des salaires dans le coût de production est passée en Europe de 46% à 30%[2] et l'emploi a reculé sous l'effet de plusieurs mécanismes conjoints, identiques dans toute l'Europe :

[1] Le verre en fusion flotte à la surface d'un bain d'étain, seul matériau sans osmose avec le verre. Cela permet de travailler en continu, comme dans l'industrie sidérurgique, le four n'est donc pas arrêté pendant la durée de vie des réfractaires du fout, soit sept ans en moyenne. La coulée continue améliore également la qualité du produit, moins susceptible de présenter des irrégularités que les vitrages d'entrée de gamme en particulier

[2] Cf. Étude des résultats d'exploitations Boussois et Saint-Gobain et Enquêtes Annuelles d'Entreprise dans le cadre d'un mémoire universitaire 1982/1983.

- La baisse des effectifs s'explique par le recul rapide de l'emploi ouvrier du fait du passage en coulée continue et de la réduction de 20 à 4 du nombre de sites de production en France. L'emploi administratif a progressé dans un premier temps, mais la réduction des sites de production s'est traduite par une stagnation puis son recul[1].
- Au total, les effectifs sont probablement passés d'un peu plus de 5 000 dans les années soixante à un millier ces dernières années. Les trois sites historiques comptaient environ 4 000 emplois en 1960 contre un millier ces dernières années.
- À l'époque du verre étiré et de sa vingtaine de fours, il existait un grand nombre d'artisans non-salariés travaillant ces verres. Ces petites structures ne pouvaient pas garantir un volume d'achat compatible avec la taille des nouveaux fours. Les grands groupes verriers ont ainsi favorisé la création d'un réseau de sociétés mettant en œuvre ces verres, ce qui a notamment contribué au fort recul de l'artisanat dans ce secteur.

Au-delà de la baisse de l'emploi dans chaque site, la condition technique pour augmenter la rentabilité était d'avoir une capacité de production passant de 80 ou 100 tonnes par jour à 500 tonnes par jour puis 750/800 depuis les années 2000.

Cette augmentation de capacité nécessitait un investissement nettement plus important et le ticket d'entrée à la technologie a été multiplié par cinq à dix. Partout en Europe, les petits producteurs, n'avaient ni les réserves financières suffisantes ni les capacités d'endettement pour réaliser ce saut technologique et capitalistique et ils ont progressivement disparu. L'emploi a reculé dans chaque site et chaque pays, mais il a également reculé dans l'ensemble de la branche par l'élimination des petits concurrents. Cette révolution technologique présente ainsi plusieurs avantages pour les grandes entreprises du secteur.

1. L'augmentation du coût d'accès à la technologie empêche les petits concurrents de se mettre à niveau et ils restent moins rentables et plus chers. Les grands groupes de l'époque ont baissé leur prix pour leur prendre des parts de marchés. Ces petits producteurs ont disparu, faute de moyens pour accéder à leur tour à ces technologies nouvelles.
2. Ces technologies massifiant la production augmentent à la fois le taux de profit par m² vendu, mais également le volume total des profits réalisés.

---

[1] Cf. Mêmes sources.

Cela permettait d'accumuler davantage de moyens financiers pour réaliser de nouveaux investissements, racheter des concurrents ou distribuer des dividendes. Leur puissance financière renforce leur puissance de marché et leur permet éventuellement de relever encore la barrière à l'accès en favorisant de nouvelles technologies plus coûteuses, moins accessibles aux petits concurrents. La conséquence macro-économique de cette logique cohérente sur le plan micro-économique a été la baisse de l'emploi dans la branche dans toute l'Europe, malgré le développement de la production et des exportations. Cela s'est produit sous des formes spécifiques dans chaque activité industrielle, mais avec le même effet sur l'emploi.

Dans un cadre général de concentration, la branche a connu une réduction du nombre de sites en Europe, une forte augmentation de la circulation routière des produits entre ces sites, une forte augmentation des émissions de CO^2, la réduction de l'emploi ouvrier puis celui des techniciens, agents de maîtrise, employés. Cette branche illustre les limites de ce type de productivité qui permet davantage de profits en supprimant des emplois remplacés par des systèmes automatisés. Tant qu'il y a croissance externe, l'emploi peut se maintenir ou progresser, mais dès que la croissance ralentit, l'emploi diminue. Sur les cinquante dernières années, le chômage a augmenté de façon continue en France et dans tous les pays développés. Ce délai est suffisant pour constater que deux phénomènes de sens opposé se sont produits sur cette longue période :

- La généralisation de technologies nouvelles successives, dont la numérisation des économies.
- La très forte progression du chômage, passé d'une situation de transit entre deux emplois au chômage de masse.

Le phénomène n'est donc pas nouveau. Est-il du même ordre avec l'intelligence artificielle, la robotisation, l'automatisation et l'exploitation des métadonnées ?

B/ Une logique identique, mais des effets plus massifs et rapides

L'impact sur l'emploi de la révolution technologique en cours est plus fort que lors des précédentes ruptures technologiques pour trois raisons. Tout d'abord, davantage que les précédentes, celle-ci est impulsée par des acteurs privés de très grande taille, disposant de capitaux gigantesques, leur permettant de développer des technologies à forte barrière à l'accès.

De fait, ce sont plus souvent de très grands groupes privés qui peuvent investir massivement dans ces technologies pour en contrôler la diffusion. On citera notamment les GAFAM aux États-Unis (Google, Amazon, Facebook, APPLE, Microsoft) et les BATHX en Chine (Baidu, Alibaba, Tencent, Huawei et Xiaomi).

Ensuite, ces opérateurs géants sont actifs sur un marché mondial et l'introduction de ces technologies est immédiatement mondiale et globale. La rupture est rapide, car elle est à la fois qualitative (accès à un niveau supérieur d'informations) et quantitative (le volume d'informations disponibles explose). Ce contexte est très différent de ce qui a été appelé à tort la désindustrialisation[1], étalée sur plusieurs dizaines d'années.

Enfin, ces groupes ont des moyens financiers colossaux alors qu'ils ont en face d'eux des États bien moins puissants que dans les années 1970/1980. Le rythme d'introduction de ces technologies sera donc en toute logique plus rapide, car la capacité de régulation publique a été affaiblie. De ce fait, la désindustrialisation ne peut servir de modèle applicable à la situation d'aujourd'hui. Les ruptures seront plus rapides, plus globales, plus massives.

Les raisons pour lesquelles l'emploi dans les trois secteurs présentés dans l'étude de France Stratégie sur l'intelligence artificielle évoluerait autrement ne sont pas argumentées. De même que n'est pas indiquée pour quelle raison la logique d'introduction de technologies nouvelles aurait changé. Il est donc d'autant plus utile d'examiner ce que pourrait être un scénario de l'inacceptable dans ces mêmes secteurs.

---

[1] Il n'y a jamais eu autant d'ouvrier dans le monde, essentiellement en Asie et plus particulièrement en Chine. Ainsi, la population active était estimée par la Banque Mondiale à 2,325 milliards de personnes en 1990 et 3,386 milliards en 2020. Dans ce total, 21,7% relevait de l'industrie en 1990 et 22,7% en 2020. Source Banque Mondiale. https://donnees.banquemondiale.org/indicateur/SL.TLF.TOTL.IN. On comptait donc environ 504 millions d'emplois dans l'industrie en 1990, mais près de 766 millions en 2020. La très grande majorité de ces emplois est exercé au statut ouvrier.

III/ Des millions d'emplois menacés par les véhicules autonomes

Deux types de véhicules sont concernés, les utilitaires et les véhicules particuliers.

A/ L'enjeu social des camions autonomes n'est pas seulement de savoir qui fera le plein

Depuis plusieurs années, les professionnels démontrent que les technologies nouvelles vont bouleverser la logistique/transport, à partir d'une logique identique à ce qui s'est produit il y a soixante ans avec le verre flotté. Cette logique est l'augmentation de rentabilité que permet le saut technologique. « Ce sera aussi un gage extraordinaire d'efficacité et de rentabilité. Les temps de trajets et donc de livraisons seraient réduits, les temps de pause et les salaires supprimés. Le chauffeur représente généralement environ un tiers du coût total du transport. La conduite entièrement autonome accélère considérablement le retour sur investissement et donc conduit à une adoption rapide [1] ».

Dans le même entretien, la co-fondatrice de la start-up explique ce que ces technologies apportent à la rentabilité. « Sur autoroute, le chauffeur peut se contenter de surveiller le bon déroulement des choses depuis la couchette, et même dormir, tandis que le véhicule suit les ordres d'un logiciel de conduite autonome, ce que l'on appelle un rail routier[2] ». Pour s'adapter à un contexte de circulation, ces véhicules sont équipés d'une cinquantaine d'équipements électroniques embarqués (caméras vidéo, capteurs radars, capteurs à ultra-sons, télédétecteurs radars), ce qui nécessitera une puissance de calcul considérable (de l'ordre de 300 000 milliards d'opérations par seconde)[3]. Chaque véhicule utilitaire ou particulier embarque un superordinateur et doit pouvoir communiquer à très haut débit avec les autres véhicules, stocker les données dans des datacenters, consommer davantage d'énergie (et donc générer davantage de gaz à effet de serre) pour gérer et refroidir le calculateur embarqué, etc.

---

[1] Cf. Claire Delaunay, cofondatrice d'Otto, *Blog De La Logistique*, novembre 2016. Le rapport *intelligence artificielle et travail* de France Stratégie indique (p 34.) un ordre de grandeur comparable (entre 35 et 45% du coût total).

[2] Claire Delaunay, cofondatrice d'Otto, *Blog De La Logistique*, novembre 2016.

[3] Cf. New-York Times.

Il reste d'innombrables problèmes techniques, mais l'objectif fondamental est clair : augmenter la rentabilité en réduisant le principal poste de dépenses que représente le salaire[1]. Le nombre de chauffeurs sera massivement réduit et l'ensemble de la logistique va perdre des emplois. Ces emplois sont déjà peu nombreux en plate-forme (30 à 50 par hectare, 5 à 10 fois plus dans l'industrie ou le commerce, 10 à 20 fois plus dans le tertiaire). L'automatisation industrielle a supprimé massivement les techniciens et agents de maîtrise dont les fonctions ont été progressivement intégrées au système technique.

Un processus identique, mais beaucoup plus concentré dans le temps va concerner la logistique et le transport, notamment dans les domaines suivants.

- La gestion des commandes, la planification des horaires d'arrivée et de départ, la préparation des quais de chargement, etc. pourront être prises en charge par le chauffeur pendant le temps de conduite automatique ou pilotées à distance par un système automatique. Les emplois administratifs et de chefs de quai déjà peu nombreux seront massivement réduits, dans la même logique que ce qui a été observé dans l'industrie avec la suppression des emplois intermédiaires (techniciens, agents de maîtrise, etc.).
- La phase de conduite automatique permettra d'avoir une présence non active en cabine avec un seul chauffeur pilotant plusieurs remorques connectées jusqu'au lieu de dégroupage. C'est sans doute par ce type de processus que l'emploi sera le plus impacté.
- Le cadencement pourra être optimisé. Les manutentionnaires n'auront pas de baisse de rythme, ce qui augmentera leur productivité et réduira leurs emplois comme ceux du personnel de contrôle et planification (employés et cadres intermédiaires).
- L'allongement du temps de présence en cabine sans conduite active débouchera sur une modification du Code du travail et sans doute un taux horaire plus faible.

---

[1] La *synthèse bibliographique véhicule à délégation de conduite et politiques de transports* de novembre 2015 du ministère de l'Ecologie évoque une « autonomie quasi-totale en tout environnement d'usage » vers 2025/2030 puis « une baisse des prix et incorporation progressive dans les flottes de véhicules en circulation » au-delà de 2025/2030. Uber, Amazon, Google, Tesla se projettent à des échéances plus proches. Mais il s'agit aussi de communication optimiste en direction de leurs actionnaires.

- La conduite automatisée étant plus régulière, la consommation par kilomètre sera réduite et l'entretien sera optimisé du fait de la régularité de conduite permise par l'assistance électronique.
- Cette automatisation passera également par l'utilisation de robots de livraison dans les zones urbaines. Dans ces zones, la logistique du dernier kilomètre est très coûteuse en temps et en emploi. Son automatisation constitue donc un enjeu financier très important pour les logisticiens. Amazon teste des robots de ce type aux États-Unis et en Europe. Dans le périurbain et les zones rurales, ce seront plutôt des drones de livraison qui seront déployés. La moindre densité permet de faire circuler plus facilement ces drones pour des colis de faible poids (iPhone, livres, repas, etc.). Amazon a obtenu fin août 2020 l'autorisation de l'agence fédérale américaine du transport aérien pour livrer des marchandises par drone. Google et UPS travaillent dans le même esprit. La pandémie de coronavirus va accélérer ces processus, car les grands groupes de livraisons comme Amazon, Uber eat, etc. construiront des argumentaires pour convaincre le Parlement européen que la sécurité des personnels rend ces technologies indispensables, car plus sures et non contaminantes.
- L'ensemble du secteur est engagé dans un mouvement de réduction du personnel, de l'amont (administration, gestion, manutention) à l'aval (transport et livraison). Il y aura moins de chauffeurs, de personnels administratifs et d'emplois intermédiaires.
- Le renforcement de la circulation routière des marchandises se fera alors au détriment du rail et de la voie d'eau. Cela aggravera les contraintes environnementales et les externalités négatives du fait de l'augmentation des distances liées à l'étalement des plates-formes logistiques.
- Des plates-formes plus grandes et plus automatisées, mais plus éloignées favoriseront l'étalement urbain et augmenteront les coûts d'entretien des voies pour la collectivité (véhicules plus lourds, et circulant davantage du fait de l'éloignement accru entre ces grandes plates-formes). L'étalement et la conduite automatique favoriseront la circulation de nuit, donc les nuisances sonores, qui se cumuleront avec la croissance des émissions de CO^2 du fait de l'éloignement des plates-formes. Ces nuisances sont elles-mêmes génératrices d'impacts sur la santé (exposition au bruit, troubles du sommeil, etc.).

La convention citoyenne pour le climat mise en place par le président de la République avait demandé un moratoire sur la construction de nouveaux entrepôts de commerce en ligne, mais la proposition n'a pas été retenue. Au contraire, le gouvernement a confié à France Stratégie en septembre 2020 une mission visant à « garantir un développement du commerce en ligne et des entrepôts logistiques[1] ». Le secrétaire d'Etat au numérique Cédric O indiquait le cinq novembre 2020 « Attaquer Amazon parce qu'ils proposent un meilleur service, je pense que c'est un mauvais combat ». Ce propos occulte la logique prédatrice du climat sur lequel repose le modèle économique d'Amazon (produits fabriqués le plus souvent en Asie dans des conditions sociales et environnementales souvent très dégradées, circulation mondiale de marchandises, stockage dans des entrepôts géants, destruction des produits lorsque la mode est passée, etc.). Le service rendu n'est que la partie visible d'un océan de CO^2 qui n'est plus dans les moyens de la planète. En 2020, il ne devrait pas être possible d'avoir une vision aussi étroite de ce qu'est l'économie. Il faut comprendre l'ensemble du modèle économique de ces entreprises. C'est ce modèle qui explique que les émissions de CO^2 continuent à augmenter et qu'elles devraient sans doute augmenter encore d'un quart dans les dix ans qui viennent. Ces discours d'un autre temps favorisent une logique de croissance totalement dépassée. De la même façon, affirmer que l'emploi de chauffeur pourrait être conservé pour faire le plein et/ou que ceux qui ont perdu leur emploi pourraient travailler dans l'entretien ou la gestion de flotte est une contre-vérité. Une logique identique est à l'œuvre concernant les véhicules particuliers.

[1] Cf. *Lettre de mission entrepôts*, Ministères de la transition écologique, des finances, du logement, des transports, de l'industrie, des PME, de la transition numérique, 9 septembre 2020, p2.

B/ L'enjeu des voitures autonomes n'est pas de choisir qui tuer en cas d'accident

Les groupes automobiles mondiaux ont engagé une course technologique et financière pour contrôler ces nouveaux marchés dans lesquels le numérique prend l'ascendant sur la partie mécanique/carrosserie. Par conséquent, les grands groupes dominants aujourd'hui ne le seront peut-être plus demain. Dans ce contexte, la Chine est engagée dans une marche forcée pour contrôler ces technologies[1], directement par les savoir-faire ou indirectement par des accords capitalistiques. Le bouleversement sera donc global, économique, géographique, social, environnemental, urbanistique, géostratégique, etc.

Les voitures à délégation de conduite libèrent les conducteurs des phases de conduite, au moins sur les grands axes, phases qui consomment beaucoup de temps. Ce temps constitue un enjeu financier pour les publicitaires et les fournisseurs de contenus. Il possède une valeur marchande et peut être valorisé de deux façons. Tout d'abord, au lieu de conduire, le passager peut regarder les médias, être amené vers un restaurant ou hôtel présélectionné, etc. Il s'agit ici d'un autre usage du temps incompressible de déplacement. Cela représente chaque année de centaines de milliards d'heures disponibles pour de la vente plutôt que pour de la conduite. Il s'agit donc de milliers de milliards de dollars à capter chaque année. Cela sera d'autant plus facile que les goûts des consommateurs sont mémorisés dans des centres de stockage de données et analysés grâce à des algorithmes s'appuyant sur les ressources de l'intelligence artificielle.

Les groupes comme Uber doivent supprimer les emplois de chauffeur pour réaliser les marges financières qui constituent le cœur de leur modèle économique[2]. Le véhicule autonome bouleversera l'emploi lié à la mobilité par des baisses massives de coûts et des transferts de rentabilité vers de nouveaux opérateurs. C'est ce qu'admet le rapport de France Stratégie. « Dans le cas de l'activité de taxi ou de VTC, les flottes de véhicules autonomes constituent une menace directe pour l'emploi de dizaines de milliers de chauffeurs. Et ce à court terme.

---

[1] Notamment dans la reconnaissance d'image, complémentaire d'une stratégie orwellienne de contrôle social. Les technologies utilisées combineront probablement des usages de la mécaniques quantique dans les capteurs embarqués et la 5G.

[2] Même si le processus prendra du temps et commencera sans doute sur de grands axes et les circuits urbains faciles à cartographier et à mettre à jour en fonction des travaux.

Si les pouvoirs publics décident d'interdire aux véhicules non autonomes l'accès aux centres urbains, la transition peut se faire de façon relativement brutale dans certaines villes[1] ». Cette révolution technologique va donc bouleverser les emplois, les filières, les territoires.

- L'emploi des chauffeurs routiers, des chauffeurs de taxi et plus généralement tous les véhicules avec chauffeur sera drastiquement réduit.
- Si les passagers ne sont plus propriétaires d'un véhicule, mais locataires, les révisions, changements de parebrise, pneumatiques, amortisseurs, etc. seront effectués par quelques grands opérateurs, moins nombreux et au planning de charge optimisé, car moins soumis aux aléas. L'emploi sera également moindre dans cette partie de la filière.
- La création de flottes de véhicules autonomes loués aura un aspect positif de réduction probable du parc automobile. Mais cela aura pour contrepartie une baisse de la production automobile, donc des emplois dans cette partie de la filière.
- Le véhicule autonome va probablement favoriser l'étalement urbain puisqu'il sera moins fatigant de vivre loin de son travail et de consacrer les deux heures de route à se reposer ou travailler. Comme pour les utilitaires, l'impact environnemental peut donc se révéler négatif. Cet aspect est toutefois plus difficile à estimer, car ces véhicules peuvent aussi faciliter la mobilité de personnes ne conduisant pas et qui vivent loin des villes-centres.
- Le système orientera vers les hôtels ou restaurants inscrits contre cotisation dans la base de références. La découverte inopinée d'une pépite locale sera plus difficile puisque le passager sera guidé par le système vers le produit référencé et non vers la découverte du terroir. Les pratiques de consommation seront davantage contrôlées par les annonceurs.
- Point positif, une réflexion sur l'espace urbain s'imposera, notamment concernant les places de stationnement, moins utiles dans un contexte de faible propriété des véhicules en milieu urbain et qui pourraient alors être rendus à d'autre usages.

Un autre changement de nature sociétale concernera la prise de décision en cas de risque d'accident, transférée vers les algorithmes.

---

[1] Cf. *Intelligence artificielle et travail,* France stratégie, 28 mars 2018, p 39.

La vitesse de réaction des capteurs est sans commune mesure avec celle provenant d'un réflexe humain. Un humain essaie d'éviter l'accident en prenant des décisions plus ou moins rationnelles et par ailleurs dépendantes de son temps d'analyse. Mais un système logiciel n'est pas confronté aux mêmes problèmes. D'une part, les capteurs lui transmettent l'information en temps réel et il a appris à éviter l'essentiel des accidents en anticipant la circulation, les freinages intempestifs, la probabilité d'une chaussée glissante tenant compte de la pluie, de la neige, etc.

D'autre part, dans certaines conditions, le système analyse que l'accident est inévitable. Il est donc programmé pour faire des choix entre différents accidents, devenus des options indépendantes de l'état psychologique du chauffeur à l'instant de l'accident, de sa fatigue, de son stress, de ses valeurs morales, etc. Le critère de décision face à un accident analysé comme inévitable est le coût humain qu'il s'agira de minimiser. Cela ne signifie pas nécessairement minimiser le nombre de morts, mais le coût de ces morts. Nous avons vu au premier chapitre que ce coût prend en compte l'estimation de la consommation ou de la production perdues du fait de ce décès. Les assurances devront estimer le prix qui devra être facturé au constructeur du véhicule ou des systèmes embarqués et cela suppose de développer des algorithmes qui minorent les dépenses liées à l'accident. Il faudra définir de nouvelles règles de responsabilité puisque c'est le constructeur qui pourra être incriminé et non le conducteur. Différentes études menées ces dernières années montrent que les normes sociales acceptables en la matière sont différentes selon les pays.

- Faut-il éviter le groupe de piétons et choisir la personne seule ?
- Faut-il au contraire choisir le groupe si celui-ci a traversé sans respecter les feux alors que le piéton seul est resté sur le trottoir ?
- Faut-il éviter l'enfant ou la personne âgée ?
- Faut-il éviter la personne portant des vêtements sans signes distinctifs, la personne portant des vêtements très abimés ou au contraire celle portant des vêtements de marque, la personne mince ou la personne obèse ? Etc. « Le jugement diffère en fonction du pays. Les scientifiques ont également identifié des corrélations entre des facteurs économiques et sociaux. Les personnes habitant des États très régulateurs ont souvent choisi de tuer les personnes qui traversaient la rue sans respecter la signalisation[1] ».

---

[1] Cf. *Qui sauver en cas d'accident ? Marianne*, 26 octobre 2018.

- Les opérateurs ont besoin de règles pour que l'accident soit le moins coûteux en termes monétaires. Pour cela, les systèmes de reconnaissance faciale embarqués doivent immédiatement identifier l'âge de la personne, sa tenue vestimentaire, son apparence physique, etc. L'intelligence artificielle, la reconnaissance faciale et la 5G permettent d'identifier la personne qu'il faut éviter grâce à ces multiples capteurs et caméras. Cela réduira le coût d'éventuels contentieux, car le système fera des choix au plus près des normes propres à chaque pays. Mais ce faisant, l'ancien conducteur devenu passager délègue au système des décisions qui jusque-là exprimaient ses valeurs morales fondamentales. Ces valeurs propres à chaque individu sont remplacées par le choix du mort qui soit statistiquement le moins coûteux. Il est plus économique de tuer une personne âgée qu'un jeune, car la personne âgée consommera statistiquement moins jusqu'à sa mort. Il en est de même pour une personne très mal habillée (pauvre) ou un obèse (porteur de pathologies), leur vie sera plus courte et donc leur consommation moindre. Ces alternatives nous ramènent donc à l'essence de la logique marchande, établir un prix pour toute « chose »[1], en dehors de toute considération morale. La prospective sur un usage possible de ces technologies pose donc des questions sociales (l'impact sur l'emploi), environnementales (les émissions de gaz à effet de serre) et éthiques. Aucune de ces questions n'est anticipée et l'idée de rupture dans l'emploi est rejetée comme sont absentes les questions environnementales et éthiques.

Qu'en est-il dans le secteur bancaire, la santé et plus largement dans le tertiaire ?

[1] Si la valeur d'une vie est ramenée à ses consommations, la vie est chosifiée.

IV/ Le scénario caché de perte d'emplois dans les banques et la santé

Pour certains, la numérisation des économies est une opportunité de créations d'emploi, les suppressions dans certains secteurs seront compensées par des créations dans d'autres. Il suffirait pour cela d'acquérir les formations nécessaires. C'est ce point de vue qu'exprime France Stratégie dans le « scénario volontariste » d'adaptation à des changements essentiellement qualitatifs (mutation des qualifications) et non quantitatifs (fortes pertes d'emplois dans les secteurs concernés). Il y aurait à terme un nouvel équilibre global, sans progression du chômage. La formation serait la clé de la réussite et suffirait à écarter le risque de chômage de masse.

A/ Le futur des banques de marché nécessite beaucoup moins d'emplois

Le rapport n'étudie que la banque de détail, car les banques de marché (banques d'affaires) « Ont déjà connu récemment des transformations importantes liées à l'automatisation sans intelligence artificielle. Le déploiement des algorithmes de trading a par exemple entraîné une disparition des traders au profit d'ingénieurs gérant les dispositifs automatiques[1] ». Une note de bas de page précise que la banque d'affaires Goldman Sachs est passée de 600 traders à deux et 200 ingénieurs. La technologie introduite dans cette banque a donc divisé l'emploi par trois. Cela correspond au même mécanisme que celui constaté soixante ans plus tôt dans le verre plat avec le passage au verre flotté.

La même logique de déploiement des technologies nouvelles s'applique dans ces deux secteurs très différents et au-delà du temps qui les sépare. On comprend mal pourquoi cette évolution quantitative et qualitative ne fait l'objet que d'une note de bas de page. Ce silence peut s'interpréter de deux façons :

- Soit il est tellement évident qu'il n'y a aucun risque qu'en parler n'est pas utile. On rétorquera à cela que ce qui va sans dire va toujours mieux en le disant. Surtout s'il s'agit de rassurer des millions de salariés sur leur avenir ou au minimum de les informer des risques éventuels pour eux.

[1] Cf. *Intelligence artificielle et travail*, France stratégie, 28 mars 2018, p 41.

- Soit le risque est tellement évident qu'il vaut mieux éviter d'en parler. On rétorquera que la peur n'évite pas le danger et qu'il vaut mieux dire la réalité plutôt que de découvrir une catastrophe sociale « le moment venu ».

Rester silencieux sur un tel sujet s'apparente à un mensonge par omission. Après avoir exclu les banques d'affaires, le rapport évoque les métiers de conseiller clientèle des banques de détail (18% des effectifs en 2016[1]), mais ne développe pas les différents scénarios possibles. « Selon les choix opérés par les entreprises du secteur, l'intelligence artificielle peut aider à optimiser le service et à poursuivre sa dématérialisation ou bien renforcer l'importance du conseiller en lui donnant un surcroît d'autonomie[2] ». L'expression « optimiser le service et poursuivre sa dématérialisation » signifie sans doute remplacer les conseillers par des chatbot[3] et plus généralement poursuivre l'automatisation pour réduire les coûts salariaux. Mais il serait plus compréhensible d'exprimer clairement ce mécanisme.

Un langage inutilement complexe ou abstrait rend la compréhension plus difficile. Ce que l'on appelle le Latin macaronique ou latin de cuisine est un détournement du latin pour un usage comique ou satirique. Molière l'utilise dans *le malade imaginaire* pour moquer Argan qui veut devenir médecin. Quel que soit le problème, il n'a qu'une seule solution à proposer aux maîtres de l'université qui l'interrogent sur ses savoirs. « Clysterium donare, (donner un clystère), postea seignare (puis saigner), ensuita purgare (ensuite purger), malades dût-il crevare[4] ». On utilise aussi l'expression latin macaronique ou de cuisine pour se moquer d'un style prétentieux et peu compréhensible. Par exemple, « optimiser le service et poursuivre sa dématérialisation » s'apparente à du Macaronique. Assumer ce qui risque de se passer dans le futur impose de nommer clairement les choses. Ainsi, les entreprises du secteur ne font aucun choix, car ce ne sont pas des personnes. Si « Le train s'est arrêté sur la voie, il est susceptible de repartir d'un moment à un autre », personne ne croit qu'il aurait décidé de lui-même de s'arrêter et qu'après avoir eu ce mouvement d'humeur il décide de repartir.

---

[1] Ibid, p 46.
[2] Ibid, p 48.
[3] Systèmes basés sur l'intelligence artificielle permettant de répondre aux questions d'un client sans recourir à un échange avec un humain.
[4] Cf. Molière, *Le malade imaginaire*, 1673.

Chacun sait que derrière ce train, il y a un processus de décision et il en est de même dans le secteur bancaire. De ce fait, on ne comprend pas le sens de l'affirmation selon laquelle « La banque de détail a une longue expérience des mutations induites par l'informatique. À chaque fois, cela s'est traduit par l'adaptation et la formation des personnels, non par des destructions massives d'emplois. L'intelligence artificielle est donc plus souvent perçue comme une nouvelle étape de la numérisation que comme une révolution[1] ».

Ainsi, alors que l'exemple de Goldman Sachs confirme que des effets très négatifs sur l'emploi ont eu lieu dans les banques d'affaires, le rapport récuse par principe que cela puisse se passer dans les banques de détail, au motif que cela ne se serait pas produit dans le passé. Ce raisonnement circulaire correspond à un scénario au fil de l'eau, si décrié par ailleurs. « Cela ne s'est pas produit jusque-là et donc cela ne se produira pas » penseraient les acteurs du secteur. Regarder derrière soi pour constater que jusqu'à présent les banques de détail ont créé de l'emploi n'apporte aucune information qui permette d'affirmer que cela va continuer.

D'autre part, il faut se demander pourquoi les actionnaires des banques de détail prendraient un autre chemin que celui des actionnaires des banques d'affaires ? Pourquoi conserveraient-ils des emplois dans ces banques alors que des technologies permettent de les réduire dans des proportions sans doute encore plus importantes que dans les banques d'affaires ? Il n'y aucune raison de supposer que les banques de détail auraient une logique de rentabilisation différente de celle des autres secteurs d'activité. On le comprend d'autant moins que le raisonnement avancé est circulaire, cela n'a pas eu lieu, donc cela n'aura pas lieu. Dieu y pourvoira ?

À l'opposé de ces considérations non argumentées, les éléments qui suivent indiquent des risques potentiels. L'analyse est globalisée sur l'ensemble des services marchands, car ces derniers sont entrés dans une rupture systémique qui ne se limite pas à la banque. Cette rupture est globale, non seulement parce qu'elle concernera massivement les services marchands, mais également parce qu'elle concernera l'ensemble des emplois, y compris les plus qualifiés. C'est notamment ce que montre le très édifiant destin des traders de Goldman Sachs.

---

[1] Cf. *Intelligence artificielle et travail*, France stratégie, 28 mars 2018, p 51.

Leur quasi-disparition n'est pas un épiphénomène, mais au contraire la partie visible de ce qui peut advenir dans une multitude de secteurs. Or, pour comprendre cette évolution possible, il faut éviter plusieurs écueils :

1. Limiter l'analyse aux dimensions qualitatives des futurs emplois en écartant la question centrale du quantitatif, c'est-à-dire celle du volume d'emplois. Cela est d'autant plus important que les salaires constituent le principal poste de dépense dans ces secteurs et que les réduire massivement améliorerait massivement la rentabilité. On ne peut étudier ce sujet en faisant l'impasse sur les coûts et sur la logique de leur réduction.
2. Réintroduire par la fenêtre un scénario au fil de l'eau, en affirmant que l'approche en termes de ressources humaines suffirait à anticiper correctement. Ou encore que la rupture n'ayant pas eu lieu à ce jour, elle n'aura pas non plus lieu dans le futur.

Du fait du refus d'envisager que les crises puissent provenir du système économique lui-même, que les salaires sont un coût que les technologies peuvent réduire et que le profit est au cœur du modèle économique, l'analyse est biaisée. Le risque du chômage de masse et de la déqualification sont rejetés sans débattre.

Enfin, est-on certain que tous les acteurs du secteur partagent cette conviction qu'il ne s'agira que d'une évolution et non d'une révolution ? On peut pourtant imaginer que le point de vue des organisations syndicales et celui des actionnaires ne soient pas identiques. On s'attendrait ainsi à ce que ce rapport détaille les nuances voire les divergences de fond entre ces différents acteurs. En évoquant les acteurs comme un ensemble homogène qui partage la même vision du futur, on masque de fait leur diversité. En ce sens, ce rapport se contente de reproduire le point de vue dominant, mais qui, pour autant, n'est pas l'unique point de vue sur ces sujets.

B/ Comprendre la phase d'accélération et de rupture technologique

La généralisation de l'informatique et de la communication s'est étalée sur plusieurs décennies et a impacté majoritairement l'emploi ouvrier et employé. Dans cette phase initiale, des savoir-faire essentiellement manuels ont été intégrés dans les machines. Cela a permis d'améliorer la productivité et la qualité, tout en réduisant l'emploi ouvrier et l'emploi intermédiaire qui organisait la production.

L'informatique a permis de tayloriser les activités tertiaires traitant de grands volumes de données (banques, assurances, organismes sociaux, etc.). Ce découpage de tâches relativement complexes en une succession de tâches simplifiées a débouché sur une forte spécialisation et souvent sur une déqualification du travail des employés. Mais la phase actuelle va beaucoup plus loin. « Les cols blancs sont victimes de la dégradation du contenu de leurs tâches. La part cognitive de ces tâches est expropriée, systématisée sous forme de procédures abstraites, puis réinjectée dans le procès de travail pour être confiée à une nouvelle couche d'employés moins qualifiés que les professionnels qui les précédaient. C'est un raz de marée de déqualification en col blanc qui s'annonce[1] ». Le risque principal que pointe Matthew Crawford est celui de la déqualification des emplois, y compris dans le tertiaire et pour les cadres. Le CEPREMAP évoque quant à lui des risques quantitatifs sur l'emploi. « L'intelligence artificielle, les robots et l'automatisation pourraient créer un avenir caractérisé par un taux de chômage structurel élevé et ils ont déjà des effets sur une grande partie des travailleurs[2] ».

Le CEPREMAP insiste sur ce risque. « Les coûts d'ajustement (aux mutations technologiques) sont importants. Ils peuvent avoir des conséquences négatives persistantes pour certains, voire à terme empêcher les perdants de tirer un bénéfice de ces évolutions, même après une longue période[3] ». Ce même rapport confirme que les technologies peuvent remplacer les salariés, au-delà des industries manufacturières concernées jusque-là. « Le développement des nouvelles technologies de l'information et de la communication peut affecter les emplois dans les services en automatisant davantage les tâches intellectuelles, comme dans les secteurs financiers, les services juridiques, etc.[4] ».

---

[1] Cf. Matthew Crawford, *L'éloge du carburateur,* La Découverte 2010.

[2] Cf. *La polarisation de l'emploi en France. Ce qui s'est aggravé depuis 2008,* CEPREMAP 2019, p 80. Anciennement Centre Etude Prospective et d'Économie Mathématique Appliquée à la Planification, le centre Pour la recherche économique et ses applications a été créé en 1967. Les membres partenaires de l'association sont la banque de France, le CNRS, les ministères des finances et de la recherche, l'INSEE, etc.

[3] Ibid, pp 15/16.

[4] Ibid, p 67.

Matthew Crawford et le CEPREMAP ont en commun qu'ils prennent le contre-pied des affirmations de France Stratégie et mettent en avant un risque massif de déqualification pour l'un et de perte d'emplois pour l'autre. Ils craignent un scénario catastrophe. L'évolution à venir peut donc être négative à la fois en termes qualitatifs (déqualification) et quantitatifs (pertes d'emploi). Ces réalités contemporaines ne sont pas examinées par France stratégie, ce qui ne permet pas d'anticiper. Désormais, une part déterminante du travail humain peut être objectivée dans le système technique. Ainsi, Crawford rappelle que 30 à 40 millions d'emplois sont délocalisables des États-Unis ou intégrables dans un système informatique. Ces emplois seront donc soit délocalisés parce que moins coûteux dans des pays à faibles salaires et sans protection sociale, soit supprimés et intégrés dans le système technique.

« Depuis les scientifiques, mathématiciens et journalistes, jusqu'aux opérateurs de téléphonie, employés de magasins et secrétaire. On prévoit un bouleversement économique massif qui ne fait que commencer, qui affectera y compris les diplômés de l'université. C'est une révolution qui menace les architectes, mais pas les travailleurs de la construction[1] ». L'intelligence artificielle a considérablement progressé depuis que Matthew Crawford a rédigé son livre en 2009. Une part importante des emplois qu'il évoque ne sera pas délocalisée, mais supprimée et intégrée dans ces systèmes techniques. Dans la suite de la taylorisation des emplois industriels, il s'agit désormais de savoir si une activité de service donnée peut être réductible ou non à un ensemble de règles qui pourront être découpées pour être intégrées dans un système expert ou délocalisés dans des pays à plus faibles salaires. Dans les deux cas, le contenu créatif du travail est objectivé dans le système technique. Qu'il s'agisse des services, du transport ou de la mobilité, du secteur financier ou des architectes, des économies gigantesques sont désormais possibles sur les salaires, facteur déterminant dans les coûts. L'effondrement possible de l'emploi concernera également le tertiaire très qualifié dont les expertises seront progressivement intégrées dans des systèmes d'intelligence artificielle. Dans la logique de rentabilisation des entreprises, la vocation de ces systèmes est de remplacer à moindre coût du travail humain très cher, qui n'est pas disponible 24h/24h et qui calcule lentement, même assisté de systèmes performants.

---

[1] Cf. Matthew Crawford, *L'éloge du carburateur,* La Découverte 2010.

Il en sera peut-être de même dans les professions juridiques (que certaines sociétés de développement espèrent remplacer massivement par des systèmes experts d'analyse de la jurisprudence), dans la chirurgie et l'imagerie médicale dans lesquelles les emplois les plus qualifiés seront réduits en nombre.

- L'intervention chirurgicale peut être bouleversée par les systèmes automatiques, beaucoup plus précis et qui peuvent travailler 24/24 h et 7/7 jours. Des chirurgiens resteront nécessaires, mais davantage pour superviser ou valider les choix techniques que pour intervenir directement lors des opérations.
- L'imagerie médicale sera impactée par des systèmes d'analyse et de reconnaissance d'images qui sauront détecter une anomalie dans un temps presque instantané.
- De façon générale, la connaissance immédiate des images constitue un enjeu essentiel, qu'il s'agisse du contexte de conduite et du choix de l'accident ou de l'analyse d'images médicales. Cela peut impacter lourdement les emplois très qualifiés.

Il est probable que les gouvernements refusent d'entendre les personnels soignants demander des moyens supplémentaires parce qu'ils sont convaincus que les technologies nouvelles permettront d'obtenir rapidement une amélioration des soins sans recourir à davantage de personnel.

Le développement de l'intelligence artificielle, l'exploitation des métadonnées et la numérisation du tertiaire marchand et non marchand sont trois aspects liés. Leur combinaison rend parfaitement possible de continuer à tayloriser le travail (donc de réduire l'emploi en volume et de le déqualifier), mais aussi de supprimer des pans entiers des savoirs dans les activités de service. Cette suppression concernera également de très nombreux emplois qualifiés, désormais transférables dans des systèmes techniques. Ainsi, deux chercheurs d'Oxford ont publié en 2013 une étude concernant l'avenir de l'emploi dans laquelle ils calculent la probabilité que certains métiers soient remplacés par des algorithmes d'ici 2030. Ils estimaient qu'en moyenne 47% des emplois sont très exposés aux États-Unis. Mais la probabilité monte à 99% pour le télémarketing et les courtiers d'assurance, 97% pour les caissières, 94% pour les assistants juridiques, 89% pour les chauffeurs de bus, etc.[1].

---

[1] Cf. Carl Benedikt Frey et Michael Osborne, *The futur of employment. How susceptible are jobs to computarisation* ? 17/septembre 2013.

Ce qui précède montre qu'un impact négatif sur l'emploi fait partie du possible. Nier le risque est un choix politique. Il faut prendre en compte le fait que les actionnaires des entreprises investissent dans ces technologies qui peuvent réduire fortement l'emploi parce que cela offre la perspective de réaliser des profits colossaux. Les entreprises qui ne réaliseraient pas ces investissements risqueraient de laisser la place à celles qui auront mis en œuvre ces technologies. Celles qui auront muté auront une rentabilité meilleure, leur permettant de vendre moins cher leurs biens ou services et donc de prendre des parts du marché mondial aux concurrents qui n'auraient pas pu accéder à ces technologies. Dans une version actualisée de l'analyse de David Ricardo, on pourrait dire que les premiers raflent la mise. Cette logique est connue de tous et notamment des auteurs du rapport France Stratégie. Mais alors, si le risque est connu, cela pose un problème différent de l'impréparation au coronavirus, au changement climatique ou aux mégafeux. En effet, si on connaît la logique interne du fonctionnement d'un système socio-économique, on ne peut évacuer le scénario le plus probable de son évolution. À cet égard, il est difficile de faire la part entre le déni, l'autoconviction et l'intérêt personnel dans ce refus de prendre en compte la logique des entreprises. L'analyse est remplacée par la foi dans l'innovation comme solutions à tous les maux de la société contemporaine. « Si, précédemment, il suffisait d'une invention stupéfiante une fois par siècle, nous avons aujourd'hui besoin d'un miracle tous les deux ans. S'agissant du changement climatique, beaucoup de défenseurs de la croissance ne se contentent pas d'espérer des miracles, ils tiennent pour acquis que les miracles se produiront[1] ».

Cette fuite en avant laisse intactes les incohérences de notre système économique : le climat change, les inégalités augmentent alors que les profits et les émissions de gaz à effet de serre explosent. « La systématisation des liens entre le déni climatique et le programme de libération agressive des marchés, ce globalisme sans monde qui se répand à une vitesse sidérante, devrait à cet égard nous indiquer, ne serait-ce que négativement, la voie à ne pas suivre [2] ».

- L'usage que les entreprises font de la technologie leur permet de dépenser moins et donc de réaliser davantage de profits. On ne peut faire l'impasse sur la motivation des entreprises en matière de dépense.

---

[1] Cf. Yuval Noah Harari, *Homo deus, une brève histoire du futur,* Albin Michel 2015, pp 235/236.

[2] Cf. Pierre Charbonnier, *Abondance et liberté. Une histoire environnementale des idées politiques,* Editions La Découverte 2020, p 398.

L'argent est au cœur de leur logique de développement, il ne peut disparaître lorsqu'il s'agit de comprendre son impact sur l'emploi.

- La croissance continue génère des externalités négatives croissantes. La solution à la crise de l'emploi ne pourra donc pas passer par une croissance infinie de la production sur une planète de capacité finie[1]. Il faut donc à la fois repenser la notion même de croissance, anticiper le risque climatique et anticiper le risque du chômage de masse en élaborant une nouvelle culture de l'emploi qui ne repose plus sur la croissance et la mondialisation des productions et des échanges.

L'argumentaire selon lequel la croissance pourvoira aux futurs emplois ne correspond plus au monde dans lequel nous vivons. Le nécessaire scénario de l'inacceptable ne peut plus faire l'économie d'un réexamen des fondamentaux des stratégies d'entreprise. Il est donc temps de penser la complexité de ce qui passe, en portant un regard critique sur la religion du marché.

V/ Qui a intérêt à confondre progrès et innovation ?

« *Les macro-discours culturels participent à la construction sociale de la réalité en structurant les croyances, les modes de pensée et les pratiques des acteurs*[2] ».

Dans le chapitre introductif, nous avons vu que l'investissement public est depuis de longues années réduit aux dépenses qu'il représente, sans que son utilité ne soit mise en balance avec les sommes engagées. Lorsque la dépense est publique, son efficacité est ainsi sous-estimée, mais lorsque la dépense est privée, c'est son coût social et environnemental qui est sous-estimé. Cette asymétrie crée un problème structurel puisqu'elle ne permet pas de comparer leur efficacité. La dépense des uns (le service public) est présentée comme un problème et la dépense des autres (les entreprises) comme la solution.

---

[1] Pierre Charbonnier cite l'économiste anglais William Jevons qui affirmait dès les années 1870. « Nous dépendons de plus en plus d'un capital qui ne se reproduit pas d'année en année, qui, une fois consumé sous forme de chaleur et de force motrice est dissipé à jamais dans l'espace ». ibid., p 149.

[2] Cf. *L'analyse lexicométrique des macro-discours par les vocabulaires. Enjeux théoriques et méthodologiques,* Finance contrôle stratégie, NS 6. 2021.

Cette foi est l'enfant naturel de la croyance dans l'entreprise comme solution à tous les problèmes. L'origine de ce déni est à rechercher dans l'analyse partielle et partiale des mécanismes de croissance de nos sociétés.

Au contraire de l'illusion selon laquelle nouvelles technologies et progrès seraient synonymes, la rentabilité n'est possible que parce que la technologie choisie permet de réduire les coûts. Dans les pays très tertiarisés, le principal poste de dépenses est le salaire et il est parfaitement cohérent de réduire l'emploi et les qualifications si cela améliore la rentabilité. Les conséquences sociales de ces pertes d'emploi ne font pas partie des responsabilités des entreprises,[1] car dans une économie marchande, les entreprises ne sont pas tenues responsables du chômage. Selon la doctrine officielle, ce sont les salariés et les chômeurs qui en sont responsables.

- Soit parce qu'ils ne se sont pas formés quand il le fallait. Faute de formation, ils ne pourraient occuper les postes créés dans de nouveaux métiers.
- Soit parce qu'ils ont des salaires trop élevés ou des avantages sociaux qui augmentent les coûts et donc empêchent les éventuelles embauches.
- Soit parce qu'au moment du chômage, ils bénéficient d'aides trop importantes qui les dissuaderaient de retourner travailler.

C'est en particulier le point de vue de l'économiste américain Milton Friedman. « Les programmes sociaux visant à réduire le coût du chômage, reviennent à subventionner des gens pour qu'ils ne travaillent pas. Ces programmes ont beaucoup de mérites qui jouent en leur faveur. Ils ont amélioré le sort de nombreuses personnes confrontées à des difficultés financières, mais ils ont aussi un coût[2] ».

A/ Qui est responsable du chômage ?

L'idée que les indemnités de chômage servent à « subventionner des gens pour qu'ils ne travaillent pas » s'est largement répandue depuis le début des années 1980 et l'arrivée au pouvoir de Margaret Thatcher (1979) puis Ronald Reagan (1981). Ce dernier déclarait d'ailleurs dans son discours d'investiture en janvier 1981 que « l'Etat n'est pas la solution, l'Etat est le problème ».

---

[1] Voir au chapitre deux, D*eux mythes, la responsabilité sociale et environnementale des entreprises et le miracle technologique.*

[2] Cf. *Inflation et système monétaire,* Milton Friedman, Calmann-Lévy 1969, p 179.

Cette conviction se retrouve encore aujourd'hui chez la majorité des dirigeants politiques en Europe et en France. Le concept d'addiction à la dépense publique mis en avant par le Premier ministre français en 2017 actualise ce discours très daté, mais toujours apprécié des grandes entreprises. Le rapport sur l'intelligence artificielle n'est pas étranger à cette pensée. Il insiste davantage sur la responsabilité du salarié qui pourrait faire preuve de rigidité ou refuser de se former que sur la façon dont les entreprises ont intérêt à déployer des technologies nouvelles. Il s'inscrit dans une continuité avec la conception reaganienne et thatchérienne de l'économie, de l'emploi et du rôle de l'Etat. Les entreprises ne sont pas responsables de leurs actes, les salariés doivent faire preuve d'adaptation et l'Etat doit rester en retrait. Si ces trois conditions sont réunies, le chômage doit baisser.

Or, ne pas envisager de risque sur l'emploi pose un problème d'une autre nature que l'impréparation au coronavirus. En effet, si le comportement d'un virus est imprévisible, il en va autrement d'actionnaires décidant d'introduire des technologies nouvelles dans leurs entreprises. On sait que leurs décisions sont guidées par la recherche de la rentabilité. Pour des entreprises fonctionnant dans un cadre marchand, s'il est plus rentable de généraliser une technologie qui supprime massivement des emplois, cette technologie sera généralisée.

De même, si une technologie polluante est rentable, elle sera mise en œuvre (fracturation hydraulique, modèle Amazon, datacenters, etc.). Les prospectives sur ce point ne peuvent l'ignorer, sauf à dissimuler les risques d'un futur prévisible. Le rapport remis au gouvernement en mars 2018 sur l'intelligence artificielle et l'emploi est significatif à cet égard, il refuse par principe le scénario de l'inacceptable. Mettre en avant un risque de chômage massif serait une prophétie et ceux qui évoquent ce risque seraient des Cassandre[1] ou des oiseaux de malheur. Pourtant, le chômage est passé en cinquante ans d'un état résiduel à une situation de masse. L'histoire du déploiement de technologies nouvelles ces cinquante dernières années ne cadre pas avec les discours officiels qui assimilent innovation, nouveauté et progrès. Ils affirment que ces nouveautés vont à la fois améliorer la productivité et créer de nouveaux emplois qui vont compenser les pertes dans les anciens secteurs.

---

[1] Cassandre dit la vérité, mais elle n'est pas crue. Cassandre est assimilée à un oiseau de mauvais augure, il ne faut pas écouter Cassandre.

À condition toutefois que les salariés acceptent ces innovations, c'est-à-dire qu'ils se forment et plus généralement qu'ils acceptent le changement. La rentabilité n'est jamais présente dans ce récit[1]. Il s'agit d'un point aveugle des discours sur les raisons du changement technologique alors qu'elle en constitue le cœur, la raison d'être.

B/ Le pied du Roi, le mètre et la 5G

Pour faire accepter ces technologies au grand public et aux salariés, il est nécessaire de mettre en avant des cas très particuliers pour lesquels ces technologies peuvent constituer une amélioration. Par exemple, le discours sur la 5G explique que son déploiement permet de connecter les ambulances et de fournir en temps réel des informations au médecin resté à l'hôpital[2]. En Catalogne où ce dispositif est testé, seulement 15% des ambulances comptent un médecin ou un infirmier à bord. Pour les autres, l'utilisation de la 5 G est supposée permettre aux professionnels de santé de transmettre en temps réel la marche à suivre aux ambulanciers présents dans le véhicule. Est-ce véritablement une amélioration de l'espérance de vie du patient ? Ou est-ce un moyen d'économiser sur la masse salariale, en réduisant la présence de personnel qualifié dans l'ambulance, remplacé par un suivi à distance des paramètres vitaux ? Il n'est pas certain que ces technologies apportent un avantage particulier en matière de sécurité pour le malade. En revanche, elles peuvent accélérer les suppressions d'emplois et la déqualification dans certains secteurs[3]. C'est ce que sous-entend par exemple *La Tribune*. « Beaucoup de tâches pourront, sur le papier, être automatisées, grâce à des machines capables de communiquer en temps quasi réel avec des serveurs distants. Ce qui n'est pas possible aujourd'hui avec la 4G[4] ». Le déploiement de ces technologies s'inscrit dans la continuité de la captation des données des individus, dont le stockage est très consommateur d'énergie et producteur de gaz à effet de serre.

---

[1]Selon Wikipédia, « Le storytelling (en français la mise en récit ou l'accroche narrative) est une méthode de communication fondée sur une structure narrative du discours qui s'apparente à celle des contes, des récits. Son emploi notamment en communication politique est controversé du fait de l'usage parfois discutable qu'en font les conseillers en communication dits spin doctors ».

[2] Cf. *L'Usine Digitale*,19 juin 2019.

[3] Avec un coût environnemental très élevé, antennes, changement des portables, consommation d'énergie, etc.

[4] Cf. *La Tribune*, 27 février 2019.

Assimiler de façon systématique ces innovations à un progrès est un artifice, il s'agit de deux choses différentes. Selon l'OCDE et la Commission européenne, « L'innovation se définit comme l'ensemble des démarches scientifiques, technologiques, organisationnelles, financières et commerciales qui aboutissent, ou sont censées aboutir, à la réalisation de produits ou procédés technologiquement nouveaux ou améliorés[1] ». Ce même document rappelle qu'une innovation de procédé « aboutis à des gains de productivité et la firme bénéficie d'un avantage de coût sur ses concurrentes. Dans une innovation de produits, la firme jouit d'une position de monopole grâce à un brevet ou au temps que mettent ses concurrents à l'imiter. Elle peut alors fixer des prix supérieurs à ceux d'un marché concurrentiel et elle bénéficie donc d'une rente[2] ». Pour les auteurs, les choses sont claires, une innovation ne vise ni à réduire la pénibilité du travail ou les émissions de CO^2, ni à créer de l'emploi, mais à créer des profits.

Le progrès quant à lui est d'une autre nature. Progrès vient du latin progressus, pro signifiant avant et gradi signifiant marcher. À l'origine, progrès signifie une marche en avant et par extension un développement. On note que dans les discours officiels, son lien avec la technologie a progressivement changé. Au début des années 1990, on parlait davantage de progrès technique que d'innovation. Puis le terme innovation s'est répandu en même temps que le progrès technique devenait progrès, sans référence à la technique. Or, les définitions du progrès sont davantage qualitatives que les définitions de l'innovation comme le montre le dictionnaire Larousse.

Celui-ci reprend la racine latine du terme (avancer, connaître un mouvement vers l'avant, progression) et l'étend aux définitions des philosophes du siècle des Lumières qui indiquent une transformation vers le mieux dans un domaine particulier, évolution vers un résultat satisfaisant, évolution régulière de l'humanité, aller vers un état supérieur, évolution de la société vers un but idéal, etc. En assimilant progrès technique à progrès puis progrès à innovation, on supprime la différence de nature entre des aspects quantitatifs (les effets de l'innovation sur les coûts et la rentabilité) et des aspects qualitatifs (le progrès de la civilisation).

---

[1] Cf. *Principes directeurs proposés pour le recueil et l'interprétation des données sur l'innovation technologique,* OCDE/Commission européenne/Eurostat, manuel d'Oslo, édition 2005.

[2] Cf. Ibid, p 18/19.

En procédant ainsi, l'innovation qui est un processus technique devient le progrès qui est un processus social. L'innovation correspond davantage à un intérêt particulier, contrairement au progrès qui est plus collectif. Ce glissement traduit l'effacement de l'intérêt général dans le champ lexical. Par ce tour de passe-passe, l'intérêt particulier de l'entreprise devient l'intérêt de tous.

L'action publique n'est plus d'utilité, la science, la technologie et la grande entreprise privée étant là pour innover, donc faire progresser la société. Cette confusion entretenue entre innovation et progrès se retrouve dans la fascination pour le High-tech. En français, high-tech se traduit par haute technologie et correspond aux techniques les plus avancées disponibles à un moment donné. Ces technologies nouvelles marquent une rupture avec ce qui existait jusque-là. Technologies de pointe, nouvelles technologies, intelligence artificielle, etc. constituent ainsi un ensemble d'innovations qui changent radicalement la façon de produire. Ces technologies bouleversent le temps, le coût, la quantité ou la qualité d'un produit ou service donné, qu'il s'agisse de téléphonie, de stockage d'informations ou de production et de transport de biens manufacturés.

Contester l'utilité ou l'efficacité de ces innovations serait être rétrograde, comme l'affirme le président de la République. « La France, c'est le pays des lumières, c'est le pays de l'innovation. La France va prendre le tournant de la 5 G parce que c'est le tournant de l'innovation. J'entends beaucoup de voix nous expliquer qu'il faudrait relever la complexité des problèmes contemporains en revenant à la lampe à huile, je ne crois pas au modèle amish[1] ». Cette phrase omet pourtant l'essentiel du siècle des Lumières. Ce qui le caractérise ne se limite pas à l'innovation technologique comme l'illustre l'exemple du passage de la lieue, du pied et du pouce au mètre. Proposer une unité de mesure commune à toutes les provinces de France et au-delà de la France à tous les pays est une innovation considérable qui simplifie et favorise la communication et les échanges entre les pays. Mais c'est aussi une rupture humaniste. Ce n'est plus le pied et le pouce d'un roi ou d'une reine qui détermine les mesures, mais une valeur universelle sur laquelle il peut y avoir consensus parce qu'aucun pays ne peut prétendre que cette mesure le représente.

---

[1] Cf. Emmanuel Macron, *discours sur les acteurs du numérique*, 14 septembre 2020.

L'étalon mesure que représente le mètre ne résulte pas d'un humain supposé supérieur aux autres, mais correspond à une fraction de la circonférence de la terre[1]. Le mètre exprime donc l'humanité dans son ensemble. Au XVIIIe siècle, l'académie des sciences indique explicitement qu'il s'agit d'un critère qui « ne renfermerait rien d'arbitraire ni de particulier à la situation d'aucun peuple sur le globe[2] ». Passer du pied du roi au mètre est donc à la fois une innovation et un progrès universel. Le siècle des Lumières est aussi et surtout le siècle du progrès des connaissances qui se détachent du religieux et des dogmes. Lorsqu'on évoque le siècle des Lumières, on pense à la fois au progrès des consciences et au progrès de la science. Science et conscience vont de pair et isoler un des deux aspects est l'inverse de l'esprit des lumières. Mais aller ensemble ne veut pas dire être identique, innovation et progrès sont ainsi deux choses différentes.

- Les farines animales sont une innovation (on nourrit des ruminants avec des farines composées en partie d'organes ou d'os d'animaux inutilisables en agro-industrie à destination des humains). elles ne sont pas un progrès, car elles ont débouché sur les maladies à prions, plusieurs centaines de morts, des abattages massifs de cheptels, la disparition d'exploitations agricoles, etc. Il en est de même des datacenters, cette innovation est trop coûteuse au climat pour représenter un progrès pour l'humanité.
- Les bitcoins sont une innovation, mais il n'est pas certain qu'il s'agisse d'un progrès. D'une part, la sécurisation des calculs représente une consommation électrique considérable[3]. D'autre part, ces monnaies se substituent aux États, ce qui peut transférer un important pouvoir économique vers les grandes entreprises, favoriser le blanchiment d'argent, accélérer l'évasion fiscale, etc.

Ces quelques exemples montrent qu'on ne peut retirer la question du progrès dans les innovations. Ce qui est nouveau n'est pas forcément positif pour les humains et plus généralement pour le vivant et la planète.

---

[1] Tenant compte des moyens techniques de l'époque, le mètre a été défini comme étant le dix millionième d'une moitié de méridien terrestre.

[2] Cf. Académie des sciences 26 mars 1791.

[3] « Le réseau Bitcoin a une consommation électrique en 2019 entre 30 et 80 TWh par an et a une empreinte carbone de 15 à 40 $MtCO_2$-eq, comparables à celle de pays comme l'Autriche, la Belgique ou le Danemark ». Cf. CNRS. https://ecoinfo.cnrs.fr/2020/02/11/consommation-energetique-des-technologies-blockchain/.

Certaines innovations augmentent massivement les émissions de CO^2, contribuent à la déforestation en favorisant les concentrations urbaines et la spécialisation agricole mondiale et favorisent un phénomène nouveau, appelé mégafeux dont nous allons analyser les mécanismes ci-dessous.

Chapitre IV Comprendre le lien entre mégafeux et agriculture pour penser autrement le futur

« La démocratie et les sciences modernes sont toutes deux les héritières de la même histoire, mais cette histoire mènerait à une contradiction si les sciences faisaient triompher une conception déterministe de la nature alors que la démocratie incarne l'idéal d'une société libre. Nous considérer comme étrangers à la nature implique un dualisme étranger à l'aventure des sciences aussi bien qu'à la passion d'intelligibilité propre au monde occidental ».
Ilya Prigogine, prix Nobel de chimie, *La fin des certitudes,* 1995

I/ Les mégafeux, un phénomène inséparable du changement climatique

En Sibérie 51 000 km² ont été détruits en 2019, soit l'équivalent de 10% de la superficie de la France. Elle a connu de nouveaux incendies massifs en 2020 et 2021, dont les fumées ont atteint le pôle Nord, ce qui constitue une première selon la NASA. En Australie des incendies massifs ont eu lieu en 2019, 2020 et 2021. On estime à trois milliards le nombre d'animaux tués ou déplacés par ces feux qui ont détruit 115 000 km² et tués au moins trente personnes. En Californie ces incendies sont annuels. En 2017, l'Etat comptait près de 40 morts et plus de 5 000 bâtiments détruits. En 2018, 85 personnes sont mortes et 14 000 habitations ont été détruites.

En 2019, 180 000 personnes ont dû être évacuées. En 2020, 31 personnes sont mortes et plus de 9 000 bâtiments ont été détruits. En 2021, 50 000 hectares et plus de 5 000 habitations ont été détruites. En Grèce, Turquie, Algérie, Espagne, Portugal, etc., ils prennent de plus en plus d'ampleur. Mais cela se produit également en Europe du Nord (Finlande et Islande en 2021, Norvège en 2019, Suède en 2018). L'année 2022 marque une prise de conscience en France avec plus de 70 000 hectares ravagés sans que les pompiers n'aient pu éteindre les incendies. Il n'existe pas de définition établie scientifiquement des mégafeux, mais l'expression apparaît au début des années 2010.

Ce néologisme provient du constat que « cela ne s'est jamais observé dans le passé ». Ces feux se caractérisent par leur puissance et « l'incapacité absolue de les éteindre ou de les canaliser. Méga évoque par ailleurs les cas où sont anéanties toutes les entraves qu'opposaient à la propagation du feu les cimes élevées des grands arbres, les lotissements, les zones dégagées ou humides, les abords des villes et les moyens de contrôle humain[1] ». Le développement de ces feux est lié au changement climatique dans la mesure où le réchauffement de l'atmosphère et les canicules de plus en plus nombreuses et durables contribuent à éliminer l'eau présente dans la végétation et à assécher cette dernière. D'un point de vue physique, plus la température moyenne est élevée, plus les végétaux s'assèchent. Cet assèchement s'articule à un assèchement des nappes phréatiques au plus fort de la saison sèche, lorsque les risques d'incendie sont les plus élevés. Cette disparition des nappes est également liée à la surconsommation d'eau :

- Irrigation irrationnelle (plantes tropicales comme le maïs pour un usage en agro-industrie dans des zones tempérées comme la France, inadaptées à cette céréale).
- Surconsommations touristiques au moment où les ressources en eau sont les plus faibles.
- Détournement d'eau pour alimenter les canons à neige, réduisant fortement les ressources disponibles en aval notamment pour l'agriculture et la consommation des ménages.
- Gestion privée de la ressource, souvent peu efficace du fait d'un manque d'investissement.
- Multiplication des golfs arrosés toute l'année, choix par les collectivités de massifs floraux trop consommateurs d'eau, absence de plans piscines dans la plupart des collectivités, etc.

Le cumul de cet assèchement des végétaux, des sols et des nappes phréatiques crée un terrain propice aux grands incendies. Ces grands incendies aggravent les problèmes puisque les forêts brûlées libèrent brutalement dans l'atmosphère les gaz à effet de serre qu'elles stockaient jusque-là dans leurs végétaux[2].

---

[1] Cf. Joelle Zask, *Quand la forêt brûle. Penser la nouvelle catastrophe écologique,* Premier parallèle 2019, p 18.

[2] Les forêts et les océans absorbent environ la moitié des émissions de carbone. L'expression puits de carbone décrit le processus chimique par lequel les gaz à effets de serre sont stockés dans les végétaux. Par conséquent, les forêts ne constituent pas une solution aux émissions de CO^2 puisque les incendies, les coupes de bois, les

Ainsi, en 1998, les incendies sur l'île de Bornéo auraient dégagé 2,5 milliards de tonnes de CO^2, soit l'équivalent des émissions de toute l'Europe pour une année entière. Les grands feux n'ont donc pas un rôle marginal, ils accélèrent les effets de changement climatique. En retour, ils contribuent à assécher la végétation, accélèrent le réchauffement et l'évaporation de l'eau contenue dans les végétaux.

D'autre part, ils contribuent à l'érosion des sols et donc à leur dégradation. Tout cela rend plus difficile, voire impossible, un usage agricole ultérieur de ces terres brûlées. Ces feux rendent le pays inhabitable, l'air irrespirable, le sol durablement stérile, contrairement aux feux traditionnels qui pouvaient favoriser une biodiversité adaptative et contribuer à régénérer les sols. Un consensus existe en effet pour considérer que contrairement aux feux classiques, les mégafeux détruisent durablement les forêts ainsi que les lieux de vie et de travail dans des espaces de plus en plus étendus[1]. L'environnementaliste Edward Struzik pense ainsi « qu'il est probable que certaines activités industrielles disparaissent ou doivent être délocalisées, que les réserves d'eau soient massivement polluées, que des villes entières soient déplacées[2] ». La menace n'est donc pas limitée à la disparition des forêts, de l'habitat qui s'y trouve ou qui se situe dans son périmètre proche et à quelques dizaines de décès dans les cas les plus graves. De leur côté, des chercheurs de la NASA ont élaboré un atlas mondial des feux dans lequel ils n'excluent pas le risque de très grands incendies à l'échelle mondiale du fait du cumul de températures estivales extrêmes, de vents forts et de plus en plus souvent tempétueux et d'une faible humidité de l'air[3]. Les conséquences des mégafeux sont considérées comme nettement plus graves que celles des feux connus jusqu'à maintenant, car ils sont spatialement beaucoup plus vastes. Ils détruisent des millions d'hectares, polluent massivement les zones proches, mais également les agglomérations, y compris à des distances importantes (Sibérie, Australie, Europe du Nord).

---

parasites xylophages, etc. détruisent ces arbres et restituent les gaz à effet de serre stockés provisoirement dans ces arbres.

[1] « Les bénéfices du feu « naturel » ne persistent pas en cas de mégafeux. Qu'il s'agisse des faits, des connaissances et des technologies de lutte contre les feux dont nous disposons, il semble qu'un point de rupture ait été franchi et qu'il faille fortement nuancer l'affirmation selon laquelle les feux seraient bénéfiques à la forêt et à la diversité ». Cf. *Quand la forêt brûle. Penser la nouvelle catastrophe écologique,* Premier parallèle 2019 p 37.

[2] Ibid, p 19.

[3] Nasa, EOSDIS, *Earth observing system Data and Information System*.

D'autre part, leurs effets sont plus durables, car les dégradations sont considérables et plus fréquentes. La régénération d'un couvert forestier et du biotope est peu probable à l'échelle du temps humain, les dégradations étant plus vastes en superficie et plus profondes.
Enfin, ils sont plus impactants sur les conditions de vie largement au-delà du périmètre détruit. Ces feux se traduisent par un déplacement des activités économiques (si elles n'ont pas été détruites par les feux) ainsi que des agglomérations, de fortes pollutions atmosphériques largement au-delà du seuil maximum préconisé par l'Organisation mondiale de la santé, des impacts sur la santé et la mortalité, etc.

Les mégafeux permettent de faire un lien immédiat avec le changement climatique. Ils réhabilitent de façon visible la réalité des scénarios de l'inacceptable. Comment prendre en compte ce risque systémique, soit pour l'éviter si cela est possible, soit pour en limiter les effets dévastateurs sur la planète, la vie humaine et celle des autres espèces ? Les réponses à apporter ne peuvent reposer sur une simple actualisation des schémas existants, se contentant de corriger ceux-ci à la marge, sans étudier les raisons de l'inefficacité constatée et de l'incapacité à anticiper. Il faut au contraire repenser les analyses prospectives pour leur redonner la capacité à penser les futurs possibles et les risques, y compris lorsque ce changement impose des coûts supplémentaires.

Cela d'autant plus que de nombreuses études de virologues, infectiologues, écologues ou parasitologues montrent que la destruction des forêts et les pandémies sont liées. « Le fait qu'il puisse y avoir un lien entre la biodiversité et l'émergence de maladies infectieuses ne fait pas du tout partie du mode de pensée des dirigeants des Etats. L'idée que la santé des humains soit liée à celle de l'environnement est largement méconnue dans les instances dirigeantes[1] ».

Le professeur Jeroen Douwes confirme pour sa part que « Cette pandémie n'est pas la dernière. Si nous ne revoyons pas de toute urgence notre rapport à la nature, nous vivrons dans une ère de confinement chronique. Il est temps que les pouvoirs publics comprennent que la santé humaine dépend de celle des écosystèmes et des animaux, car tout est interconnecté[2] ».

---

[1] Cf. Marie-Monique Robin, *La fabrique des pandémies. Préserver la biodiversité, un impératif pour la santé planétaire*, Cahiers libres La Découverte 2021, p 97.
[2] Ibid, p 203/205.

Ces feux et les pandémies apparaissent donc liés. En effet, une économie basée sur la circulation massive des marchandises et des personnes, l'hyperconcentration dans l'espace des populations et des activités (plus de 55 % de la population de la planète vit dans des villes), une agriculture très industrialisée et la destruction accélérée des écosystèmes, doit s'attendre à des pandémies régulières. On ne peut donc réfléchir à ces nouveaux types de feux qui se généralisent sans avoir une vision transversale de ceux-ci, prenant en compte d'autres dimensions.

II/ Penser le risque des mégafeux et accepter la complexité du vivant

A/ Peut-on penser le désastre ?

En 1986, les économistes Jack Guttentag et Richard Herring mettent en avant le concept de « myopie au désastre » pour étudier les mécanismes menant aux crises financières. Cette myopie « corresponds à la tendance au fil du temps à sous-estimer la probabilité de chocs peu fréquents dans un environnement incertain, où le risque n'est pas probabilisable, en raison de sa faible fréquence. Ce mécanisme d'amnésie conduit alors à une hausse de la prise de risque. Même si des signaux d'alerte apparaissent, ils rentrent en contradiction avec les croyances des individus, qui vont dès lors les ignorer[1] ». Cette myopie au désastre est d'autant plus prononcée lorsque les politiques publiques elles-mêmes voient la dépense publique d'un mauvais œil et, au sens littéral, d'un seul œil, celui de la dépense. Cette vision monoculaire ne peut que déboucher sur un refus d'imaginer qu'existent des crises majeures. Du côté du secteur public et des Etats, prendre en compte ces scénarios de l'inacceptable nécessite des dépenses préventives importantes qui remettent en cause les dispositifs budgétaires : augmentation considérable de certains budgets, création d'emplois, redéfinition des priorités stratégiques, réduction voire annulation du rythme de désendettement, financement des actions par une refonte des impositions sur le revenu et le patrimoine, augmentation des impôts sur les sociétés, etc.

[1] Cf. Pauline Gandré et Camille Cornand, *Cette « myopie au désastre » qui dégrade nos capacités de réponse aux crises*, *The Conversation*, 10 avril 2020.

Du côté des entreprises, notamment celles qui génèrent la majorité des émissions de CO², prendre en compte ces scénarios de l'inacceptable impactera fortement leur rentabilité. On comprend que cette myopie soit très prononcée et que l'usage de verres correcteurs soit refusé. Si l'action publique doit déboucher sur une véritable fiscalité environnementale visant à réduire drastiquement les émissions de CO², ce sont des milliers de milliards d'euros de profits qui disparaîtront au niveau mondial. Cette myopie n'a donc rien à voir avec un complot, elle traduit l'intérêt bien compris des actionnaires de ces entreprises géantes. Prendre en compte des scénarios de l'inacceptable remet profondément en cause les orientations politiques, sociales, économiques, environnementales, les pratiques, les cultures, les habitudes, les priorités, les budgets, l'aménagement du territoire, la planification à long terme, la place de l'agriculture dans nos sociétés, l'organisation de la recherche, le rôle de l'emploi, du profit, etc. Penser autrement qu'en termes comptables, ce n'est pas seulement passer du monocle (ne voir que la dépense) à une vision binoculaire. Penser autrement, c'est utiliser des verres intégraux pour mieux voir de près comme de loin, sans laisser d'angles morts dans la vision périphérique. C'est comprendre qu'il faut remettre en cause la domination des groupes mondiaux sur la production, le transport, les émissions de CO² et les bénéfices tirés de cette organisation. Nous n'y sommes pas aujourd'hui et les mégafeux en sont l'illustration. Quels sont les travaux engagés en France sur ces sujets et, tout particulièrement, leurs déclinaisons régionales ?

Avec environ 17 millions d'hectares de forêt (près de 30 % de la surface métropolitaine, 96% en Guyane), la France est particulièrement exposée aux risques. De nombreuses régions possèdent d'importants massifs forestiers.

Dans le même temps, les moyens consacrés au risque incendie sont en baisse. Sans viser l'exhaustivité, nous présentons ci-dessous un ensemble de questions qu'une prospective intégrant un risque de désastre forestier devrait examiner. La gestion du risque forestier impose de croiser différents champs de recherche : climatologues, géographes, physiciens, chimistes, botanistes, écologues, virologues, parasitologues, épidémiologues, éthologues, etc. De façon générale, la recherche a besoin d'interdisciplinarité, de transversalité, et d'indépendance de pensée. Cela suppose notamment en premier lieu l'indépendance financière.

Dépendre de financements conditionnels publics ou privés ne contribue pas à cette indépendance d'esprit et bride les analyses. Lorsqu'on dépend de ses financeurs, il est plus risqué de s'aventurer sur des terrains délicats, de mettre en avant des risques systémiques et scénarios de l'inacceptable, de défendre des valeurs éloignées des moyennes habituellement acceptées, etc. Cela interdit d'aller sur des terrains de recherche qui risqueraient de contredire les convictions ou les intérêts des financeurs.

D'autre part, le nombre de publications dans les revues internationales est devenu le critère principal de la qualité des laboratoires de recherche. Or, ces publications reposent fondamentalement sur la cooptation. Cela ne permet pas toujours l'émergence et l'expression de pensées et de raisonnements alternatifs ou inhabituels, notamment dans les sciences humaines, sociales ou environnementales.

Enfin, le financement conditionnel de la recherche amène nombre de chercheurs à consacrer un temps très important à la recherche de financements. « Mon labo est financé à 70 % par les contrats que je passe avec l'industrie, c'est trop, car il faut prendre garde de ne pas se laisser piloter par l'industrie. La recherche académique ne doit en aucun cas devenir prestataire du privé[1] ». Lorsque la recherche est majoritairement financée par le privé, ses priorités sont plus facilement biaisées. Cela peut aussi amener à exclure certaines hypothèses de travail, notamment si celles-ci peuvent impacter la rentabilité des entreprises. Pour ces raisons, la recherche doit sortir des logiques comptables. Cela passe par davantage de financements non conditionnels, une indépendance réelle à l'égard des pouvoirs politiques et économiques, un droit réel à l'expérimentation, sortant des sentiers battus.

---

[1] Cf. Franck Prez, biologiste. *Le Point*, *Vis ma vie de chercheur en France*, premier juin 2016.

B/ Quelle place pour l'agriculture et l'élevage dans la lutte contre les grands feux ?

« Si on continue comme aujourd'hui, en 2050 seuls les très riches pourront bien manger, les autres n'auront que le pire de l'alimentation ».
Thierry Marx, chef doublement étoilé. 2019.

L'agriculture et l'élevage sont partie prenante de la lutte contre les mégafeux et l'action contre le changement climatique. Cela passe par la réduction de la circulation mondiale des produits agricoles, un rapprochement du cycle des saisons et la remise en cause du modèle productiviste et pharmacochimique, tout particulièrement dans l'élevage. Cette agriculture de proximité n'est pas compatible avec un modèle d'agro-industrie organisée autour d'une production centralisée, chimisée, très exportatrice et émettrice de CO^2. Depuis une soixantaine d'années, la déprise agricole et le recul de l'élevage de basse et moyenne montagne notamment contribuent au risque d'incendie avec l'extension des zones de broussailles et de la biomasse.

« Plus les brûlages se raréfient, s'uniformisent et sont centralisés, plus les forêts s'encombrent et se referment, plus la végétation basse s'affaiblit et se dessèche faute de lumière suffisante, plus elles brûlent[1] ». Mais si l'élevage peut contribuer à lutter contre les risques d'incendie, on ne peut pour autant faire l'impasse sur la place de la viande dans notre société. L'élevage, dont essentiellement celui des ruminants, représente environ 23% des émissions mondiales de méthane dont le pouvoir réchauffant est 30 fois plus élevé que celui du CO^2[2]. Réduire les émissions agricoles nécessite par conséquent de réduire prioritairement la production de viande. Cela passe en premier lieu par la disparition rapide des élevages industriels. Ces exploitations sont à la fois sources de souffrance animale et productrices de nuisances considérables : émissions des ruminants, intrants chimiques et pharmaceutiques, etc. Si la disparition de ces élevages intensifs peut-être rapide, l'évolution des pratiques alimentaires est en revanche un processus plus long et qui ne débouchera sans doute pas sur la disparition de l'élevage.

---

[1] Cf. Joelle Zask, *Quand la forêt brûle. Penser la nouvelle catastrophe écologique*, Premier parallèle 2019, p 100/101.

[2]Cf. Benoit Blanc, *Réduire le méthane, l'autre défi du changement climatique*, décembre 2018 IDDRI et Agence française de développement, p 5.

Les produits laitiers et fromagers conserveront probablement une place importante, de même que l'élevage familial et de proximité notamment en moyenne montagne. Cela d'autant plus qu'un des enjeux de l'équilibre des paysages est à la fois d'éviter le sous-pâturage, car les prairies se couvrent de végétaux propices aux incendies et le surpâturage, car cela contribue à dénuder les sols, comme le montrent beaucoup de paysages méditerranéens.

Développer ces petites exploitations suppose de rompre avec le modèle agricole en place depuis une soixantaine d'années, basé sur les grandes exploitations, l'exportation et la chimisation. Cela signifie aussi une réduction drastique des productions à destination animale (tourteaux de soja, maïs majoritairement transgénique) et le développement des productions légumières familiales et de proximité afin de favoriser une substitution progressive, mais équilibrée aux produits carnés. Ces activités sont par ailleurs créatrices d'emplois, de sens et de sécurité alimentaire. Leur redéveloppement doit s'appuyer sur une fiscalité repensée et un droit des sols renforcé. En France, les dispositifs protecteurs de l'environnement que sont Natura 2000, la conversion bio et la préservation des zones humides ne sont pas particulièrement attractifs puisque leur durée d'exonération est largement inférieure à celle des plantations classiques en diverses essences[1].

D'autres exonérations temporaires concernent les prairies, herbages, pâturages et landes intégrés dans une association pastorale foncière ainsi que les jeunes agriculteurs. Les dispositifs existants restent très archaïques au regard des enjeux. Les petites exploitations familiales, la reprise par de jeunes agriculteurs, la conversion en agriculture biologique ne sont pas encore prioritaires dans la fiscalité, notamment locale. Cette non-prise en compte est due au fait que l'agriculture paysanne et familiale n'est pas une priorité des pouvoirs publics et des institutions européennes et mondiales. Ainsi, France stratégie estime que le CICE a contribué à la création d'environ 100 000 emplois entre 2013 et 2016 pour un budget de 66 milliards d'euros, soit près de 165 000 euros par an et par emploi[2].

---

[1] Article 1398 du code général des impôts.

[2] Cf. *Evaluation du crédit d'impôt pour la compétitivité et l'emploi. Synthèse des travaux d'approfondissement*, France stratégie, septembre 2017.

Accorder un revenu complémentaire de 1 000 euros mensuels sans condition à chaque exploitation familiale serait dix à vingt fois plus efficace en termes d'emplois dans le secteur agricole, l'élevage et la gestion forestière. Faire de l'agriculture la grande cause nationale passe par une révision de l'ensemble des dispositifs d'aides sectorielles, en dépassant la fascination un peu caricaturale pour le High-tech.

Par ailleurs, les gros mangeurs de viande ne sont pas les seuls à contribuer au changement climatique. Il est indispensable qu'ils réduisent leur consommation, mais on ne peut se limiter à les mettre en cause et omettre les émissions liées au modèle productiviste. Pour avancer, nous avons besoin de débats plus sereins, plus transversaux, plus systémiques. Remettre en cause ce modèle agricole et favoriser un redéveloppement de l'agriculture familiale, l'autoconsommation et la vente de proximité notamment dans les pays en voie de développement constitue une priorité pour chaque pays. C'est également un moyen de réduire l'exode rural et les concentrations de populations sans emploi dans les bidonvilles des mégapoles mondiales. Réduire les intrants chimiques réduit les rendements à l'hectare, mais cela limite également la dégradation des sols, laquelle demande ensuite encore plus de produits chimiques. Partout dans le monde, chacun a intérêt à redévelopper l'agriculture de proximité. La question se pose dans les mêmes termes concernant la riziculture qui représente environ 7% du méthane émis[1]. Ces émissions de méthane sont inévitables, mais en limitant la mondialisation du commerce de riz, en préservant les 8000 variétés locales, en favorisant les consommations de proximité, il est possible de réduire leur impact environnemental.

D'autre part, la poursuite de la réduction des surfaces agricoles, l'augmentation du nombre et de l'ampleur des inondations, la stagnation constatée des rendements à l'hectare malgré un usage massif d'engrais et pesticides et le changement du régime des précipitations ont une forte probabilité d'impacter les volumes produits et les prix. C'est en ce sens que la phrase du chef Thierry Marx doit être comprise. Si les prix des fruits et légumes augmentent, les ménages les plus pauvres se tourneront vers des produits et viandes très chimisés. Cela a un impact connu sur la santé (obésité, hypertension, diabète, cholestérol, etc.). Limiter ces risques sanitaires peut s'anticiper.

---

[1]Cf. Benoit Blanc, *Réduire le méthane, l'autre défi du changement climatique*, décembre 2018 IDDRI et Agence française de développement, p 5.

Cela est possible en favorisant les circuits courts, la préservation des terres agricoles, en renforçant la restauration collective des scolaires, mais aussi sur les lieux de travail, les productions de saison, en interdisant définitivement et strictement les produits chargés en sucre ou en sel, etc. Les terres agricoles n'ont pas vocation à devenir des zones économiques coûteuses, mais peu denses en emplois, des ronds-points, des centres commerciaux concurrents des commerces de ville ou des lotissements éloignés des lieux centraux et générateurs de mobilités contraintes. Depuis une trentaine d'années, plus de 50 % des surfaces de terrain consommées chaque année en France le sont pour des zones industrielles, zones commerciales, pôles logistiques, etc. Cette consommation de surfaces agricoles n'est plus adaptée à la réalité économique contemporaine ni aux contraintes environnementales. La sanctuarisation des terres agricoles constituerait un changement radical des logiques d'aménagement. Cette nouvelle conception de l'aménagement doit redonner la priorité aux petites exploitations qui génèrent davantage d'emplois à l'hectare, luttent efficacement contre la progression des broussailles et mettent en œuvre une gestion souvent plus cohérente de la biomasse qui limite les risques d'incendie.

« Une politique cohérente de prévention des mégafeux préconiserait d'exploiter les forêts, d'y introduire des troupeaux, d'y pratiquer des coupures, d'ouvrir les milieux en multipliant les zones cultivées, de valoriser des productions directes et indirectes, de diversifier les forêts au lieu de les livrer aux monocultures et de rétablir leur vocation multidirectionnelle[1] ».

Dès lors que le recensement des zones à risque a été effectué, l'interdiction de construire doit être totale à moins de 500 mètres d'un espace boisé. Tenant compte de l'importance de ces espaces en France et certainement en Europe, il s'agirait donc d'une révolution dans les logiques d'aménagement. Cela ralentirait considérablement l'étalement urbain et la consommation d'espaces.

Il faut également se poser la question des forêts à usage productif (pâte à papier notamment) qui représentent un risque important du fait de l'absence de diversité des essences[2].

---

[1] Cf. Joelle Zask, *Quand la forêt brûle. Penser la nouvelle catastrophe écologique, P*remier parallèle 2019, p 114.

[2] « L'industrie forestière et les grands feux de forêt forment un couple inséparable : l'appauvrissement de la biodiversité que la première provoque prépare le terrain pour les seconds qui, en raison de leur intensité perdent leur effet potentiellement bénéfique

La diversité apparaît comme un facteur important de résistance aux incendies ainsi qu'aux épisodes tempétueux. La monoculture forestière augmente les risques, comme l'illustre le Portugal avec l'implantation de l'Eucalyptus pour la pâte à papier. Il représente désormais près de 10% de la surface forestière et ces dernières années ont été marquées par de grands feux très meurtriers (plus de 100 morts en 2017), essentiellement dans ces zones plantées d'eucalyptus.

D'autre part, la propriété privée des bois et forêts est souvent morcelée. L'entretien des parcelles est souvent négligé, soit parce que les propriétaires n'habitent pas à proximité, soit parce que le coût de l'entretien leur apparaît trop important. Or, le défaut d'entretien augmente le risque de diffusion des feux, comme nous avons pu le constater en 2022 notamment dans le sud-ouest de la France. À l'opposé, la mutualisation de ces travaux réguliers ou leur prise en charge par la puissance publique lorsque les propriétaires sont défaillants pourrait éviter ces risques. Dans ce contexte, quels sont les moyens de l'Office national des forêts ?

C/ Privatiser l'Office national des forêts ou penser autrement l'ensemble des enjeux ?

Renforcer l'agriculture familiale contribuant à limiter la progression des broussailles s'articule à une forte reprise de l'emploi forestier. Il faut du personnel et des moyens matériels pour l'entretien des pistes et chemins, des vigies-feu, des bucherons/scieurs, des gardes-chasses et gardes forestiers, etc. Mais il faut également du personnel pour assurer le débroussaillage qui limite les risques de propagation des incendies ou vérifier que les propriétaires le réalisent lorsque la période sèche arrive, étudier des moyens de substitutions lorsque ces propriétaires sont déficients, etc. Ce travail doit se réaliser en coordination forte avec les services incendies afin d'indiquer les zones qui semblent à risque tenant compte des différentes défaillances constatées. Ces mêmes services doivent disposer de moyens renforcés, ce qui passe par un triplement de la flotte de canadairs en France (de 16 à 50) et la création d'une flotte européenne dotée de 100 à 200 appareils. Cela passe aussi par le renforcement des moyens d'appui au sol, la relance des recherches sur les interventions de nuit, le renforcement des moyens matériels et humains des services incendies, l'amélioration de

---

dans le maintien de la diversité ». Cf. Joelle Zask, *Quand la forêt brûle. Penser la nouvelle catastrophe écologique,* Premier parallèle 2019, p 58.

l'attractivité des métiers de la protection contre les feux, le renforcement des effectifs de l'Office national des forêts, etc.

Ces différentes nécessités sont l'exact opposé des mesures prises depuis au moins deux décennies. Ainsi, l'effectif de l'ONF est passé de 12 000 agents en 2002 à 8 500 en 2018[1], le nombre de gardes forestiers est passé de 9 000 à 3 000 entre 1990 et 2020, les moyens consacrés à la gestion des forêts domaniales ont été réduits, le centre de formation des personnels a été fermé en 2015, etc. Ces mesures de réduction des moyens de l'Office interviennent dans un contexte de généralisation des contrats de droit privé[2], etc. Ainsi, l'article 33 de la loi ASAP[3] votée par l'Assemblée nationale le 6 octobre 2020 confirme la possibilité de recruter des contractuels de droit privé.

Par ailleurs, l'activité de l'Office est financée en partie par la vente de bois. Celles-ci correspondaient à l'équivalent de 879 millions d'euros en 1978 pour 4,3 millions de mètres cubes, mais à 258 millions en 2016[4] pour 5,5 millions de mètres cubes. Le volume vendu a donc augmenté d'un quart, mais le montant des ventes a été divisé par trois. Un financement de l'Office par les ventes de bois est donc inadapté pour plusieurs raisons. D'une part, les importations de bois devraient être très limitées partout dans le monde afin de lutter contre le déboisement. Cela réduirait également les émissions de CO^2 en évitant des transports sur des milliers de kilomètres. Importer des bois à très bas prix est un contresens écologique. Une politique publique ne peut se contenter d'acter la baisse des ressources. Elle peut encore moins réduire les moyens de l'Office du fait de cette baisse des ressources due à la concurrence.

D'autre part, le financement par les ventes peut pousser à la surexploitation des massifs, à leur fragilisation et à la perte de diversité des essences. Cela rend les espaces boisés plus sensibles aux parasites et moins résistants aux tempêtes et incendies comme l'ont montré les grands incendies qui ont frappé les massifs de monoculture de pins en Gironde et dans les Landes.

---

[1]Le rapport d'activité 2021 de l'Office ne fournit aucune information sur l'effectif actuel.

[2] Dans la perspective d'un texte de loi concernant l'ONF, son directeur indiquait dans une lettre aux salariés adressée le 22 janvier 2020 que la future modification législative aura « pour principal effet de généraliser l'accès des personnels sous contrats de droit privé à l'ensemble des métiers et des fonctions de l'établissement ».

[3] Loi Accélération et Simplification de l'Action Publique.

[4] Cf. Conseils d'administration de l'ONF et indices INSEE.

Enfin, cette politique adapte les moyens matériels et humains aux moyens financiers disponibles, alors qu'il faut adapter les moyens aux besoins si on a une claire conscience des risques, ce qui n'est pas le cas en France. Ainsi, le fonctionnement de l'ONF et son financement sont dépendants du cours mondial du bois et l'auteure du rapport sénatorial *Situation et perspectives de l'Office national des forêts* [1] se contente de constater les évolutions. « En 50 ans la récolte de bois dans les forêts de l'Etat a augmenté de 35 %, mais la recette correspondant à cette récolte a baissé de 30 % en raison de la faiblesse des cours du bois[2] ». À aucun moment, elle ne s'interroge sur la situation qu'elle constate. Le prix du bois sur le marché mondial apparaît comme un paramètre sur lequel aucune action publique ne serait possible. La conclusion tirée de la baisse des ressources de l'ONF du fait de la baisse des prix est qu'il faut réduire les dépenses pour limiter la dette.

Seule la dépense est prise en compte, dans une vision strictement comptable, incapable d'anticiper et de comprendre que ces dépenses constituent des investissements contre les risques. On retrouve cette inconséquence dans la faiblesse des moyens de lutte contre les incendies. Cette faiblesse a été visible l'été 2022 en France avec des mégafeux notamment dans le sud-ouest, sans interruption pendant plusieurs semaines.

Cette incapacité à penser la complexité exprime l'asymétrie informationnelle évoquée plus haut. Il faut rompre avec cet enfermement comptable et comprendre qu'un emploi n'est jamais uniquement une dépense, il est aussi une ressource. Lorsqu'il est public ou associatif, il contribue à éviter des dysfonctionnements générateurs de coûts pour la collectivité. En fabriquant de la société, la dépense qu'il représente a pour contrepartie une dépense évitée. Il contribue à une meilleure santé, une meilleure éducation, à davantage de sécurité, à une meilleure ponctualité au travail, à la conservation du patrimoine naturel, des forêts, de l'agriculture, des littoraux, etc. Les dépenses évitées par ces emplois sont difficiles à mesurer comme nous l'avons vu, elles ne peuvent être estimées que par des méthodes probabilistes prenant en compte les notions de risque. On ne sait pas calculer précisément les coûts sociaux évités, mais on sait qu'ils existent. C'est en plus complexe le même problème qu'un service de maintenance. On ne mesure ce qu'il permettait d'économiser que lorsque les pannes sont là.

---

[1] Anne Catherine Loisier, 12 juin 2019.

[2] Cf. *Trois questions à Anne Catherine Loisier*, Espace presse Sénat, 20 avril 2020.

Tant que les machines fonctionnent, le service apparaît coûteux et ce n'est qu'après sa suppression que l'on comprend à quel point il jouait un rôle fondamental dans le fonctionnement de la société et le bien-être collectif. Faire société [1] est plus complexe que gérer une maintenance. Cela doit donc amener à un regard plus subtil, plus complet, plus transversal sur l'emploi public et la dépense publique. Une société en panne, dont le système de soin est saturé et dont le patrimoine naturel part en fumée, mettant en danger vital des centaines de milliers de personnes est infiniment plus complexe à réparer qu'une machine en panne. Parfois même, les dégâts sont irréversibles.

Les terres agricoles, les forêts et les zones humides peuvent contribuer à réduire les externalités négatives, car elles représentent des puits de carbone directs, quoique provisoires (forêts, zones humides, tourbières) ou indirects (petites exploitations agricoles notamment biologiques, valorisant le circuit plus court et utilisant moins d'entrants). Jusqu'à présent, des exonérations temporaires de dix à cinquante ans (selon la nature des essences) sont accordées pour les repeuplements en bois, arbres fruitiers, noyers, vignes, [2]etc. D'autres exonérations temporaires concernent les prés, prairies, herbages, pâturages et landes intégrés dans une association pastorale foncière[3] ainsi que les jeunes agriculteurs. Mais des mesures de même ampleur n'existent pas pour favoriser l'installation d'exploitations familiales, la sauvegarde des forêts, zones humides ou espaces remarquables. L'ensemble des dispositifs pourrait être repensé afin de favoriser les zones humides et les tourbières. Le retard de la fiscalité locale, les réductions d'effectifs à l'Office national des forêts, la baisse des moyens des services départementaux d'incendie, la dégradation de la situation des pompiers volontaires, tout cela traduit une sous-estimation des risques incendie.

Or, le changement climatique augmente considérablement ces risques comme le montrent les dramatiques incendies subis par la Gironde, notamment l'été 2022.

---

[1] Cf. Jacques Donzelot, *Faire société, la politique de la ville aux Etats-Unis et en France*, Seuil 2003.

[2] Article 1395 du code général des impôts.

[3] Article 1398 du code général des impôts.

III/ L'histoire montre que négliger les forêts est une erreur majeure

« Il semblait aux Romains que la nature pouvait être pillée à volonté. Les forêts absorbaient la pluie l'hiver et la stockaient dans le sol avec leurs racines, elles la libéraient lentement l'été, de sorte que la terre ombragée ne s'asséchait jamais complètement et que les sources coulaient toute l'année. Leur disparition fut une catastrophe. La terre se dessécha tout le long de la côte africaine. Le blé ne poussait plus[1] ». La disparition des empires et des civilisations est une réalité historique. De nombreux chercheurs pensent que des changements climatiques ou environnementaux peuvent avoir joué un rôle dans ces disparitions. Pour Robert Harrison, la surexploitation des forêts a certainement joué un rôle majeur dans l'effondrement de l'Empire romain. L'accroissement géographique de l'Empire et la concentration urbaine (Rome comptait un million d'habitants il y a 2000 ans) ont favorisé une circulation intensive des marchandises dans tout le bassin méditerranéen au point que l'on évoque une première mondialisation pour décrire cette époque. La concentration urbaine et l'assèchement des marais ont favorisé les épidémies qui ont pris un caractère permanent. La peste de Justinien a sévi dans tout le bassin méditerranéen entre environ 540 de notre ère et 767, soit plus de deux siècles. Elle aurait fait au total entre 25 et 100 millions de morts. Les pandémies ne sont donc pas un phénomène nouveau, la déforestation y contribue et l'histoire rappelle la nécessité d'investir pour protéger ce patrimoine mondial et notre espèce.

Rome n'est pas le seul exemple dans lequel la déforestation a vraisemblablement contribué au déclin de civilisations. Jared Diamond montre de son côté que la suppression du couvert végétal a contribué au déclin des sociétés de l'Île de Pâques, du Groenland, d'Haïti, de la civilisation maya, etc. James Scott démontre pour la même période l'impact négatif de la déforestation sur les territoires, qu'il s'agisse de bois destiné à la construction navale, au chauffage ou à la cuisson[2].

---

[1] Cf. David Attenborough, *first Eden : the mediterranean world and man* cité par Robert Harrisson dans *Forêts, essai sur l'imaginaire occidental*, Flammarion 1992, pp 92/93.

[2] Cf. James Scott, *Homo domesticus. Une histoire profonde des premiers Etat*s, Editions La Découverte 2019. Pp 213/214.

De son côté, Mona Chollet montre qu'au XVe siècle, la surexploitation des massifs forestiers produisait des effets identiques[1].

Enfin, les questions de la santé, des épidémies, de la déforestation et de l'assèchement des zones humides sont présentes en permanence dans les recherches de Kyle Harper. « Les Romains ont créé une écologie des maladies qui a permis le déchainement des agents pathogènes. Ils furent bientôt submergés par ce que l'on appelle aujourd'hui des maladies infectieuses. La fin de l'Empire romain est donc une histoire où on ne peut séparer l'humanité de l'environnement[2] ». À son tour, il insiste sur les conséquences de la déforestation. « On peut penser que la déforestation romaine a interagi avec des traits naturels du changement climatique de l'holocène tardif pour faire basculer le climat. L'échelle des transformations environnementales sous domination romaine constitue le développement écologique le plus grand ayant jamais eu lieu entre le néolithique et la révolution industrielle[3] ». Pourquoi repartir si loin dans le passé ? Pour plusieurs raisons. Tout d'abord et de façon générale, l'histoire est une source d'informations et de réflexions dont il ne faut pas se passer lorsqu'on cherche à comprendre le présent pour essayer d'imaginer les futurs possibles. « Rome est presque inévitablement un miroir et un instrument de mesure. Un monde précocement global, où la revanche de la nature commence à se faire sentir malgré l'illusion persistante de la maîtrise. Tout cela pourrait bien avoir un air familier. La primauté de l'environnement naturel dans le destin des civilisations nous rapproche des Romains[4] ».

Ensuite, l'histoire permet également de comprendre qu'une puissance économique et un système social et religieux que l'on croit éternels peuvent être bouleversés ou s'effondrer pour des raisons imprévues.

---

[1] Cf. Mona Cholet, *Sorcières, la puissance invaincue des femmes,* Editions Zones 2018. On retrouve une ouverture sur ces thèmes dans l'œuvre plus ancienne de Fernand Braudel, *La Méditerranée et le monde méditerranéen à l'époque de Philippe II,* Armand Colin 1990 ainsi que *Les mémoires de la Méditerranée,* Editions de Fallois 1998.

[2] Cf. Kyle Harper, *Comment l'empire romain s'est effondré*, Editions La Découverte 2019, p 40.

[3] Ibid, p 138.

[4] Cf. Kyle Harper, *Comment l'empire romain s'est effondré,* Editions La Découverte 2019, p 441/42.

Enfin, étudier comment l'évolution du couvert végétal et forestier peut impacter une société nous rappelle que la nature n'est pas extérieure à l'homme et que la préservation des forêts est un enjeu d'équilibre climatique et sanitaire mondial. Quelle que soit la société étudiée, les travaux de ces historiens nous montrent que de petits changements (déboiser autour de son village à l'époque romaine, émettre du CO^2 à la nôtre) ont un impact systémique et global lorsqu'ils se généralisent et durent longtemps.

Ces petits changements locaux débouchent alors sur un changement quantitatif global[1]. Il existe donc une continuité avec des phénomènes vécus et subis dans le passé. Mais si l'histoire et les sciences sociales apportent des enseignements, elles montrent aussi qu'il existe deux différences et un point commun avec ces évènements.

La première différence est que nous disposons désormais des connaissances scientifiques qui permettent d'anticiper et d'éviter la chronique d'une catastrophe annoncée. Ce n'était pas le cas dans les exemples cités. Contrairement à nos prédécesseurs, nous ne pourrons donc pas dire que nous ne savions pas. La seconde différence tient au fait que la menace actuelle ne concerne pas une région du globe, mais l'ensemble de la planète.

Le point commun est que nous avons des bénéficiaires du système. Aujourd'hui comme à l'époque, les bénéficiaires du système ont besoin de croire et surtout de faire croire qu'il est éternel, car ils en tirent un immense bénéfice. Ils agissent pour conserver ce système avantageux pour eux. C'est notamment ce que pense Bruno Latour. « Cette menace, cet avertissement aurait été reçu cinq sur cinq par d'autres élites, peut-être moins éclairées, mais avec de gros moyens et de grands intérêts et, surtout, extrêmement sensibles à la sécurité de leur immense fortune et à la permanence de leur bien-être[2] ».

---

[1] « La notion communément admise qu'à une petite cause correspond un petit effet est erronée. Ce qui prévaut au contraire, c'est un chaos déterministe, un devenir dynamique et des transformations non-linéaires de traits qui caractérisent l'ensemble d'un système, au lieu de transformations n'affectant que tel ou tel élément particulier de ce système ». Cf. John Urry. *Sociologie des Mobilités,* Armand Colin 2000, p 125.

[2] Cf. Bruno Latour, *Où atterrir ? Comment s'orienter en politique,* éditions La Découverte 2017, p 29.

IV/ Peut-on calculer un prix pour la nature et nier les externalités négatives ?

« La plupart des sociétés ont un mythe fondateur. Il est une classe de mythes qui se rapportent plus spécifiquement à l'origine de l'homme en société, soit qu'il s'agisse d'expliquer la formation de tel ou tel groupe, soit qu'on veuille apporter une raison pseudo-historique au choix de tel ou tel contrat social[1] ».

Les mythes fondateurs s'appuient sur des religions qui les légitiment. L'ordre est ainsi total et global et chaque civilisation se croit éternelle, pense avoir atteint la toute-puissance. C'est d'ailleurs ce que prophétisent leurs grands prêtres et leurs dirigeants. Le futur ne sera pas fondamentalement différent du présent et du passé. Beaucoup de choses changeront, mais les mythes originels seront confirmés à chaque instant, rien d'essentiel ne changera jamais, fin de l'histoire.

Le capitalisme ne fait pas exception et beaucoup le croient également éternel. Il est fantasmé comme un grand régulateur, celui qui préserve les équilibres éternels. Pourtant, toutes les civilisations, même les plus puissantes et durables comme la civilisation égyptienne ou l'immense Empire romain ont subi l'effondrement de leurs mythes fondateurs. Cet effondrement est lié à un choc, à une rupture dans l'équilibre du système. Jusqu'à ce choc, l'équilibre socio-économique apparaissait comme un équilibre cosmique. En détruisant cet équilibre, il détruit aussi les mythes, les représentations. La crise morale s'ajoute alors à la crise socio-économique, car la foi dans les mythes fondateurs et dans la société qui les porte s'effondre.

Ce n'est pas la fin de l'histoire, mais le début d'une autre histoire. Ce n'est pas la fin du monde, mais la fin d'un monde, la fin d'une civilisation et le début d'une autre. Le mythe fondateur de notre société est celui de son équilibre dynamique basé sur un rapport marchand de chacun avec tous. Seul ce rapport social serait envisageable. « Les Romains n'avaient pas besoin de croire, seulement de triompher. Mais nous, nous sommes soumis à un impératif historique qui exige la foi, même si elle n'est plus chrétienne.

---

[1] Cf. Jacques Lemoine, *Mythes d'origine, mythes d'identification,* L'homme 1987, tome 27 p 58.

D'une manière ou d'une autre, il nous faut croire, même si cela veut dire faire croire[1] ». Notre civilisation connaît peut-être le début d'un choc de civilisation par la remise en cause de la croyance dans le calcul monétaire comme guide de l'action et en la technologie et le marché comme outils à tout faire. Cette perte de croyance se retrouve notamment chez les jeunes, dont beaucoup ne croient plus en l'entreprise. Ils ne sont plus pratiquants ni même croyants dans de nombreux cas et veulent vivre autre chose. L'aggravation du changement climatique sera peut-être un facteur d'accélération du détachement vis-à-vis de l'entreprise et de sa logique de profit. Il est peu probable que cela touche les grands prêtres contemporains que sont les dirigeants d'entreprises et responsables politiques, car dans toutes les civilisations passées, ceux-ci croient d'autant plus dans les vertus du système existant qu'ils en sont les principaux bénéficiaires. À l'inverse, les premiers de corvée sont souvent parmi les premiers à douter du bien-fondé de la cosmogonie dominante. On retrouve cela notamment dans le constat fait par beaucoup du décalage entre le salaire et l'utilité sociale. Les métiers les plus utiles socialement sont aussi les moins bien rémunérés. Inversement, les métiers les mieux rémunérés sont en revanche très souvent ceux qui ont le moins d'utilité sociale. C'est ce que montre une étude britannique comparant l'utilité de certains métiers et leur rémunération. Ainsi, un ouvrier du recyclage est payé l'équivalent de six livres par heure de travail et chaque livre de salaire génère douze fois plus de valeur pour la collectivité. Cependant, « alors qu'ils perçoivent des rétributions comprises entre 500 000 et 10 millions de livres, les grands banquiers d'affaires détruisent sept livres de valeur sociale pour chaque livre de valeur financière créée[2] ». Le retour social sur investissement est donc largement positif pour l'activité la moins rémunérée et largement négatif pour l'activité la mieux rémunérée. On retrouve ici la contradiction entre valeur monétaire et efficacité sociale. Cette contradiction est significative de la crise morale et globale du capitalisme. Confrontées à une crise climatique globale dont il est largement responsable, les élites qui le défendent peuvent d'autant moins le remettre en cause qu'ils auraient beaucoup à perdre si les coûts environnementaux étaient pris en compte,

---

[1] Cf. Robert Harrisson, *Forêts. Essai sur l'imaginaire occidental*, Flammarion 1992, p 213.

[2] Cf. Eilis Lawlor, Helen Kersley et Susan Steed, *A bit rich. Calculating the real value to society of different professions,* New Economic Foundation 2019. Il n'est pas indifférent de noter qu'il s'agit de trois auteures.

comme nous le verrons aux chapitres 5 et 6. On retrouve cette impossibilité cognitive globale par exemple chez l'auteure du rapport sur l'Office national des forêts. « La valeur des forêts réside aujourd'hui autant, voire davantage, dans les aménités qu'elle procure que dans le bois qu'elle produit ; un hectare de forêt rapporte environ cent euros par an, en ventes de bois, mais 970 euros à la collectivité, en « externalités positives » : cueillette, chasse, stockage du carbone, pureté de l'eau, protection des habitats, biodiversité[1] ».

A/ La nature, une nouvelle marchandise ?

Dans sa définition classique, le terme aménité est synonyme de gentillesse, douceur, amabilité, politesse, civilité, etc. Il renvoie à un comportement agréable, indépendant de toute notion financière ou monétaire. Mais appliquée à l'environnement, sa signification change de nature si on peut dire. Si l'aménité d'un paysage traduit l'attrait de celui-ci, le terme débouche rapidement sur une approche monétaire pour la pensée économique dominante. Ce paysage, ce site possède un attrait et cet attrait correspond à une valeur. Cette approche n'a rien à voir avec une fiscalité environnementale. Elle correspond au contraire à une marchandisation de l'environnement[2]. La notion d'aménité que met en avant la sénatrice repose sur l'idée que la nature rend des services écosystémiques. Selon cette théorie, il faut donner un prix à ces services, ce qui revient à faire de la nature un bien marchand et non plus un bien commun. Ces prix peuvent être estimés (préférence déclarée) ou constatés (préférence révélée).

La préférence révélée analyse les prix payés par les consommateurs pour accéder à un site, une forêt, etc. Elle compare ce prix à celui pratiqué sur d'autres sites. La préférence déclarée repose quant à elle sur des enquêtes concernant le prix que les consommateurs sont disposés à payer pour accéder à ce même site. Si huit personnes interrogées répondent 1 euro, 3 euros, 3 euros, 5 euros, 8 euros, 3 euros, 5 euros et 2 euros, la moyenne est de 3,75 euros et cela correspond au « consentement moyen à payer ». La Direction générale du Trésor s'est appuyée sur ce principe et a publié une *Évaluation économique des services rendus par la biodiversité* qui estime le consentement à payer des Français pour se rendre en forêt à 10 milliards d'euros par an[3].

---

[1] Cf. Sénat.fr 13 juin 2019.

[2] Cf. Noam Chomsky, Marv Waterstone, *Les conséquences du capitalisme*, Lux édition 2021, p 228.

[3] Cf. Direction générale du trésor, n°294, décembre 2021, p 7.

Ces notions d'aménité, d'évaluation contingente, de services écosystémiques, de préférences déclarées ou révélées soulèvent une multitude de problèmes trop peu débattus. Dans ces modèles théoriques, la décision publique se construit par l'addition des choix financiers des individus (ce qu'ils payent ou ce qu'ils sont prêts à payer). Ces individus théoriques sont conformes au modèle économique dominant, ils ont les mêmes désirs, ont un accès complet et immédiat à l'information sur les prix et sont d'accord sur le principe de payer l'accès à la nature. Les réponses obtenues dépendent toujours du revenu des personnes interrogées. Plus ce revenu est élevé, plus le prix pratiqué ou envisagé sera élevé. Ainsi, diverses études montrent que les plus pauvres utilisent les véhicules les plus polluants parce qu'ils sont moins chers[1]. Ils n'utilisent pas des véhicules diesel parce qu'ils ne seraient pas disposés à utiliser des véhicules à essence ou électriques, mais parce que ces derniers sont trop chers pour eux.

De façon générale, mesurer les comportements réels ou supposés en termes monétaires ne traduit pas la volonté des individus dans l'absolu, mais leur revenu. Payer cinquante euros par mois pour limiter les émissions de CO^2 n'a pas le même impact selon que l'on gagne 800 euros par mois ou 4 000. Or, les territoires sont fortement typés en termes de revenus, certains espaces concentrent les populations à haut revenu alors que d'autres concentrent les populations à faible revenu. Le consentement à payer pour préserver un bois par exemple traduira donc davantage la sociologie du quartier ou de la ville qu'une demande sociale mesurée dans l'absolu. Dans ce contexte, quelle est la pertinence d'une étude de rationalités des choix menée à partir de ces valeurs ?

Ce biais n'est pas pris en compte dans les analyses de préférence. Il s'agit de mathématisations dépourvues de capacité descriptive, car détachées des différences de revenus entre les riverains de ces sites. Ce type d'évaluation fait disparaître le principe pollueur-payeur. Ainsi, on peut demander à un consommateur ce qu'il est prêt à payer pour éviter une pollution routière. Or, s'il est piéton, il ne fait pas partie des pollueurs et il pourra alors fixer un prix illimité pour supprimer définitivement tout usage de véhicules à moteur. On peut demander au pollueur son consentement à payer pour éviter la pollution, mais en ce cas il est en position de juge (il fixe le prix) et de partie (il est à l'origine de la pollution). Il est évident qu'il va établir un prix symbolique, comme le montre le marché du CO^2.

[1] Chapitre 6.

Enfin, si la victime de la pollution fixe le prix, elle aura sans doute le même raisonnement que le piéton et ne s'imposera pas de limite puisqu'elle ne paie pas la réparation. Ainsi, le modèle ne sait pas répondre à la question du statut du consommateur interrogé. Il n'a de sens que pour des consommateurs théoriques et des marchés théoriques. Il reste alors l'hypothèse que l'Etat fixe l'obligation de réparation ou que la loi interdise ces pollutions, mais alors il n'y a pas de marché et le modèle est vide de sens.

Dans la méthode des préférences, la valeur du bien est révélée par son prix. Il y a autant de satisfactions particulières que d'individus et l'intérêt général s'exprimerait par la somme des intérêts particuliers. Il n'y aurait pas de contrat social. « L'hypothese sous jacente est que les individus enquêtés se comportent tels des consommateurs face à ces biens environnementaux[1] ».

L'évaluation contingente repose sur des enquêtes qui dépendent du revenu des personnes interrogées.

Si on leur demande s'ils sont favorables à la hausse du prix du gazole pour financer la réduction des émissions de CO^2, on obtiendra des réponses dépendantes du pouvoir d'achat du questionné. De même, la principale méthode utilisée pour indiquer un prix à payer pour l'action envisagée est basée sur l'enchère (la somme est-elle justifiée, trop élevée, trop faible ?) jusqu'à aboutir à un montant exprimé par l'individu. Or, le système de prix dépendra fortement de la première offre présentée dans l'enchère. Estimer le consentement à payer plus cher le gazole ne donnera pas le même prix final selon le revenu de la personne interrogée, mais également selon que la première offre est de cinq euros ou de dix centimes. L'autre méthode consiste à poser des questions totalement ouvertes, mais en ce cas, l'individu n'ayant pas de système de prix pourra n'avoir aucune idée du prix possible.

Peut-être même considérera-t-il que la question n'est pas monétisable. En ce cas, il ne réagira pas en tant qu'individu/consommateur, mais en tant qu'individu/citoyen. Cette limite est sans doute fondamentale. Elle renvoie à cette réduction de l'individu à sa seule dimension de consommateur alors que ce consommateur est aussi un citoyen concerné par l'intérêt public, au-delà de son intérêt particulier de consommateur « Le postulat selon lequel un individu, confronté à une transaction hypothétique, agirait

---

[1] Cf. Stéphane Luchini, *De la singularité de la méthode d'évaluation contingente. Économie et Statistiques* n° 357/358, 2002.

(strictement) tel un consommateur face à un bien marchand n'est peut-être pas soutenable. Si ce postulat est rejeté, quel est le statut des valeurs obtenues[1] ? ».

B/ Un aveuglement sélectif

Le rapport sénatorial propose de faire de la nature un bien marchand comme les autres. L'auteure estime les aménités à 970 euros par hectare, mais elle ne mesure pas le coût des externalités négatives de la dégradation des forêts. Les économies liées à la suppression des moyens de l'Office sont calculées, mais l'apport potentiel de l'Office à l'équilibre forestier étant difficile à mesurer, cet apport disparaît de la réflexion. La réduction de la pensée à la seule technique comptable ne permet pas de croiser ces deux dimensions pour renouveler les analyses et définir des stratégies efficaces de préservation du patrimoine commun que représentent les forêts et de lutte contre les mégafeux.

Par son approche purement comptable, ce rapport considère la question des externalités comme externe à son propos. Ne pas prendre en compte le coût et l'efficacité sociale empêche de penser l'inacceptable. Les mégafeux ne sont pas le fruit de l'imagination d'oiseaux de mauvais augure. Ces feux restent, pour les gouvernements successifs qui réduisent les moyens de l'ONF, une simple hypothèse, comme les pandémies sont de simples hypothèses jusqu'à ce qu'elles se produisent. De même, si les climatosceptiques se font rares, de nombreux dirigeants politiques de nombreux pays basent leurs argumentaires sur la croyance que la technologie réglera ce problème. Mais la technologie ne suffit pas à éviter les mégafeux comme elle ne suffit pas à éviter le coronavirus ni le changement du climat. Dans les deux cas, il faut anticiper puis préparer les moyens correspondant au risque qui a été anticipé. Cela suppose par conséquent de prendre en compte la notion de risque majeur, inséparable de l'acceptation de la dépense publique comme élément de solution et non comme problème. Prendre en compte les risques suppose d'admettre qu'il faut dépenser de l'argent AVANT qu'un évènement potentiellement catastrophique n'intervienne. Il faut donc entièrement repenser la notion de coût de l'action et prendre en compte à la fois le caractère partiel du prix dans la logique marchande et le caractère partiel de la dépense dans la logique publique non marchande.

---

[1] Cf. Stéphane Luchini, *De la singularité de la méthode d'évaluation contingente. Économie et Statistiques* n° 357/358, 2002.

Mais pour cela, il faut penser en termes nouveaux. La découverte que des externalités négatives existent et qu'elles peuvent être massives rend caducs les modèles économiques actuels, l'analyse des prix et des coûts et les traités internationaux évoquant une concurrence libre et non faussée.

Cette concurrence est faussée en effet. Mais elle ne l'est pas par les mesures publiques, les régulations, le droit du travail, les services publics. Elle l'est parce que le coût de destruction de la nature n'est pas pris en compte. Le raisonnement, les contrats, les diagnostics, les budgets des nations ne prennent en compte qu'une partie de la réalité. Une fois compris cela, il devient possible de mesurer les coûts réels de l'inaction et de fixer des priorités pour sortir de l'impasse. Ceci est l'objet des deux chapitres qui suivent.

Chapitre V L'économie dominée par les groupes mondiaux est au cœur de la question climatique

« À partir du moment où la conscience se limite à une règle de décision, sans considérer les alternatives, c'est la motion même du risque qui disparaît, laissant la place à celle de destin ».
Ivar Ekeland 1991.

I/ La chance des groupes géants, leurs stratégies ont un impact climatique global, mais localement invisible

A/ Le point faible des pollutions classiques est leur caractère local et visible

Le changement du climat représente un risque global qui rend plus difficile l'identification de responsables. Cette nuisance est en effet différente des pollutions classiques connues depuis longtemps (nappes d'hydrocarbures, boues rouges, poissons morts à la surface de l'eau, nuages chimiques comme Lubrizol à Rouen, les mines du Montana, etc.). Dans ces exemples, on peut identifier des responsables et leur imputer le coût des dégâts qui sont à la fois locaux et visibles. Très souvent, les Etats se substituent aux actionnaires des entreprises, soit parce qu'elles ont disparu, soit parce qu'elles n'ont pas les moyens de payer les réparations qui leur incombent, soit encore parce qu'elles utilisent tous les artifices du droit et de la fiscalité pour échapper à leurs responsabilités. Sans oublier bien entendu le très efficace ressort du lobbying et des amitiés croisées entre le monde des affaires et certains décideurs politiques.

Mais pour l'essentiel, l'externalité négative reste visible, locale et localisée.

La pollution a lieu en un endroit précis, elle résulte d'un propriétaire ou d'un exploitant particulier. Il existe de ce fait une sorte de fléchage vers des responsables. Cela permet aux riverains, associations ou États d'engager des procédures contre les exploitants. De même, les États peuvent plus facilement être contraints par ces riverains ou associations à engager des poursuites ou à mettre en place des réglementations, amendes, impositions, etc. pour éviter ces dégâts.

Il en va différemment du changement climatique, car on ne peut pas rattacher une émission locale de CO^2 à une augmentation locale de la température. Il s'agit d'un des aspects de l'asymétrie informationnelle mise en évidence dans le chapitre introductif. La preuve d'un lien entre le climat et l'activité économique s'est construite très progressivement à partir du début des années 1960. On peut identifier trois grandes étapes dans la construction des connaissances sur le lien entre production et climat.

La première étape commence en 1961. Elle résulte des travaux fondateurs de David Keeling[1]. Il montre que le taux de dioxyde de carbone dans l'atmosphère terrestre ne cesse de croitre. Dès cette époque, les travaux se multiplient pour essayer de comprendre pourquoi ce taux augmente.

L'existence d'un lien entre réchauffement de l'atmosphère et augmentation de sa teneur en CO^2 se construit progressivement dans les années suivantes.

La seconde étape a lieu en 1979. La première convention sur le climat a lieu à Genève en février 1979. Un large consensus s'est établi à cette occasion sur le lien entre évolution du taux de CO^2 dans l'atmosphère et réchauffement. La hausse de la concentration de CO^2 dans l'atmosphère commence vers 1750, c'est-à-dire dans la période qui a précédé la révolution industrielle. Cependant, la hausse des températures est très peu marquée avant les années 1930 et devient légèrement positive au milieu des années 1970. Elle augmente plus clairement depuis cette époque et le mouvement s'accélère avec une hausse moyenne de 0,2 degré par décennie depuis. Le lien est dès lors scientifiquement démontré. Dès cette époque, il n'est plus possible de contester que l'atmosphère terrestre se réchauffe du fait d'une hausse du taux de CO^2. Dans la mesure où il y a une certaine correspondance avec les débuts de la révolution industrielle puis une accélération visible depuis la fin des années 1970, les scientifiques soupçonnent l'activité humaine d'être responsable du changement climatique.

---

[1] Le géochimiste nord-américain Charles David Keeling est le premier à établir des mesures statistiques montrant pour la première fois l'augmentation de la concentration en dioxyde de carbone de l'atmosphère. Les spécialistes de ce domaine le considèrent généralement comme un précurseur. Il a notamment rédigé une analyse de la concentration de dioxyde de carbone dans les zones rurales en 1958, une étude sur la concentration de dioxyde de carbone atmosphérique à Hawaï en 1965 et une analyse plus théorique en 1970 intitulée *Le dioxyde de carbone du combustible fossile change-t-il l'environnement de l'homme ?*

Ils observent en effet que la hausse du taux de CO^2 dans l'atmosphère, la hausse des températures et la croissance économique mondiale interviennent dans les mêmes échelles de temps et évoluent dans le même sens. Mais ces études montrent aussi que le taux de CO^2 est le même sur l'ensemble du globe, il est identique que le pays soit industrialisé ou non. Il n'est donc pas possible d'établir un lien entre une activité productive donnée et la hausse de la teneur de l'atmosphère en CO^2.

L'augmentation du taux de CO^2 dans l'atmosphère n'étant pas localisée, il est difficile de faire un lien entre cette augmentation et l'activité économique, ce qui complique l'identification des responsables.

On sait dès cette époque mesurer un effet global (la hausse des températures), mais on ne sait pas rattacher cet effet global à des entreprises particulières.

Pour l'essentiel, c'est ce qui explique que le consensus sur l'origine du changement climatique ait mis du temps à se construire[1]. La hausse de la teneur en CO^2 aurait pu être liée à des éruptions volcaniques, à des feux de forêt ou à d'autres causes naturelles. Mais ces différences hypothèses ont été progressivement éliminées.

La troisième étape intervient au début des années 1990. Les méthodologies et les instruments de calcul se sont améliorés. Le lien entre réchauffement de l'atmosphère et activité humaine est scientifiquement établi dès cette époque. Ces émissions et le changement climatique qu'elles créent ne sont pas d'origine naturelle, mais anthropique, c'est-à-dire humaine. Depuis trente ans, le caractère anthropique de ce changement ne fait plus aucun doute. Il n'est plus possible de contester scientifiquement le changement climatique ni son origine humaine. Il n'est plus possible d'évoquer les variations de l'activité solaire ou de l'inclinaison terrestre, les feux de forêt ou la volcanologie comme éléments explicatifs de la hausse de la température moyenne de l'atmosphère. Cependant, il reste impossible de dire que telle émission générée à tel endroit par telle entreprise a réchauffé l'atmosphère dans telle proportion.

---

[1] La pression des lobbies pour freiner cette reconnaissance et le financement d'études pseudoscientifiques ont contribué à ralentir la prise de conscience.

D'autre part, si le taux de CO^2 dans l'atmosphère est le même sur l'ensemble du globe, les températures n'y évoluent pas de façon homogène, il existe de grandes variations, liées à une multitude de facteurs[1].

Chacune des entreprises émettrices ou chacun des utilisateurs d'un chauffage, d'un téléphone portable ou d'une voiture contribue au changement global en émettant du CO^2. Mais pour autant la température n'a pas nécessairement augmenté là où se situe l'entreprise émettrice, l'automobile ou le téléphone portable. C'est sans doute la principale raison pour laquelle les citoyens n'ont pas agi depuis quarante ans sur ces questions. Ils peuvent plus facilement le faire lorsque le danger est clairement localisé, mais il est beaucoup plus complexe d'agir localement sur un danger qui ne s'exprime que globalement.

B/ Les cent premières entreprises mondiales sont impliquées dans les deux tiers des émissions de gaz à effet de serre

L'émission locale de CO^2 contribue au changement mondial du climat, mais pour autant il ne fait pas nécessairement plus chaud dans la cour de l'usine émettrice. De même, créer une piste cyclable ne va pas nécessairement réduire la mortalité locale. Enfin, si les scientifiques sont d'accord sur le changement climatique et l'origine anthropique de ce changement, toutes les entreprises ne sont pas responsables au même degré. Il existe de très gros émetteurs et des microémetteurs. Toutes les entreprises ne sont pas des colibris des émissions de gaz à effet de serre[2] et les plus gros émetteurs n'ont aucun intérêt à reconnaître le caractère anthropique du changement climatique. Cela engagerait leur responsabilité et donc leurs profits et patrimoines pharaoniques.

Nous faisons référence au colibri, car on peut aussi utiliser cette image pour le monde de l'entreprise. Certaines entreprises vont générer de très faibles émissions de CO^2 et d'autres des centaines de millions de tonnes. Un livreur Uber à vélo génère très peu de CO^2, il s'agit d'une entreprise colibri. Les entreprises comme Amazon et plus généralement les logisticiens mondiaux adeptes de la livraison en quasi-temps réel,

---

[1] « Des conditions géographiques semblables produiront des effets climatiques semblables, alors qu'il n'est pas vrai que des conditions atmosphériques à un instant donné produiront des conditions atmosphériques semblables un an après ». Cf. Ivar Ekeland, Au hasard. La chance, la science et le monde, Seuil 1991. P 109.

[2] Pour inciter les personnes à lutter à titre individuel contre le changement climatique, on évoque souvent l'image du colibri qui apporte de l'eau pour lutter contre un incendie. Interrogé sur son action, il répond « je fais ma part ».

les grands groupes qui ont délocalisé leurs productions sont des super-prédateurs du climat. C'est la raison pour laquelle le terme origine humaine ou origine anthropique apparaît aujourd'hui trop neutre. La responsabilité d'une cueilleuse de feuilles de thé sri-lankaise n'est pas équivalente à celle d'un milliardaire. La responsabilité des cueilleurs de rose du Kenya n'est pas de même ampleur que celle des propriétaires des exploitations qui font faire chaque année plus de 6 000 kilomètres à chacune des cent millions de roses produites. En ce sens, le terme anthropocène utilisé par le géochimiste Paul Crutzen depuis le début des années 2000 est inadapté[1]. Il met tous les humains sur un même plan, ce qui ne permet pas de comprendre les inégalités. James Scott critique l'utilisation de ce terme et différencie ce qu'il appelle l'anthropocène faible qui passe par « Les premières entreprises de défrichage au bénéfice de l'agriculture et du pâturage, avec leurs conséquences en termes de déforestation et de colmatage des cours d'eau » et l'anthropocène « fort »[2] .

D'autres auteurs interrogent ce concept, notamment Philippe Descola qui considère que « Ce n'est pas l'humanité en général qui est à l'origine de l'anthropocène, c'est un système, un mode de vie, une idéologie, une manière de donner sens au monde et aux choses que l'on a diversement appelées, selon les aspects que l'on souhaitait mettre en évidence : capitalisme industriel, révolution thermodynamique, technocène, modernité ou naturalisme[3] ». Alf Hornborg considère également que tous les humains ne sont pas responsables au même titre « Désigner notre époque comme « l'ère des humains » semble sous-entendre que le changement climatique est une conséquence inévitable de la constitution même de notre espèce. Mon objection porte sur le fait que même si le capitalisme est une potentialité inhérente à notre espèce, il n'est pas le produit inévitable de notre biologie ni un phénomène dont nous partageons tous la responsabilité[4] ».

---

[1] La première référence à ce terme remonte à 2002. Paul Crutzen y démontre qu'après des millions d'année de stabilité relative de l'atmosphère, celle-ci a vu son taux de dioxyde de carbone et de méthane augmenter à partir du XVIIIe siècle, en lien avec l'extraction de charbon et la production de charbon de bois. C'est la première fois qu'une époque géologique est créée pour prendre en compte l'activité d'une espèce, en l'occurrence l'espèce humaine.

[2] Cf. James Scott, *Homo domesticus. Une histoire profonde des premiers Etats,* Editions La Découverte 2019, p35.

[3] Cf. Philippe Descola, dans *Penser l'anthropocène,* science po les presses, 2018, p 20-25.

[4] Cf. Alf Hornoborg, même source, p 99.

Catherine Larrère et Rémi Beau partagent ce point de vue. « Parler de capitalocène, permettrait d'affecter les responsabilités. Parler d'anthropocène, ce n'est pas seulement dissimuler les responsabilités, c'est proclamer assez cyniquement que le poids des conséquences portera bien sur l'ensemble de l'humanité et pour une durée indéfinie, tout en dissimulant que nous n'en souffrirons pas également[1] ». Selon Oxfam, les 10% les plus riches génèrent 50 % des émissions mondiales de CO^2 alors que les 50 % les plus pauvres n'en émettent que 10%.

« Une personne qui fait partie des 10 % des habitants les plus pauvres au monde émet en moyenne soixante fois moins qu'une personne faisant partie des 10 % les plus riches. Les 1 % les plus riches pourraient émettre trente fois plus que les 50 % les plus pauvres et 175 fois plus que les 10 % les plus pauvres[2] ». Toujours selon OXFAM, les cent plus grands groupes mondiaux pourraient émettre 70 % du total des émissions mondiales [3]. La revue Capital reprend quant à elle une étude de l'institut à l'origine de cette analyse et affirme que vingt entreprises auraient émis 480 milliards de tonnes de CO^2 depuis 1965, soit 35 % du total des émissions mondiales[4]. Les entreprises productives ne sont pas les seules concernées. Selon une publication Les Amis de la terre/Oxfam, l'empreinte carbone des banques françaises dépasserait deux milliards de tonnes par an.

Ces banques « Soutiennent et aggravent l'addiction du système énergétique global au charbon, au pétrole et au gaz. Au cœur de l'économie, ces acteurs financiers incontournables orientent encore 70% de leurs financements énergétiques vers les énergies fossiles, responsables de 80% des émissions de CO^2 mondiales[5] ». Si chaque tonne émise était facturée 250 euros, les résultats annuels des banques françaises seraient amputés de 500 milliards d'euros, les rendant massivement déficitaires. De la même façon, si les chiffres annoncés par Carbon disclosure project sont exacts, les cent premiers groupes mondiaux généreraient 70 % des 37 milliards de tonnes de CO^2 non

---

[1] Cf. Catherine Larrère et Rémi Beau dans *Penser l'Anthropocène*, Sciences po les presses 2018, p 537/39.

[2] Cf. *Inégalités extrêmes et émissions de CO^2*, Oxfam, décembre 2015.

[3] Selon un rapport 2013 de l'ONG Carbon disclosure project en lien avec le climate accountability institute dirigé par Richard Heede.

[4] Cf. *Capital*, 09 octobre 2019, *Ces vingt entreprises émettraient un tiers du dioxyde de carbone dans le monde*.

[5] Cf. *La colossale empreinte carbone des banques : une affaire d'Etat,* Oxfam, Novembre 2019, p 3/4.

agricole. Ils contribueraient donc pour environ 6 500 milliards d'euros chaque année à la dette climatique. L'expression "origine anthropique" est donc trop générale. S'attaquer au problème impose de commencer par les gros émetteurs et non par les colibris.

Cela ne signifie pas que ces derniers n'ont rien à faire. Par principe, ils doivent faire leur part, car toute contribution positive est bonne à prendre. Mais cela n'aura aucun effet si on ne s'attaque pas aux super-prédateurs du climat que sont les entreprises géantes et leurs actionnaires. Ce sont eux qui génèrent l'essentiel des émissions. « Une étude récente évalue entre 5 et 10 % l'impact que les décisions de changement de comportement des citoyens pourraient avoir sur les émissions françaises. Un comportement très vertueux (ne plus manger de viande, ne plus prendre l'avion, etc.) entraînerait une baisse de 25 % dans le meilleur des cas[1] ». En ce sens, s'attaquer aux super-prédateurs du climat est doublement vital. Une fiscalité forte inciterait à changer le mode de production et à réduire drastiquement la circulation des marchandises, en relocalisant les lieux de production plus près des lieux de consommation. Il ne s'agit pas de punir les gros émetteurs de CO^2, mais de les contraindre à agir. Agir aura un coût et il faut imposer l'action à ceux qui considèrent l'impôt comme le mal absolu. Dans ce livre, nous évoquons constamment le marché. Cela ne signifie pas qu'il faudrait supprimer ce dernier au profit d'une économie administrée. D'une part parce que les responsabilités des entreprises colibris sont anecdotiques au regard de celles des mastodontes. D'autre part parce que l'initiative individuelle reste un moteur nécessaire. Il faut affiner l'analyse et ne pas prendre le marché comme un tout, mettant sur un même plan le livreur Uber et l'entreprise qui l'emploie. Il faut donc identifier les responsabilités des uns et des autres, au-delà des termes génériques de marché et d'anthropocène.

Tout d'abord, il faut être conscient que la finalité de notre système socio-économique n'est pas le bien être, mais la rentabilité. On ne crée pas une entreprise pour le bien de l'humanité, mais pour générer des profits, se constituer un patrimoine, éventuellement réaliser une plus-value lors de la revente, etc. La forme de marché dans lequel nos sociétés fonctionnent est le capitalisme et sa logique diffère radicalement de l'image fantasmée de producteurs, de consommateurs et de travailleurs égaux dans l'échange et dans la production.

---

[1] Cf. Laurence Tubiana, présidente de la Fondation européenne pour le climat. *La Recherche*, novembre 2020.

De la même façon, une entreprise n'introduit pas une technologie nouvelle par fascination pour la nouveauté, mais parce que cela est rentable. Il peut arriver qu'une entreprise soit créée dans un but social ou humanitaire, mais cela reste exceptionnel. Dans l'immense majorité des cas, les personnes qui souhaitent donner une orientation sociale ou humanitaire à leur activité s'orientent vers la forme associative ou coopérative. On retiendra donc que le capitalisme fonctionne de façon logique. Il vise la rentabilité et cette finalité ne doit pas être dissimulée derrière des généralités.

Enfin, en France, 66% des entreprises n'ont aucun salarié et 26% environ comptent entre un et neuf salariés[1]. La très forte croissance des structures sans salarié s'explique en grande partie par le développement des microentreprises (autoentrepreneurs), dont un grand nombre subit un statut imposé par les grands groupes mondiaux. Ce n'est donc pas l'entreprise en tant que telle qui est en cause, mais la domination des très grands groupes sur l'économie mondiale. Ce n'est pas l'ignorance ou la foi aveugle qui explique l'inertie. C'est au contraire une foi intéressée des plus riches, des grandes entreprises, des grandes banques et des dirigeants politiques qui partagent leur culture.

1. Le changement climatique est lié à l'activité humaine. Mais les humains ont une organisation sociale, basée sur des rapports inégalitaires. Non seulement le patrimoine et la richesse sont extrêmement concentrés,[2] mais les entreprises elles-mêmes ne constituent pas un ensemble uniforme.
2. On sait depuis des décennies que le climat change du fait de la croissance de la teneur de l'atmosphère en CO^2 et que cette croissance du taux de CO^2 est liée à l'activité humaine.
3. Cette activité est réalisée dans un cadre socio-économique non régulé, lequel pousse à spécialiser les sites de production, à concentrer les productions elles-mêmes et à les déplacer sur l'ensemble de la planète si cela génère davantage de profit. Ce cadre socio-économique s'appelle le capitalisme.
4. Le changement climatique et le capitalisme contemporain ont partie liée dans la mesure où la logique du profit structure l'ensemble de notre système socio-économique.
5. La somme des profits n'est pas le seul élément à prendre en compte. Ce qui est déterminant est la structuration de l'économie pour

[1] Source INSEE.

[2] Voir plus loin Thomas Piketty, *Le capital au 21 ème siècle,* Seuil 2013.

réaliser ce profit. Si une augmentation du taux de profit de 5% passe par la suppression de milliers d'emplois et le transport de centaines de milliers de tonnes de marchandises sur des milliers de kilomètres, l'entreprise choisira de délocaliser la production et de générer des millions de tonnes de CO^2 supplémentaires. S'il faut produire des milliards de tonnes de CO^2 chaque année pour garantir la rentabilité des cent principaux groupes mondiaux, ces milliards de tonnes de CO^2 seront produits.

Il suffit de reprendre les chiffres précédents montrant qu'une tonne de CO^2 devrait être imposée autour de 250 euros. Si les émissions mondiales étaient imposées à ce niveau, la rentabilité des entreprises serait moindre. Mais surtout, l'économie serait structurée autrement, le circuit court serait la règle et la production serait moins mondialisée, plus locale. Ce qui ne veut pas dire que le repli sur soi serait la règle, car la bonne entente entre les nations et les peuples et la circulation des marchandises et des capitaux ne sont pas la même chose. Les grands groupes qui dominent l'économie mondiale et influencent en profondeur les instances internationales ont donc tout intérêt à masquer les coûts environnementaux qu'ils génèrent. C'est la raison pour laquelle le prix de la tonne de CO^2 est resté symbolique et que rien n'a été sérieusement mis en œuvre pour lutter contre le changement climatique.

II/ Arrivons nous à la fin de l'asymétrie informationnelle ?

A/ L'invisible devient visible

Nous avons montré que pour réaliser vingt centimes de profit, une entreprise pouvait générer des externalités négatives 50 fois plus importantes. Au lieu de vingt centimes de profit, elle devrait donc générer 10 euros de pertes si le coût environnemental de sa production était pris en compte. Ce coût qui n'est pas intégré dans les bilans des entreprises est présent dans le bilan mondial, sous forme de changement du climat. Le coût environnemental généré pour réaliser ce profit n'existe pas pour l'entreprise. Les actions individuelles et visibles des entreprises sont dissociées de leurs conséquences souvent invisibles jusqu'à récemment. Mais cette somme de micro-actions génère des macro-conséquences désormais visibles, le climat change.

Finalement, l'asymétrie informationnelle persiste au niveau de l'entreprise, mais elle disparaît au niveau mondial.

Cela se produit parce que le changement climatique est désormais mesurable et que les mécanismes qui le produisent sont décrits et démontrés. Désormais, les pollutions que génèrent ces groupes géants et mondialisés sont sorties de leur invisibilité. La croissance des échanges mondiaux de marchandises génère chaque année des dizaines de milliards de tonnes de gaz à effet de serre. Ces émissions ont fini par déstabiliser le climat, créant un réchauffement global, produit de la course au profit. Les mégafeux sont la partie la plus visible et immédiatement impactante de ce changement. Leur ampleur, leur durée, leur caractère menaçant y compris pour de très grandes villes, tout cela rend le changement climatique compréhensible pour chacun. Cette visibilité change la perspective pour l'avenir immédiat. Ce qui constituait un atout pour les groupes mondiaux (l'invisibilité des effets négatifs de la production) disparaît avec la généralisation mondiale de ces effets négatifs. L'invisible est devenu visible, sans recourir à la pensée magique. C'est ainsi la logique économique actuelle qui apparaît de plus en plus basée sur une pensée magique.

Causes et conséquences sont supposées ne pas avoir de lien.

Une croissance infinie dans un monde fini est supposée possible.

Il serait possible d'émettre des masses gigantesques de gaz créant un effet de serre, sans que ces gaz n'aient d'impact, sans qu'ils réchauffent leur environnement.

La pensée magique est au cœur de toutes les religions, elles ont toutes leurs mythes fondateurs. Mais que l'on croie ou pas dans l'efficacité du marché, le caractère global et visible du changement climatique met un terme à l'invisibilité des conséquences de la logique de profit.

B/ Quel lien entre augmentation des émissions de CO^2 et place du profit dans notre société ?

C'est toute la société qui est organisée autour de la production et de la circulation mondiale de biens à obsolescence programmée. Ce modèle qui s'appuie sur la livraison en quasi-temps réel suppose des méga entrepôts, du surstockage de biens puis leur destruction lorsque la mode est passée. Mais sa logique ne se limite pas à la production. La séparation accrue entre les lieux de vie et les lieux de travail favorise l'étalement urbain et impose davantage de déplacements subis, notamment pour les plus pauvres qui ne peuvent vivre dans les lieux centraux. Cette organisation globale de la société nourrit le profit, mais impacte trop le climat. Ce critère unique de décision ne peut plus guider la planète et il faut prendre en compte ses conséquences.

C'est en ce sens que l'on peut interpréter l'avertissement du mathématicien Ivar Ekeland. Il nous faut désormais penser les alternatives, faute de quoi nous soumettons notre avenir au destin, c'est-à-dire au bout du compte à la pensée magique. L'augmentation constante des émissions résulte de choix économiques cohérents car générateurs de profits. Les conséquences de ces choix sont désormais visibles et cette visibilité peut contribuer à rééquilibrer les rapports entre les Etats et le marché. Mais les grands émetteurs de CO^2 ne restent pas passifs devant ces évolutions. Ils cherchent de plus en plus à soumettre le droit international à leurs normes, en niant le lien entre émissions de CO^2 et changement climatique, entre profitabilité et négation des externalités, en rejetant les scénarios de rupture qui imposeraient des actions contraignantes, en refusant l'impôt au prétexte que leurs patrimoines ruissellent sur les plus modestes, en accélérant et généralisant les accords transnationaux qui soumettent les États aux impératifs de profit des entreprises, notamment des groupes géants.

III/ Soumettre davantage le droit international au droit des affaires ?

De tout temps, lorsque les intérêts privés sont en position de force, ils cherchent à en tirer profit comme l'illustre de 1840 à 1842 la guerre de l'opium entre la Grande-Bretagne et la Chine. Dans la première moitié du XIXe siècle, la British India Company a fait fortune en exportant de la drogue vers la Chine dont le gouvernement chinois voulait interdire le trafic. « En 1840, la Grande-Bretagne déclara dûment la guerre à la Chine au nom du libre-échange. Suivit un traité de paix, par lequel la Chine accepta de ne pas restreindre les activités des marchands de drogue et de les indemniser des dommages infligés par sa police[1] ». Des intérêts privés sont à l'origine de cette guerre, menée au nom de la libre circulation des marchandises. L'époque contemporaine est marquée par la même volonté de soumettre le droit international aux règles du marché. Les États ne doivent en aucun cas s'opposer à ces règles sous peine de sanctions. Ces sanctions sont désormais des indemnités considérables, fixées par des tribunaux privés et versées aux entreprises. Deux accords internationaux sont emblématiques de cette nouvelle étape dans la suprématie du marché,

[1] Cf. Yuval Noah Harari *Sapiens, une brève histoire de l'humanité*, Albin Michel 2015, p 380/81.

le TAFTA et le CETA. Le projet TAFTA ou Trans-Atlantic Free Trade Agreement (accord commercial transatlantique) se caractérise par le caractère secret des discussions préparatoires, entamées au début des années 2000, mais rendues publiques qu'à partir de 2013. L'accord prévoit de créer une zone de libre-échange entre l'Union européenne et les États-Unis représentant environ 45 % du PIB mondial.

Ce projet ne peut qu'accélérer la circulation des marchandises et donc les émissions de CO^2.

LE CETA ou Comprehensive Economic and Trade Agreement a été signé en octobre 2016 entre l'Union européenne et le Canada. Il va également accélérer la circulation des marchandises et donc les émissions de CO^2. Mais un autre point est particulièrement préoccupant. L'accord prévoit de renforcer les possibilités de recours des entreprises à des tribunaux privés pour régler leurs litiges avec les Etats si elles sont en désaccord avec une politique publique. Elles ne passeront donc plus par les juridictions nationales, comme la chambre arbitrale internationale de Paris.

Le principe de règlement à l'amiable des différends commerciaux est né après la Seconde Guerre mondiale au moment des accords de Bretton Woods. Dès les années cinquante, l'ISDS (« Investor State Dispute Settlement » ou mécanisme de règlement des différends entre investisseurs et Etats) crée un système de justice parallèle au droit des Etats pour vérifier que le contenu des accords est respecté. Ce dispositif s'est renforcé au fil des années. Il permet d'attaquer les États devant un tribunal d'arbitrage. C'est en particulier le rôle du Centre international pour le règlement des différends relatifs aux investissements (CIRDI), organisme dépendant de la Banque mondiale dont le siège est situé aux États-Unis. L'un des arbitres est nommé par l'entreprise, le deuxième par l'Etat concerné et le troisième par la Cour permanente d'arbitrage. « L'objectif est de donner plus de pouvoir aux entreprises face aux Etats, en permettant par exemple à une multinationale américaine d'attaquer la France ou l'Union européenne devant un tribunal arbitral international, plutôt que devant la justice française ou européenne[1] ».

L'entreprise et l'Etat sont donc mis sur un même plan, la cour permanente d'arbitrage étant supposée neutre. Progressivement, ce tribunal en est venu à remettre en cause les réglementations des Etats en matière de santé, d'environnement et de politiques sociales au travers d'un critère aussi simple que pervers : les mesures prises par les Etats

[1] Cf. Dictionnaire du commerce international.

freinent elles la concurrence ? Si cela est confirmé par le tribunal, l'Etat en cause peut être condamné. Ainsi, les énergéticiens allemands ont demandé 3 milliards d'euros de dédommagement à la suite de la sortie allemande du nucléaire[1]. De la même façon, l'Argentine doit indemniser Suez autour de 600 millions d'euros pour avoir fixé un prix maximum à l'eau et repris sa gestion directe à Buenos Aires et Santa Fe [2]. Projetons-nous dans l'avenir. Face au risque climatique, on peut imaginer que des Etats ou des institutions internationales mettront en place une fiscalité environnementale qui augmentera les coûts et sera accusée de fausser la concurrence. Ces traités permettront aux entreprises géantes de contester le bien-fondé des impositions et de demander leur abrogation

L'action contre le changement climatique ne doit plus pouvoir être contestée devant ces tribunaux. Le marché doit se soumettre à l'intérêt général. Cela est d'autant plus indispensable que si les entreprises peuvent attaquer les États, les Etats ne peuvent attaquer les multinationales. C'est d'ailleurs ce que fait comprendre la convention-cadre des Nations unies qui indique dès 1992 que les mesures qui seront prises en matière climatique ne doivent pas nuire au commerce.

« Il convient d'éviter que les mesures prises pour combattre le changement climatique, y compris les mesures unilatérales, constituent un moyen d'imposer des discriminations arbitraires ou injustifiables sur le plan du commerce international ou des entraves déguisées à ce commerce[3] ». Pour le dictionnaire Larousse, unilatéral signifie « Qui a pour origine, ou qui engage une seule des parties en présence ». En droit, le terme désigne « Un acte juridique qui émane de la volonté d'une seule personne (testament) ou qui ne fait naitre d'obligations qu'à l'égard d'une partie (contrat de prêt)[4] ». Pour l'ONU, des mesures prises pour lutter contre le changement climatique seraient arbitraires si elles créaient des entraves déguisées au commerce international.

---

[1] « La fermeture anticipée des réacteurs a représenté un manque à gagner pour les exploitants. Ils doivent recevoir une compensation financière, estime la Cour constitutionnelle de Karlsruhe ». Cf. *La croix*, six décembre 2016. Le montant final négocié serait autour d'un milliard d'euros. L'indemnité de sortie future du charbon est estimée quant à elle à 4,3 milliards d'euros selon *La Tribune* du 6 janvier 2020.

[2] Cf. *Les Echos* 26 avril 2019.

[3] Cf. *Convention cadre des Nations-Unies sur les changements climatiques*, Organisation des Nations Unies, 1992, https://climat.be/politique-climatique/internationale/convention-cadre-des-nations-unies/principes,

[4] Cf. Dictionnaire Larousse.

L'organisation mondiale considère que l'intérêt des entreprises prime sur le climat. Elle s'inscrit ainsi dans le droit fil du Fonds monétaire international qui considère que « rien n'est plus important que le commerce mondial ». De fait, les lois nationales et internationales sont considérées comme inférieures aux lois du marché. Ce renversement des priorités qui fait de l'intérêt particulier des entreprises une valeur supérieure à l'intérêt collectif n'est pas acceptable. L'aveuglement dogmatique qui consiste à rêver d'une croissance infinie, affranchie des limites de la planète traduit l'incapacité de ces institutions à comprendre le monde contemporain. Elles ne sont plus capables d'apporter des solutions efficientes parce qu'elles ne savent pas penser la complexité. De fait, ces traités cherchent à figer la société dans un fonctionnement économique dépassé, inadapté aux défis contemporains.

Enfin, ces accords empêchent de revenir sur des décisions prises par des élus. Ainsi, si des Etats ou des collectivités constatent que la privatisation d'un service s'est révélée peu efficace et coûteuse, le nouveau cadre légal leur interdirait tout retour en arrière. De telles dispositions seront paralysantes pour des candidats qui feraient campagne sur un retour dans le giron public de l'eau, des transports, de l'énergie, des banques et/ou des assurances. Il en serait de même pour des collectivités qui souhaiteraient agir sur les questions climatiques. Ce ne sont donc pas seulement les actions nationales ou internationales qui seront rendues impossibles si ces traités deviennent la norme mondiale, ce sont aussi les actions locales qui pourraient contrevenir à la profitabilité. On peut imaginer par exemple que certaines collectivités interdisent sur leur sol les entrepôts supérieurs à 3 000 m^2 ou les hypermarchés de périphérie [1]. Leur décision pourra être attaquée devant ces tribunaux. Il en sera de même pour des Etats qui mettraient en place un système d'assurance maladie universelle, pour des collectivités limitant la circulation de véhicules de livraison d'un certain gabarit, etc. Cela revient à considérer que ces entreprises expriment l'intérêt général, ce qui fait du vote une décision secondaire au regard des règles des marchés.

[1] La stratégie des grands groupes mondiaux dont Amazon repose notamment sur l'implantation d'entrepôts géants localisés dans des nœuds de circulation et à proximité de pôles importants de populations. Ils anticipent ce faisant la mise en place des véhicules de livraison à délégation de conduite. Le développement de ces formes de commerce en ligne accélère la disparition des petits commerces de centre-ville.

Les lois et règlements ne doivent pas contrevenir aux intérêts des entreprises et cette mise en sommeil de la démocratie n'est soumise à aucun débat.

Parce qu'ils représentent une menace pour la démocratie et qu'ils ne peuvent qu'aggraver le changement climatique par leurs décisions, ces tribunaux doivent être dissous.

À partir du moment où nous savons qu'il existe des coûts environnementaux et disposons d'un ordre de grandeur de leur impact, ces tribunaux n'ont plus d'objet. Et de même, les dispositions que préconisent les organisations internationales comme le FMI n'ont plus d'objet. Si stabiliser le changement climatique passe par une réduction du commerce mondial, il faut faire passer le commerce après le climat.

IV/ Davantage de commerce international produit davantage de gaz à effet de serre

A/ Progression du commerce mondial et émissions de gaz à effet de serre sont liées

Les rapports du GIEC et la progression constante des émissions de CO^2 montrent que davantage de circulation de marchandises se traduit par davantage d'émissions de CO^2**.** Il y a une forte concordance entre le développement du commerce international et la progression des émissions mondiales de CO^2. La conférence de l'ONU en juin 2019 sur le climat a rappelé que les émissions mondiales de CO^2 étaient inférieures à 9 milliards de tonnes en 1959[1]. Ces émissions ont donc été multipliées par quatre en soixante ans. Laurence Tubiana rappelle de son côté que la trajectoire actuelle des émissions devrait amener les rejets mondiaux autour de 53 milliards de tonnes en 2030[2]. On passerait ainsi de neuf milliards de tonnes en 1959 à 53 milliards soixante-dix ans plus tard, soit une multiplication par six !

L'Organisation mondiale du commerce met en avant le fait que le volume du commerce mondial est en 2020 environ quarante fois supérieur à celui enregistré aux premiers jours du GATT « La valeur du commerce mondial s'est envolée et est aujourd'hui près de 300 (274)

---

[1] Cf. Conférence de Bonn sur le changement climatique, Organisation des Nations Unies, juin 2019, https://unfccc.int/fr/processus-et-reunions/les-conferences/bonn-climate-change-conference-june-2019/conference-de-bonn-sur-le-changement-climatique-juin-2019.

[2] Cf. *La Recherche*, novembre 2020.

fois plus élevée qu'en 1950. Le volume et la valeur du commerce des marchandises ont fortement augmenté depuis la création de l'OMC en 1995 [1]». Cette explosion ne repose pas sur des coopérations internationales, dans lesquelles chacun apporte ses compétences ou ressources à des projets mutuellement avantageux. Il s'agit d'une croissance qui repose sur la spécialisation internationale. Les marchandises ou services circulent d'un site à un autre, d'un continent à un autre en fonction des différences de coûts. Mais comme nous l'avons vu, cette réduction du coût pour l'entreprise se traduit par un coût croissant pour l'humanité. Les profits sont privés et les pertes collectives. Ce modèle n'est plus soutenable, les émissions de gaz à effet de serre dépassent depuis des décennies les capacités de la planète à les absorber. Mais le modèle économique qui génère ces émissions ne connaît pas d'inflexions, il s'approfondit et accélère, largement aidé par les prises de position de l'ONU, de l'OMC, du FMI et le refus des dirigeants mondiaux de prendre en compte les coûts climatiques.

---

[1] Cf. *Évolution du commerce dans le cadre de l'OMC : statistiques utiles*, Organisation mondiale du commerce 2021, https://www.wto.org/french/res_f/statis_f/trade_evolution_f/evolution_trade_wto_f.htm. Onze août 2021.

Graphique 2

Évolution du commerce mondial de 1950 à 2020. Base 100 en 1950[1]..

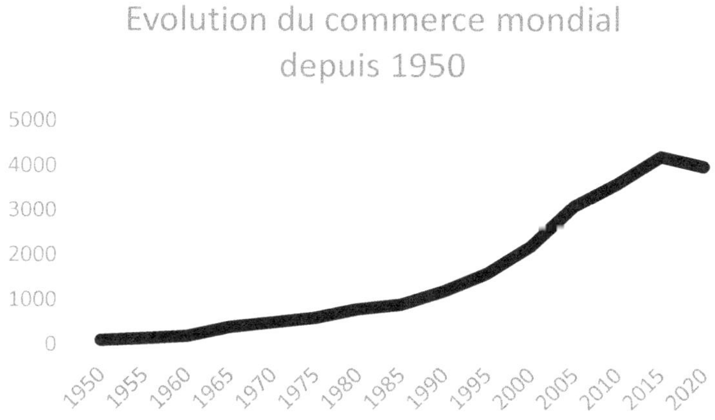

Même si les consommateurs réduisaient massivement leurs émissions (aucun voyage en avion, suppression de la consommation de viande, utilisation maximale du vélo et du co-voiturage, recyclage systématique des produits, très forte réduction des achats compulsifs, etc.), cela ne suffirait pas à rétablir la situation. Si les consommateurs changeaient totalement leurs pratiques, mais que les entreprises restaient totalement libres de poursuivre les leurs, cela se traduirait par deux mouvements de sens contraire, sans impact sur le volume mondial d'émissions :

- Baisse des émissions des ménages de dix milliards de tonnes d'équivalent CO^2 dans le meilleur des cas d'un côté.
- Hausse des émissions des entreprises (notamment les groupes géants) d'environ dix milliards de tonnes d'équivalent CO^2 de l'autre.

Il n'y a aucune rupture dans le remplacement de dix milliards de tonnes de CO^2 provenant des ménages par dix milliards de tonnes de CO^2 provenant des entreprises. Le problème est systémique. La croissance des émissions est liée à une certaine logique économique et à des groupes mondiaux ancrés dans cette logique. Celle-ci est cohérente avec la recherche du profit, elle ne l'est pas avec la préservation du climat.

---

[1] Cf. Organisation mondiale du commerce. https://data.wto.org/

B/ On ne peut comprendre pourquoi rien ne change si on ne comprend pas les divergences d'intérêts entre groupes sociaux.

Certains individus ont intérêt à conserver le système socio-économique tel qu'il est parce que cela correspond à l'intérêt de leur groupe social et au leur en tant qu'individu. Le groupe social qui bénéficie d'un système socio-économique est le plus souvent dans l'histoire très minoritaire en nombre, mais il concentre les richesses et le pouvoir. À l'opposé, un groupe social souvent très majoritaire en nombre ne bénéficie pas de ce système voire le subit. Il possède une faible part des richesses et n'accède pas au pouvoir. Dans ce groupe social majoritaire en nombre, une partie des individus peut s'opposer au groupe dominant et exiger une répartition plus égalitaire des richesses et du pouvoir. Il existe donc un conflit d'intérêts entre groupes sociaux. Le groupe social minoritaire qui en profite veut conserver ce système social et économique. Le groupe social majoritaire qui le subit ou une partie de ce groupe peut au contraire vouloir le changer.

Dans les civilisations plus anciennes, cette contestation était hérétique. Ceux qui s'opposaient à l'ordre social s'opposaient à l'ordre cosmique et étaient punis de mort. De nombreux historiens ont mis en évidence les conflits entre dominants et dominés, notamment dans des contextes d'épuisement des ressources naturelles. Jared Diamond démontre que dans ces périodes, ceux qui possèdent les richesses et le pouvoir ne veulent pas remettre en cause leur statut social et leurs avantages. « Certains individus adoptent un comportement dommageable à d'autres. Ils se sentent en sécurité parce qu'ils sont peu nombreux et très motivés par la perspective de réaliser des profits importants, certains et immédiats, alors que les pertes se distribuent sur un grand nombre d'individus[1] ». L'existence d'un groupe social dominant dont les membres ont les mêmes intérêts se retrouve dans le Grand Nord comme en Amérique centrale. « Comme la plupart des dirigeants au cours de l'histoire humaine, les rois et les nobles Mayas n'ont pas pris garde aux problèmes à long terme, à supposer qu'ils les aient entrevus[2] ». Après avoir étudié différentes sociétés[3] dont les élites ont refusé de remettre en cause le modèle qui les enrichissait, mais épuisait les ressources naturelles, Jared Diamond enfonce le clou. « À long terme, les riches ne garantissent pas leurs intérêts et ceux de leurs

---

[1] Cf. Jared Diamond, *Effondrement*, Gallimard 2005, p 399.

[2] Ibid, p 278.

[3] Île de Pâques Iles Pitcairn en Polynésie, indiens Anasazis du sud-ouest des États-Unis, Mayas d'Amérique centrale et Vikings du Groenland.

enfants s'ils règnent sur une société en voie d'effondrement, ils s'achètent seulement le privilège d'être les derniers à mourir de faim[1] ».

On ne peut comprendre les risques d'effondrement écologique d'une société si on ne comprend pas les motivations du groupe social dominant.

C'est également ce que conclut Clive Hamilton qui indique que « Quand les individus deviennent plus riches, ils deviennent aussi plus réfractaires à l'idée de perdre leurs biens[2] ». Jean Baptise Comby exprime un point de vue identique pour la période contemporaine « Le confinement de la question climatique aux enjeux de l'atténuation des émissions de gaz à effet de serre masque les inégalités face au problème et met tout le monde dans le même bateau (mais) les membres des classes privilégiées bénéficient d'un accès privilégié aux canots de sauvetage[3] ». L'opposition entre l'intérêt particulier d'un groupe social et l'intérêt général n'est donc ni nouvelle ni localisée. Partout et de tout temps, ceux qui bénéficient d'un système cherchent à le conserver. Nos sociétés sont confrontées à la même croyance mystique dans les vertus du marché, des technologies et de la concurrence, entretenue par le groupe social qui possède les richesses et le pouvoir. L'intérêt de ce groupe est de conserver ce système socio-économique alors que l'histoire montre qu'il peut perdre sa cohérence interne. C'est à ce moment qu'émergent d'autres projets, d'autant plus crédibles que les dysfonctionnements deviennent visibles. Pour sortir de l'impasse, nous avons besoin d'une nouvelle cohérence. Celle-ci devra remettre en cause les spécialisations mondiales et l'excès de circulation des marchandises. Ce qui nous différencie des civilisations passées va donc au-delà de la répartition des richesses.

En effet, c'est l'organisation capitaliste qui est à l'origine des émissions croissantes de CO^2. Le changement de modèle n'est possible que si nous cessons de considérer la question climatique comme un problème individuel et secondaire. Il s'agit d'un problème collectif et sociétal qui ne se réduit pas aux comportements individuels. Présenter les individus, comme également responsables, évite de regarder de plus près les très gros émetteurs. Sortir de cette impasse nécessite de repolitiser la question climatique.

---

[1] Cf. Jared Diamond, *Effondrement*, Gallimard 2005p 777.

[2] Cf. Clive Hamilton, dans *Penser l'anthropocène*, science po les presses 2018, p 48.

[3] Cf. Jean-Baptiste Comby, *La question climatique. Genèse et dépolitisation d'un problème public,* Raisons d'agir éditions, 2015, p 147/48.

C/ Puisque rien ne change, il faut accuser les colibris

« Soutenir que les solutions au problème climatique se logent d'abord dans les arbitrages des individus et des ménages, épargne par là même les solutions qui seraient plus structurelles et systémiques. Les modes de répartition des privilèges tout à la fois patrimoniaux et moraux sont ainsi conservés et les critères établis de la réussite renforcés ».

Jean Baptise Comby 2015

L'histoire du colibri qui fait sa part dans la lutte contre un incendie est belle, mais trompeuse. Dans la réalité, si l'incendie n'est combattu que par des colibris, il poursuivra ses ravages. Les responsabilités des gros émetteurs sont des milliers de fois plus importantes que celles des petits émetteurs. Ainsi, s'il est légitime de mettre en avant l'action des colibris, cela ne doit pas masquer l'inaction des gros générateurs de gaz à effet de serre. Dans toutes les sociétés, ceux qui possèdent la richesse et le pouvoir cherchent des boucs émissaires pour détourner l'attention de leurs responsabilités particulières. Ce comportement est logique, il n'a rien de complotiste et sert à préserver les intérêts du groupe dominant.

Jean Baptiste Comby est un des auteurs qui a le mieux décrypté ce mécanisme. « En contribuant à faire du climat un problème individuel, l'Etat et ses services produisent de la méconnaissance sociale, dans la mesure où cela amène à taire les points de vue qui remettent en cause moins les individus que l'organisation politique et économique du monde social[1] ». Il insiste sur « Les discours écocitoyens (qui) font écran aux contributions inégales des différents groupes sociaux au problème climatique[2] ». La responsabilité du groupe social dominant dans la hausse des émissions de gaz à effet de serre est masquée par une mise en scène des responsabilités des individus. Il existe une certaine proximité entre l'insistance sur les responsabilités individuelles dans le changement climatique et les théories du complot. Dans les deux cas, l'attention est portée sur les individus et non sur les systèmes. Pourtant, ce sont les plus pauvres des pays pauvres, mais aussi les habitants et travailleurs pauvres des pays riches qui subiront le plus fortement la rupture climatique.

---

[1] Cf. Jean-Baptiste Comby, *La question climatique. Genèse et dépolitisation d'un problème public,* Raisons d'agir éditions, 2015, p 110.

[2] Ibid, p 164/65.

La ville de Corbeil-Essonnes, située dans le département de l'Essonne (Île-de-France) est l'exemple de ce risque social.

V/ L'inégalité sociale face au changement climatique illustrée par Corbeil-Essonnes

Les modèles utilisés par les scientifiques français regroupés au sein de la plate-forme Climeri-France tablent sur une augmentation des températures moyennes plus importante que ce qui était calculé près de dix ans plus tôt (en 2012). La hausse de la température moyenne mondiale ne sera pas la même partout. Les travaux disponibles indiquent que les hivers pourraient être plus froids et pluvieux dans l'ouest de l'Europe, mais les étés beaucoup plus chauds et secs. Ce qui ressemblerait à un temps de mousson. Dans ces la plus pessimiste table sur une hausse moyenne maximum de 6,5 à 7 degrés. Aucun scénario ne permet plus de rester strictement sous deux degrés de hausse moyenne[1] et les scénarios intermédiaires se situent désormais souvent plus près de quatre degrés que de l'objectif initial de deux degrés. Tous ces éléments convergent vers un futur climat très différent de celui que nous avons connu. D'après météo-France, « Les modèles simulent des vagues de chaleur plus intenses et plus fréquentes sur la France, en cohérence avec les évolutions observées sur les dernières décennies. Les modèles confirment que cette tendance va se poursuivre au moins dans les deux décennies qui viennent, quel que soit le scénario considéré[2] ». Une simple deux degrés), moyennes (+ quatre degrés) et hautes (+ sept degrés) à la température moyenne de la commune de Corbeil-Essonnes permet de se représenter ce qu'il se passerait si la situation locale devait correspondre au risque maximal estimé au niveau mondial. Ce scénario se traduirait par au moins soixante jours consécutifs à plus de 32 degrés (tout juillet et tout août) et un total de 120 jours consécutif au-delà de 29 degrés. De telles températures ne permettent pas le refroidissement nocturne.

---

[1] Cf. *Changement climatique, les résultats des nouvelles simulations françaises*, CNRS, 17 septembre 2019.

[2] Cf. *Changement climatique, quel climat futur ? projections climatiques*, Météo France consulté le premier mars 2021, https://meteofrance.com/changement-climatique/quel-climat-futur/projections-climatiques-passer-du-global-au-local.

Le scénario intermédiaire autour de quatre degrés amène juillet et août au seuil de la canicule constante, avec des conséquences physiologiques très éprouvantes. Le scénario deux degrés supplémentaires est quant à lui désormais hors de portée tenant compte de l'inertie du climat et de l'absence de mesures permettant de tenir l'objectif. Il reste toutefois possible de ne pas s'en éloigner si notre modèle économique est remis en cause.

Ces extrapolations peuvent aider à anticiper les conséquences, différentes selon les périmètres, l'artificialisation des sols, la morphologie des îlots et quartiers, etc. Corbeil-Essonnes peut être qualifiée de ville populaire. Elle compte une importante population d'employés et d'ouvriers, une faible proportion de professions dites supérieures, le nombre d'emplois dans la commune est assez élevé, le taux de chômage y est relativement bas, mais le revenu moyen est faible. Cela tient en particulier aux emplois employés et ouvriers, moins rémunérés que les emplois de cadre supérieur ou intermédiaire. Ce revenu moyen plus faible résulte également du pourcentage élevé de temps partiels, notamment pour les femmes. Comme partout en France et probablement dans le monde, les femmes sont à la fois plus diplômées que les hommes, mais plus souvent au chômage ou à temps partiel, davantage en emplois précaires et avec un taux de salaire horaire plus faible.

D'autre part, cette ville possède à la fois de l'habitat individuel dont une partie en lotissement et un parc de logements sociaux significatif (environ 25% du parc[1]). Enfin, la Seine et l'Essonne traversent la ville. « Une majorité de la commune présente une importante vulnérabilité alors que les zones pavillonnaires et les périmètres les moins denses sont les moins soumis aux conséquences de l'îlot de chaleur[2] ». Dit autrement, les quartiers qui seront les plus sensibles au changement climatique sont aussi ceux où les gens auront le moins de moyens financiers pour se protéger contre ces changements. Il faut se représenter deux à quatre mois par an avec une température moyenne qui atteint voire dépasse trente degrés. Cela signifie des « nuits tropicales », au cours desquelles la température ne descend plus au-dessous de vingt degrés.

[1] Toutes les données proviennent de *dossier complet Commune de Corbeil-Essonnes*, INSEE. https://www.insee.fr/fr/statistiques/2011101?geo=COM-91174

[2] Cf. Souami Taoufik, *Étude sur l'état de l'environnement et la transition écologique à Corbeil-Essonnes,* mars 2021, pp 35/36.

Cela ne permet pas de récupérer de la fatigue de la journée lorsqu'on ne dispose pas de systèmes de refroidissement de l'air ambiant. Des températures aussi élevées pendant des semaines sont extrêmement fatigantes pour les organismes. Les personnes âgées, les enfants en bas âge, les handicapés et les personnes souffrant de maladies chroniques sont les plus fragiles face à ces températures. Mais les personnes travaillant en extérieur sont également en risque sanitaire élevé, opérateurs dans le bâtiment et les travaux publics, salariés en ateliers, commerces ou entrepôts non climatisés, livreurs en deux roues, y compris motorisés du fait des équipements de protection (casque, blouson), etc.

Dans les zones sans ombre et non arborées, la température serait très élevée, l'artificialisation des sols renvoyant de la chaleur. Le risque de syncope, de déshydratation ou d'insolation serait augmenté, pour les scolaires, les promeneurs et plus généralement les personnes restant plus de deux heures en extérieur. Selon que l'on réside en habitat collectif ou individuel, que l'on dispose d'îlots de fraicheur ou non à proximité, d'un jardin ou non, que l'on possède les moyens d'acheter des systèmes de rafraichissement de l'air ou non (et les moyens de couvrir les frais d'énergie correspondant), on sera plus ou moins en mesure de protéger son habitation contre ces températures. Mais il faut également prendre en compte le métier exercé, selon que l'on travaille dans un bureau climatisé ou en extérieur. Certaines personnes auront donc à subir une double contrainte :

- Habitat mal protégé contre les grandes chaleurs, sans systèmes de rafraichissement et sans îlot de fraicheur personnel (jardin) ou collectif (square).
- Travail exposé aux canicules.

Tout montre ainsi que le changement climatique aura des effets socialement très inégalitaires, renforçant très probablement la mortalité dans les ménages les plus modestes et les métiers les plus exposés aux fortes chaleurs. Dans les communes populaires comme Corbeil-Essonnes, il est très probable que ces inégalités se retrouveront dans des taux de mortalité plus élevés si l'action contre le changement climatique reste symbolique. Mais le risque ne se limite pas aux températures, il concerne également le régime des précipitations. Une pluviométrie accrue suivie d'une longue période de sécheresse et de canicule aura un impact au-delà de la seule question sanitaire.

- Un climat plus humide l'hiver avec de fortes précipitations et plus sec et chaud l'été impacterait l'ensemble de la végétation et la fragiliserait, qu'il s'agisse du fourrage, des essences d'arbres, de la végétation urbaine ou des productions agricoles.
- Les sols seraient affectés par ce changement, notamment dans les zones de coteaux, ce qui est le cas de Corbeil-Essonnes comme de très nombreuses autres communes. Ce changement du régime climatique affecterait également les habitations, avec le risque de voir les fissures se développer, le sol sous les habitations étant déstabilisé par l'excès d'eau puis la sécheresse. Le déficit hydrique amènerait en effet une contraction des sols, notamment argileux, puis sa dilatation lors de la saison des pluies. On estime à plus de 4,5 millions le nombre d'habitations potentiellement concernées en France métropolitaine.
- Le débit des rivières serait modifié, il pourrait être plus important dans la saison humide avec des risques d'inondations, mais beaucoup plus faible l'été avec des conséquences en chaîne : dégradation de la qualité de l'eau, incapacité à fournir le débit nécessaire pour les tours de refroidissement des centrales nucléaires, dégradation de la faune et de la flore, réduction des possibilités de pompage pour les activités agricoles, etc.
- L'augmentation des pluies pourrait nécessiter le redimensionnement des collecteurs d'eau de pluie. Cette question se posera dans l'ensemble des communes de France.
- L'alternance de niveaux plus élevés l'hiver pour les rivières avec des niveaux anormalement bas l'été impacterait les habitations riveraines dans les communes traversées par un fleuve. Cela sans compter les effets de ruissellement des eaux de pluie depuis des coteaux très artificialisés et dont les sols n'absorbent plus les eaux.
- Les énergies renouvelables seraient également affectées par ces changements. Lors des canicules, le solaire et le photovoltaïque fonctionnent à plein régime, mais les éoliennes sont quasiment à l'arrêt. C'est l'inverse lors de la saison des pluies, de sorte que ces deux types d'équipements risqueraient de voir leur production moyenne diminuer. Ceci est à mettre en parallèle avec le risque très sérieux de devoir mettre à l'arrêt les centrales nucléaires l'été du fait de l'insuffisant débit des fleuves.
- Les zones boisées et plus largement les espaces naturels risqueraient d'être en stress hydrique l'été et en excès d'eau dans la saison humide. Cela fragiliserait les arbres, les rendrait plus sensibles aux parasites et favoriserait également les incendies.

A/ Un risque inondation renforcé par le changement climatique

Il est important de ne pas voir le changement climatique uniquement comme un réchauffement. Certaines villes et pays doivent s'attendre à évoluer vers deux saisons très marquées, une saison sèche et très chaude pendant plusieurs mois et une saison humide avec une forte couverture nuageuse, peu d'ensoleillement et une forte pluviométrie. Il faut prendre en compte à la fois le changement du régime des précipitations et l'impact sur les sols. L'alternance de périodes très sèches et chaudes et de périodes plus tempérées et pluvieuses modifie la capacité d'absorption des sols. Cumulés avec leur artificialisation, ils joueront de moins en moins leur rôle d'éponge naturelle, ce qui aggrave les risques. Les autres quartiers pourraient également subir des inondations lors de pluies continues et de fort niveau, notamment dans les zones très artificialisées qui correspondent davantage aux quartiers d'habitat social.

Il faut anticiper les conséquences de ces changements pour l'ensemble des communes potentiellement impactées. Concernant Paris et sa banlieue, il faut imaginer la crue centennale de 1910, mais avec des sols beaucoup plus artificialisés, nettement moins capables d'absorber l'eau et beaucoup plus construits. Ces risques ne se limitent donc ni à Corbeil-Essonnes, ni à la région parisienne, ni même à la France. Les inondations catastrophiques de l'été 2021 en Allemagne (180 morts), Belgique (36 morts, 70 disparus), Pays-Bas, Autriche et Luxembourg en sont l'illustration. La répétition de ces épisodes montre également que ces risques ne se limitent pas aux pays de faible élévation au-dessus de la mer. À Corbeil-Essonnes, une inondation centennale impacterait environ 21% des habitants de la commune, 20% de sa surface, 26% des logements, 30% des emplois et 39 équipements publics[1]. Le coût de ces inondations pour cette commune en particulier et pour tous les territoires sensibles aux inondations va donc augmenter.

Cela pose la question des capacités financières des victimes comme celle des communes concernées. Ces contraintes pèseront plus fortement sur les ménages modestes, nombreux dans une commune comme Corbeil-Essonnes. Plus généralement, la pauvreté aggrave les fragilités dans tous les domaines, les communes qui concentrent les populations pauvres étant celles qui auront le plus de difficulté à se prémunir contre les risques environnementaux.

---

[1] Cf. Souami Taoufik, *Étude sur l'état de l'environnement et la transition écologique à Corbeil-Essonnes*, mars 2021, p 20.

B/ La pauvreté aggrave les difficultés à se protéger de ces risques.

La France considère que l'on se situe au-dessous du seuil de pauvreté lorsqu'on dispose d'un revenu inférieur à 60% du revenu médian national[1]. En 2017 et hors départements d'outre-mer, la France comptait 8,9 millions de personnes sous le seuil de pauvreté. Pour cette même année, 8,2% des actifs ayant un emploi étaient en situation de pauvreté, 37,2% des chômeurs, 31,3% des étudiants et 33,6% des familles monoparentales[2]. Certaines catégories sociales sont donc particulièrement victimes de la pauvreté, les chômeurs, les familles monoparentales et les étudiants. Il s'agit de trois catégories très présentes sur cette commune, mais également dans de très nombreux territoires, y compris des métropoles. La pauvreté est en effet plus concentrée dans certaines communes tandis que d'autres regroupent davantage de ménages aisés. La capacité à s'adapter au changement climatique est donc différente non seulement selon les revenus des ménages, mais aussi selon la structure sociale des territoires. La question du loyer ou du crédit joue un rôle crucial de ce point de vue. En effet, de nombreux propriétaires ont fini de rembourser leur crédit et n'ont plus par conséquent cette lourde contrainte financière mensuelle. Ce n'est bien évidemment pas le cas des locataires qui doivent continuer à acquitter leur loyer. C'est la raison pour laquelle le taux de pauvreté est partout nettement plus élevé pour les locataires. Ainsi, 5,5% des propriétaires en Île-de-France sont pauvres alors que 25,7% des locataires le sont.

On compte 8% de propriétaires pauvres à Corbeil-Essonnes, mais 37% de locataires pauvres[3]. Partout, les locataires sont en moyenne beaucoup plus pauvres que les propriétaires et leur capacité à se protéger des changements climatiques sera donc plus faible. Cette fragilité sociale est aggravée lorsque sont plus élevés le taux de chômage, le pourcentage de familles monoparentales (composées très majoritairement de femmes seules) et de travailleurs pauvres. Ces différentes populations plus concentrées dans certaines communes subiront beaucoup plus durement que les autres les effets du réchauffement climatique si ce risque n'est pas anticipé et pris en

[1] Le revenu médian divise la population en deux groupes égaux, 50% des ménages se situent au-dessous de ce revenu et 50% se situent au-dessus de ce niveau. C'est un bon indicateur du revenu sur un territoire.

[2] Cf. *Enquête revenus fiscaux et sociaux 2017,* INSEE, DGFIP, CNAF, CNAV, CCMSA, 2018.

[3] Cf. INSEE, dossier complet région Île-de-France et Corbeil-Essonnes.

compte par les politiques publiques. Sur l'ensemble de la France, le besoin de rénovation et d'isolation concerne environ vingt millions d'habitations, dont près de cinq millions correspondent à des passoires thermiques. Plus l'habitat est ancien, plus sa consommation moyenne d'énergie par m² est importante. L'habitat en France est très en retard en matière d'isolation et la convention citoyenne sur le climat avait élaboré des propositions en la matière. Ces propositions vont dans le sens d'une vision d'ensemble de la question (isolation des murs et toitures, changement des huisseries, chauffage et climatisation, mise en place de ventilations mécaniques contrôlées, etc.). Or, les travaux permettant d'isoler l'habitation, de se protéger du chaud comme du froid et de réduire ses dépenses d'énergie sont très coûteux

Il faut enfin se projeter dans le futur et prendre en compte la baisse de 40 à 50% en moyenne du revenu lors du départ en retraite, du fait des carrières incomplètes et du manque d'annuités. Cette baisse du revenu rendra beaucoup plus difficile la réalisation des investissements nécessaires. Les propriétaires qui vont arriver à la retraite dans les années à venir seront également nombreux à éprouver des difficultés financières importantes.

On peut craindre que la majorité d'entre eux ne puisse supporter des investissements qui peuvent représenter un an de leur revenu voire davantage ou leur imposer un nouveau crédit de longue durée. Il existe donc un enjeu financier considérable pour les ménages, notamment les plus pauvres, les collectivités territoriales qui disposent de ressources très inégales selon qu'elles accueillent plutôt une population aisée ou plutôt en difficultés et les Etats dont les moyens d'action diminuent à mesure qu'ils réduisent les impôts. Inverser cette situation, adapter l'habitat et l'aménagement aux contraintes environnementales, repenser les stratégies d'aménagement économique afin de favoriser les activités économes en CO^2, préserver l'agriculture notamment familiale, développer les transports en commun et les énergies dites vertes, remettre en cause la séparation croissante entre les lieux de vie et les lieux de travail, tout cela sera extrêmement coûteux. Aucune fiscalité environnementale digne de ce nom n'existe au niveau national, européen ou mondial. Pourtant, nous savons depuis un quart de siècle qu'il faut inverser la courbe des émissions de gaz à effet de serre si nous voulons éviter un chaos climatique, économique et social. Cela reste possible comme nous allons le voir.

Chapitre VI Financer l'action pour limiter le réchauffement reste possible

« L'équilibre climatique de la planète est un bien public mondial qui appelle une régulation publique, aux niveaux local, national, continental et mondial[1] ».

Pour les dominants, la fiscalité est une aberration, le produit d'une addiction pour la dépense. Dans leur esprit, les États dépensent de l'argent de façon inefficace et il faut ensuite couvrir ces dépenses par des impôts, de la dette ou les deux. L'analyse des patrimoines géants des multimilliardaires que réalise Thomas Piketty[2] montre leur capacité à échapper à l'impôt. À la fois par la fraude et par les dispositions prises par certains Etats (dont la France et les États-Unis) dans la perspective d'un ruissellement, c'est-à-dire de retombées des plus riches vers les plus pauvres. Thomas Piketty préconise un impôt mondial sur les patrimoines comme nous le verrons. Mais au préalable, examinons sur quelle base il est possible d'établir une fiscalité prenant en compte les coûts environnementaux.

I/ Imposer ce qui est régulier et mesurable

L'impôt est une invention ancienne et remonterait aux premiers Etats dans les actuels Irak, Turquie, Égypte et Chine il y a plus de 5 000 ans. Il serait né dans des plaines alluviales régulièrement arrosées par des fleuves comme le Tigre, l'Euphrate, le Nil, le fleuve Jaune.

Ces plaines étaient propices à la domestication des céréales (blé, orge, mil, riz), faciles à mesurer, à stocker et transporter, qui poussent de façon visible et à des périodes précises, sur des sols découverts et non dans des forêts ou des zones humides difficiles d'accès[3]. À partir de ces mesures, il était possible d'anticiper les rentrées d'impôts. À l'époque, l'impôt n'était payé que par les paysans. Le clergé et les nobles y échappaient et dans le cas de la France cela a perduré jusqu'à la Révolution française.

---

[1] Cf. *Prix social du carbone et engagement pour le climat : des pistes pour une comptabilité économique environnementale ?* INSEE analyses, n° 56, octobre 2020.
[2] Cf. Thomas Piketty, *Le capital au 21 ème siècle*, Seuil 2013.
[3] Cf. James C Scott, *Homo domesticus. Une histoire profonde des premiers Etats*, Editions La Découverte 2019 p 144/145.

Pour l'essentiel de son histoire, l'impôt a concerné quasi exclusivement la masse des plus pauvres, les élites ayant à chaque époque le pouvoir suffisant pour ne pas contribuer aux dépenses communes. L'impôt et son non-paiement par les plus riches ont donc eux aussi une longue histoire. La période actuelle ne déroge pas à cette règle qui veut que les plus riches paient moins que les plus pauvres. Le plus souvent, ils paient moins en valeur relative, c'est-à-dire que leur taux d'imposition est plus faible. Par exemple, le milliardaire Warren Buffet a calculé que son taux d'imposition de 17,3% en 2011 était inférieur à celui de nombreux Américains, dont les vingt personnes travaillant dans son bureau, imposées entre 33 et 41%. « Nos dirigeants ont appelé à un sacrifice partagé. Mais quand ils ont fait cette demande, ils m'ont épargné. J'ai vérifié auprès de mes amis mégariches pour savoir à quels sacrifices ils s'attendaient. Eux non plus n'avaient pas été touchés[1] ». Ceci est confirmé par le prix Nobel d'économie Joseph Stiglitz, qui rappelle que « Les super-riches ont concrètement, en moyenne, un taux d'imposition plus bas que les contribuables moins fortunés[2] ».

A/ Imposer le sol visible et les émissions devenues visibles

La base de calcul de l'impôt climat doit être facile à établir. Jusqu'à une période récente, l'impôt est resté basé sur le sol puisque c'est sur celui-ci que poussent les céréales, visibles et mesurables. D'ailleurs, l'essentiel de la fiscalité locale française repose encore en grande partie sur le sol[3] et le même principe d'imposition s'applique dans de nombreux pays. Jusqu'au milieu des années 1980, le lien entre le changement du climat et l'activité économique n'était pas clairement établi. Les gaz à effet de serre étant fiscalement invisibles, on peut considérer qu'avant les années 1990, il n'y avait pas de raison claire et incontestable de les imposer. Mais la connaissance ayant progressé, ces émissions, leurs conséquences et leurs émetteurs sont devenus mesurables. Les émissions de CO^2 sont visibles par le calcul depuis un quart de siècle, comme la géométrie a permis de calculer tous types de terres à céréales il y a plusieurs milliers d'années.

---

[1] Cf. Warren Buffet, 15 août 2011.

[2] Cf. Joseph Stiglitz, *Le prix de l'inégalité*, Babel 2012, p 123.

[3] Taxe foncière payée par les propriétaires et cotisation foncière payée par les entreprises notamment.

Ces calculs peuvent prendre en compte la distance parcourue par le bien, son poids, le type d'énergie utilisée pour le produire puis pour son transport, etc. Cela peut concerner également le transport des personnes, par avion, bateau, train, etc. La mise au point d'une base fiscale exprimée en équivalent tonne de CO^2 et prenant en compte les distances franchies par la marchandise (ou par la personne) ne pose plus le moindre problème. Imposer les émissions est donc légitime et techniquement faisable depuis longtemps, mais elles continuent à échapper à toute imposition. Comme dans l'ancien régime, ceux qui possèdent le plus paient le moins. La fiscalité doit s'appliquer à l'ensemble des émetteurs et les centaines de millions de tonnes d'émissions offerts par l'Union européenne aux groupes sidérurgiques, cimentiers ou pétroliers n'ont plus lieu d'être.

L'impôt doit s'appliquer à tous et la dégressivité voire l'exonération sous certaines conditions ne peut concerner que les plus modestes, les colibris de l'émission et les ménages les plus pauvres.

B/ Un impôt sur les émissions de CO^2 n'est pas un droit à polluer

Quel sens faut-il donner à un tel impôt qui exprimerait le coût social de l'émission d'une tonne de CO^2 ? En tout premier lieu, cette imposition n'a rien à voir avec les préférences déclarées ou révélées évoquées précédemment. Il ne s'agit pas de calculer une valeur de la nature et de l'environnement pour en faire des marchandises. Il s'agit d'intégrer dans le prix des marchandises le coût des dégâts occasionnés à la nature et au climat pour les produire. Cette intégration des coûts environnementaux vise à changer radicalement la logique et l'organisation mondiale de la production des marchandises. L'objectif de cette réorientation est que ces marchandises soient produites avec beaucoup moins d'émissions de CO^2, depuis leur conception jusqu'à la production en passant par le transport, la livraison et le recyclage. Par définition d'ailleurs, cette imposition devrait avoir un rendement décroissant avec le temps puisqu'elle serait mise en place pour dissuader les émissions de CO^2. Il s'agit donc en principe davantage d'une contribution que d'un impôt dans la mesure où le montant payé est supposé diminuer à terme. Mais en réalité, les choses seront plus complexes. En effet, dans la mesure où rien n'a été fait pendant des décennies, le climat va de toute façon changer durablement. Il n'existe pas de consensus scientifique sur la durée de ce changement climatique et son éventuelle réversibilité, si ce n'est qu'à partir d'un certain seuil, il n'y a plus de réversibilité.

Par conséquent, la fiscalité ne permettra pas un retour à la situation antérieure, mais une stabilisation de la hausse des températures autour de deux degrés si c'est encore possible. Dans sa philosophie, elle est donc limitée dans le temps. Dans la réalité, elle risque d'être durable. Mais elle représente le meilleur puits de carbone que la planète puisse s'offrir à court, moyen et sans doute long terme. La question du coût de l'action est au cœur de ce livre. Nous savons par ailleurs que donner une valeur à des pollutions est un exercice complexe, mais pourtant nécessaire. L'INSEE indique qu'il existe essentiellement deux approches pour prendre en compte les valeurs estimées par les modèles. « La première approche revient mesurer à quel prix il faut facturer explicitement ou implicitement le carbone. La seconde option consiste à diviser la dépense climat par le flux cumulé des émissions actuelles et futures évitées[1] ». L'optique proposée ici est la plus contraignante. Parce que chaque tonne de CO^2 émise sera facturée, l'organisation des entreprises émettrices sera contrainte de changer. Ce changement s'obtiendra par la contrainte et non par une hypothétique bonne volonté. La valeur de la tonne de CO^2 prise en compte dans les études et par les marchés n'a progressé qu'à toute petite vitesse depuis un quart de siècle et le capitalisme s'est hâté avec lenteur vers un nouveau retard d'avance.

En 2003, l'action contre le changement du climat était estimée à 1 ou 2% du PIB mondial,[2] mais au moins 5,1% en 2020[3]. Le temps passant, chacun a constaté que les dégâts sont beaucoup plus rapides et impactants que prévu. C'est la raison pour laquelle les estimations ont progressivement pris en compte des valeurs de la tonne de CO^2 et des pourcentages du PIB de plus en plus élevés. Cette valeur nettement plus importante change radicalement la perspective. Est-il possible de réorienter une part importante du PIB vers de nouvelles priorités et comment répartir cet effort entre les différents groupes sociaux ?

---

[1] Cf. *Prix social du carbone et engagement pour le climat : des pistes pour une comptabilité économique environnementale ?* INSEE analyses n° 56, octobre 2020, p 6/7.

[2] En 2003, le Conseil d'analyse économique mettait en avant qu'il s'agissait « d'estimations minorées des coûts sociaux ». Cf. *Kyoto et l'économie de l'effet de serre,* rapport au Conseil d'analyse économique, 14 janvier 2003.

[3] Cf. *Prix social du carbone et engagement pour le climat : des pistes pour une comptabilité économique environnementale* ? INSEE analyses n° 56, octobre 2020.

C/ Une première mesure des moyens mondiaux à mobiliser

Nous avons précédemment utilisé un indicateur très simple pour estimer le pourcentage du PIB mondial correspondant aux émissions de CO^2 non imposés :

Coût environnemental de la tonne équivalent CO^2 = 250 euros en 2020. Elle devrait se situer selon France Stratégie entre 600 et 900 euros d'ici 2050.

Tonnes d'équivalent CO^2 émises au niveau mondial (hors agriculture), autour de 37 milliards la même année.

Le nombre de tonnes multiplié par un coût environnemental de 250 euros par tonne de CO^2 correspond à environ 9 200 milliards d'euros et 12% du PIB mondial

Ce pourcentage exprime ce qu'il faut consacrer chaque année en moyenne au niveau mondial à la suppression de toute émission de CO^2 des activités non agricoles.

Il est impossible de réduire ces émissions à zéro, mais il s'agit d'indiquer l'ordre de grandeur des actions nécessaires. Les cent premiers groupes mondiaux pourraient être responsables des deux tiers des émissions mondiales, de sorte que les actions à engager doivent les concerner en priorité[1]. Théoriquement, supprimer la totalité des émissions de ces cent groupes ramènerait la planète à environ 9 milliards de tonnes d'équivalent CO^2 émis, soit le niveau de 1959. Il s'agit bien entendu d'une mesure trop simple et trop globale. Si l'objectif est bien de réduire massivement les émissions de gaz à effet de serre, c'est l'ensemble du système productif qui doit être repensé. Dans celui-ci, les grandes entreprises ont une responsabilité écrasante, mais non exclusive. De même, la réduction des émissions du secteur agricole doit être analysée en donnant la priorité à la réduction des émissions liées à l'agro-industrie et aux élevages industriels.

Sur cette base, regardons ce qu'il en est pour un pays comme la France.

---

[1] Source citée, Carbon disclosure project.

II/ Quelle part du PIB la France doit-elle consacrer à la lutte contre le changement climatique ?

Dans le cas de la France, l'empreinte carbone totale, tenant compte des importations et exportations de tonnes équivalent CO^2 est estimée par le Haut Conseil pour le climat à 749 millions de tonnes en 2019[1]. En se basant sur une valeur de 250 euros la tonne, la subvention annuelle s'établit donc à 749 millions X 250 euros soit 187 milliards d'euros[2]. Pour un PIB 2019 estimé à 2 425 milliards d'euros[3], cela correspond à 7,7 % du PIB national. Quatre commentaires peuvent être faits sur ce pourcentage :

1) Dans notre calcul, le coût environnemental exprimé en pourcentage du PIB ne prend en compte que les émissions de CO^2, à l'exclusion des autres pollutions (perturbateurs endocriniens, métaux lourds, composés organiques volatils, produits chimiques, néonicotinoïdes, glyphosate, nitrates d'ammonium, exposition au bruit, etc.). Le coût environnemental total est donc largement supérieur à cette valeur.

2) Ce poids en pourcentage du PIB français est relativement faible au regard de la moyenne mondiale. Cela traduit pour partie l'importance du parc nucléaire français, lequel produit de l'électricité en émettant très peu de gaz à effet de serre[4].

3) Il est basé sur une valeur de la tonne de CO^2 qui aujourd'hui apparaît modérée au regard de l'accélération du processus de changement climatique. Cette valeur de 250 euros par tonne équivalent CO^2 était l'hypothèse la plus haute il y a 25 ans. Elle représente désormais une hypothèse minimale au regard des projections récentes.

4) Le PIB national est la somme du PIB marchand et non marchand. Le PIB du secteur marchand est essentiellement composé des entreprises du secteur privé. Le PIB du secteur non marchand est

---

[1] Cf. *redresser le cap, relancer la transition,* Haut Conseil pour le Climat, rapport 2020, juillet 2020, p 16 et 20.

[2] Pour un chiffrage exact, il faudrait déduire les quelques tonnes prises en compte dans les permis d'émission à un tarif très faible comme nous l'avons noté. La différence ne serait pas significative.

[3] Cf. *Comptes de la nation,* INSEE 2019, parution 29 mai 2020.

[4] Les problèmes environnementaux liés au nucléaire sont d'une autre nature. Le coût du démantèlement et du stockage est sous-estimé, de même que celui d'un accident, mais pour des raisons plus complexes. Celui-ci peut se chiffrer en centaines de milliards d'euros

essentiellement public (éducation, santé, justice, sécurité publique, action sociale, protection contre les incendies, administrations nationales et locales). Pour 2019, l'INSEE estime le PIB non marchand à 21,4% de la valeur ajoutée totale[1].

Le PIB du secteur non marchand est significatif en France du fait de l'existence d'un important service public et d'un système de sécurité sociale. On peut penser que le secteur non marchand génère peu de CO^2. Il s'agit en effet essentiellement d'activités de services qui ne nécessitent pas la production et la circulation de marchandises à une échelle mondiale. L'INSEE met en avant la nécessité de multiplier par 2,5 le pourcentage du PIB consacré à la lutte contre le changement climatique (passer de 1,9% du PIB à 4,5%) « Atteindre la cible de neutralité carbone en 2050 nécessiterait, dans notre scénario central, de porter la dépense pour le climat à 4,5% du PIB par an jusqu'en 2050, contre une dépense effective estimée à environ 1,9% aujourd'hui. Cette dépense climat optimale peut varier entre 3,4% et 6,9% du PIB environ, selon les hypothèses d'efficacité énergétique retenues[2] ».

Ce pourcentage est très proche des 7,7% du PIB obtenu en prenant en compte les 749 millions de tonnes de CO^2 générées par la France et un coût environnemental de 250 euros la tonne. Il peut être comparé aux estimations comprises en 5% et 20% du rapport du ministère britannique des Finances en 2006[3]. Quelles que soient les sources, on sait désormais qu'une part nettement importante du PIB doit être consacrée à la lutte contre le changement climatique.

---

[1] *Cf. comptes de la Nation 2019,* INSEE première n° 1802 mai 2020. La valeur ajoutée des entreprises est estimée à 1 498,2 milliards d'euros, celle des administrations publiques à 387,3 milliards d'euros.

[2] Cf. *Prix social du carbone et engagement pour le climat : des pistes pour une comptabilité économique environnementale* ? INSEE analyses n° 56, octobre 2020, p 1. Dès 2001, l'ONU avait mis en avant le besoin de prise en compte de l'environnement dans les comptabilités nationales. Cf. *Comptabilité environnementale et économique intégrée, manuel des opérations,* Organisation des Nations Unies, 2001.

[3] Cf. Nicholas Stern, *The review of Economics of Climate Change,* Cambridge University Press, 2006. Nicholas Stern est économiste et vice-président de la Banque mondiale. Quelques jours après, *Le Monde* titrait. *Les Etats approuvent le rapport Stern, sans être prêts à amplifier leurs actions*, *Le Monde*, 3 novembre 2006.

III/ Le PIB mondial et la valeur ajoutée sont au centre des solutions

A/ Depuis quarante ans, la part des salaires dans la valeur ajoutée mondiale ne cesse de diminuer, celle des profits ne cesse d'augmenter

La somme des valeurs ajoutées brutes produites correspond au PIB. Étudier le coût de l'action environnementale en pourcentage du PIB revient par conséquent à raisonner à partir de la valeur ajoutée produite au niveau mondial. Mais il faut ensuite prendre en compte les investissements réalisés. La valeur ajoutée disponible, ou valeur ajoutée nette, est donc inférieure à la valeur ajoutée brute.

Aujourd'hui, la différence entre les deux est d'autant plus importante que les investissements sont massifs afin d'automatiser les productions, développer constamment de nouveaux produits pour prendre des parts de marché, spécialiser les sites de production, etc. On peut imaginer qu'une imposition stricte sur les émissions limiterait ces excès d'investissements puisqu'ils ne pourraient plus se rentabiliser en continuant à produire et faire circuler ces biens et services dans une optique mondiale fortement émettrice de CO^2. Avant prise en compte des investissements, la valeur ajoutée se répartit en deux parties, les salaires et les profits. C'est sur les profits que sont prises les sommes qui serviront à investir. Thomas Piketty montre que la part des profits dans la valeur ajoutée nette est passée en France de 12% à 20 % entre 1982 et 2010 et de 25 à 33 % de la valeur ajoutée brute[1]. L'INSEE pour sa part montre que la part des salaires dans la valeur ajoutée en France est passée d'un maximum de 75% au début des années quatre-vingt à moins de 70% en 1985. Elle se situe un peu au-dessus de 65% sur la période 1990/2005[2]. Selon les données plus récentes, elle les salaires représenteraient en France environ 61% de la valeur ajoutée en 2020. Depuis quarante ans, le partage de la valeur ajoutée a évolué largement en faveur des profits et en défaveur des salaires comme le montre le graphique suivant, tiré du même document.

---

[1] Cf. Thomas Piketty, *Le capital au 21 ème siècle*, graphique 6.6 *La part des profits dans la valeur ajoutée des entreprises en France 1900/2010,* p 358.

[2] Cf. *Partage de la valeur ajoutée, partage des profits et écarts de revenus en France,* INSEE, rapport au Président de la République 13 mai 2009, p 10.

Graphique 3

Part des salaires dans la valeur ajoutée des sociétés non financières[1]

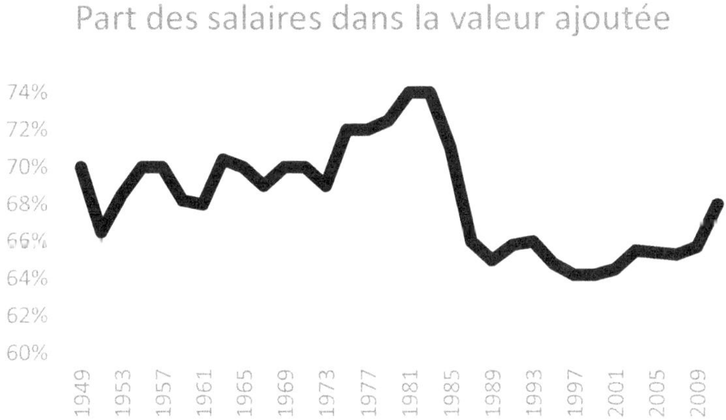

Les constats de Thomas Piketty rejoignent ceux de l'INSEE puisque la part des profits dans la valeur ajoutée[2] a fortement augmenté ces dernières décennies (+ 66% pour la valeur ajoutée nette, + 33% pour la valeur ajoutée brute). De la même façon, la part des salaires dans la valeur ajoutée a fortement baissé ces dernières décennies. Le recul est de quatorze points depuis 1980. Les mesures prises pour lutter contre le changement climatique n'ont pas pesé sur les profits, mais sur les salaires du fait d'un usage des technologies qui accélère l'automatisation et la mondialisation de la circulation des marchandises.

Aux États-Unis, la part des salaires dans la valeur ajoutée a baissé à partir des années 2000 pour se situer autour de 57% et celle des profits autour 43%[3].

[1] Les sociétés non financières sont constituées de l'ensemble des entreprises de tous types de statut juridique qui produisent et vendent des biens ou service et qui sont constituées dans l'objectif de réaliser une marge, un profit.

[2] Ou Excédent Brut d'Exploitation (EBE).

[3] « La fraction de la valeur ajoutée revenant au facteur travail a fluctué autour d'une valeur moyenne de 63 %, puis elle a ensuite entamé une phase baissière, diminuant de près de 6 points par rapport à la période 1948-2001 ». Cf. ministère de l'Économie et des Finances, Direction Générale du Trésor 21/02/2018, n°216.

L'OCDE fait un constat identique. « Ces dernières décennies, la part du travail dans le revenu national total[1] a diminué dans la quasi-totalité des pays de l'OCDE. Sa valeur médiane est passée de 66.1 % au début des années 90 à 61.7 % à la fin des années 2000, et dans certains pays ce fléchissement s'était amorcé plus de trente ans plus tôt[2] ». Une estimation pour chacun des 193 pays reconnus par l'ONU montrerait certainement que la part des profits avant amortissement est plus importante dans une grande majorité de pays ne disposant pas de retraites, de droit du travail protégeant au moins en partie les intérêts des salariés, de sécurité sociale, etc. La réalité du partage mondial de la valeur ajoutée entre salaires et profits se situe donc probablement désormais autour de 55 à 60% de la valeur ajoutée mondiale consacrée aux salaires et 40-45% consacrée au profit.

Il existe un lien entre baisse de l'emploi et des salaires notamment en Europe, circulation accrue des marchandises et augmentation des émissions de CO^2. En investissant massivement dans la spécialisation de sites hautement automatisés et en généralisant la circulation des marchandises, les grands groupes mondiaux ont à la fois réduit l'emploi, augmenté leurs profits et leurs émissions de gaz à effet de serre. La hausse des émissions résulte de choix stratégiques.

L'absence de mesures efficaces se comprend donc mieux si on met en rapport cette inaction avec l'augmentation de la part du profit dans la valeur ajoutée. Nous payons collectivement ces profits colossaux sous forme de changement du climat, de mégafeux, d'inondations, de canicules. Cette évolution est un non-sens historique, une forme de suicide collectif, qui commence par les colibris parce que ce sont eux qui disposent du moins de moyens pour s'adapter à cette nouvelle situation.

Nous avons vu que le PIB mondial 2019 exprimé en euros était de l'ordre de 75 000 milliards d'euros. Cela correspond à la valeur ajoutée brute mondiale. Par hypothèse, nous allons retenir que la valeur ajoutée mondiale est affectée à 60 % aux salaires et 40 % à l'excédent brut d'exploitation, c'est-à-dire les profits avant amortissement. Sous réserve de cette hypothèse, le partage mondial de la Valeur ajoutée correspondrait à 45 000 milliards pour les salaires et plus de 30 000 milliards pour les profits avant amortissement.

---

[1] Cet indicateur est très proche du PIB.

[2] Cf. *Partage de la valeur ajoutée entre travail et capital : comment expliquer la diminution de la part du travail ?* Perspectives de l'emploi de l'OCDE, Editions de l'OCDE 2012, p 118.

1) Faut-il affecter la totalité de l'impôt climat sur la part travail ?

Faire reposer cet impôt sur le travail correspondrait à une taxe additionnelle sur tous les achats effectués. Il s'agirait d'une TVA mondiale ajoutée au prix de vente. Elle amputerait le revenu moyen de la population mondiale de 9 200 milliards d'euros sur 45 000, soit 20% en moyenne. Cela, quels que soient le revenu et le pouvoir d'achat des personnes. Pour un ménage disposant d'un revenu annuel de 36 000 euros, cela correspond à une perte de 7 200 euros par an. À Corbeil-Essonnes, la médiane du revenu disponible se situait en 2018 à 17 340 euros[1].

Le revenu moyen des habitants de cette commune serait donc réduit de près de 3 500 euros par an, ce qui serait intenable pour la majorité des habitants. Cela d'autant plus qu'ils auront également à faire face à la baisse des retraites et à la nécessité d'investir pour préserver leur habitat de la chaleur, des inondations et de l'humidité. Mais les conséquences seraient pires pour une grande partie de la planète qui se situe déjà au seuil de pauvreté voire très en dessous. En 2019, environ 690 millions de personnes ont souffert de la faim (un humain sur onze), et environ sept millions sont mortes de faim (un humain sur 1000[2]). De nombreux travailleurs disposent d'un revenu inférieur à cent euros par mois. Tenant compte de ces réalités, aucune imposition n'est envisageable pour l'immense majorité des actifs, y compris si un taux progressif était mis en place. Seuls les 10% à 15 % les mieux rémunérés ainsi que les gros patrimoines[3] pourraient être imposés afin de limiter leurs achats générateurs de pollutions importantes. Mais ils ne peuvent à eux seuls prendre en charge la totalité des coûts environnementaux. D'une part, ce serait injuste puisqu'ils se substitueraient aux entreprises alors que ce sont ces dernières qui sont à l'origine de l'essentiel des émissions.

D'autre part, se limiter à imposer les consommations émettrices de CO^2 ne changerait pas l'organisation productive mondiale. La logique suppose que les plus aisés prennent en charge la partie des émissions qui correspondent à leurs consommations, mais sans se substituer aux entreprises pour le reste.

---

[1] Cf. *Dossier complet commune de Corbeil-Essonnes*, insee.fr.

[2] Cf. *L'état de la sécurité alimentaire et de la nutrition dans le monde*, Organisation des Nations-unies, 13 juillet 2020.

[3] Les analyses menées par Thomas Piketty sur les gros patrimoines constituent sans doute la meilleure base de discussion entre experts pour établir les seuils d'imposition gaz à effet de serre et leur progressivité.

2) Faut-il affecter la totalité de l'impôt climat sur les bénéfices ?

Si cette taxe est répercutée en totalité sur les profits avant amortissement, elle réduit ces derniers de 9 200 milliards sur 30 000, soit un tiers. Ils passeraient donc de 30 000 à 21 000 milliards. Cela ramènerait le partage de la valeur ajoutée autour de ce qu'il était jusqu'aux années 1980, soit environ 72 % pour les salaires et environ 28% pour les profits avant amortissement. Toutefois, une partie du coût de ces émissions serait payée par les ménages les plus aisés et les gros patrimoines dont les consommations excessives seraient fortement imposées. Le mécanisme fiscal pèserait néanmoins essentiellement sur les grands groupes, notamment les plus internationalisés. Les petites structures, affaires individuelles et entreprises de proximité devraient être très peu imposées, voire exonérées en fonction de leurs efforts de substitution aux émissions. Ce retour à un partage plus avantageux pour les salaires améliorerait le sort de centaines de millions de personnes. En effet, en rendant plus coûteuses les spécialisations mondiales, on réduit les émissions de CO^2, mais on favorise également la relocalisation des emplois et les logiques de circuit court. On émet moins de CO^2, on génère moins de profits, mais davantage d'emplois. Capter près de 12 % du PIB au travers de la fiscalité pèsera sur les profits et cela doit s'anticiper. Un tel changement n'est pas anodin. Si ces coûts sont répercutés uniquement sur le bilan des entreprises à l'exclusion des dépenses de luxe des plus riches, cela signifie en théorie que toutes celles qui ne réalisent pas au moins 12 % de résultat seront en situation déficitaire. Pour que cela soit gérable, il est nécessaire de différencier deux catégories d'entreprises. Il faut en premier lieu différencier les petits émetteurs de CO^2 et les super-prédateurs pour établir des mesures ciblées, limitant le changement climatique, sans mettre en difficulté les TPE et PME.

En second lieu, il faut différencier les entreprises à faible rentabilité et les autres, de façon à faire évoluer leur modèle économique vers une activité faiblement émettrice de CO^2 sans les déstabiliser. Des entreprises peuvent être de grosses émettrices et très rentables, de petites émettrices peu rentables, etc. Il faut donc prendre en compte cette double dimension pour mettre en place une mesure souple et adaptée à une grande diversité de situations. L'objectif est de faire évoluer les modèles économiques pour les rendre moins émetteurs de CO^2, sans déstabiliser ces entreprises.

Cette diminution d'un tiers de la valeur ajoutée nette des entreprises reste gérable en moyenne, d'autant plus que cela favoriserait probablement une baisse de l'investissement productif. Ce propos peut surprendre, mais il est à relier au mode dominant d'introduction des technologies nouvelles. Ces technologies sont mises en œuvre dans le cadre de schémas mondiaux gourmands en transports (donc en émissions de CO^2) et réducteurs d'emplois. Ce sont aussi des choix technologiques qui visent la barrière à l'accès, c'est-à-dire des investissements massifs accessibles uniquement aux groupes géants. Ces barrières à l'accès reposent sur le même principe que celui évoqué lors de l'analyse des mutations de l'industrie du verre plat dans les années 1960. L'imposition d'une nuisance mondiale devenue visible mettrait fin à l'asymétrie informationnelle évoquée précédemment.

Cette mise en place peut être progressive afin de favoriser la réorganisation de ces géants sur des logiques de circuit court[1]. Il est possible d'étaler sur plusieurs années la mise en place de la fiscalité environnementale. Nous prenons ici une hypothèse de mise en place sur huit ans :

- 1,5% la première année (1/8 de 250 euros, soit environ 31 euros), ce qui est un peu supérieur au prix de marché actuel, mais très inférieur au coût environnemental réel.
- 3 % la seconde année (2/8 de 250 euros soit environ 62 euros).
- 4,5% la troisième année, 6% la quatrième année, etc.

La fiscalité ne fera pas que réduire la rentabilité des entreprises. Elle va générer des moyens financiers utilisés pour développer les infrastructures de transport en commun et transports de marchandises non polluantes, les énergies renouvelables, favoriser et pérenniser le circuit court, l'agriculture familiale et l'agroforesterie, le commerce et les services de proximité, les services à la personne indépendants des groupes privés donneurs d'ordre, améliorer la protection contre les inondations et les mégafeux, mettre en place des plans d'amélioration et d'isolation de l'habitat, etc. L'objectif est d'utiliser ces moyens pour que les pertes d'emplois dans certains secteurs[2] soient compensées par de nouveaux emplois reposant sur une économie de proximité et l'utilité sociale.

---

[1] Le circuit court étant contradictoire avec leur organisation productive, la fiscalité environnementale débouchera sur le démantèlement probable de ces structures prédatrices.

[2] Comme le transport, activité qui va de toute façon perdre énormément d'emplois avec les véhicules à délégation de conduite.

3) *Comment ne pas pénaliser les petites entreprises et favoriser l'emploi ?*

Le mécanisme proposé revient à imposer les émissions d'équivalent CO^2 à la source, c'est-à-dire lors de la production et du transport. Ce dispositif est relativement facile à élaborer pour les grandes entreprises responsables de 70 % des émissions mondiales. En revanche, il est difficile pour ne pas dire impossible d'appliquer cette même règle aux très petites entreprises, lesquelles créent la majorité des emplois dans le monde.

De plus, du fait de leur nature même, elles répondent le plus souvent à des besoins de proximité. Elles sont donc en moyenne moins gourmande en CO^2 et créatrices d'emplois. Ces structures disposent de très peu de marges de manœuvre et le plus souvent, elles n'assurent qu'un revenu de survie. Les imposer peut limiter leur espérance de vie alors qu'elles jouent un rôle marginal dans les émissions de gaz à effet de serre, mais un rôle majeur dans la création d'emplois. Faut-il alors les exonérer totalement de toute contrainte liée à leurs émissions, au motif de leur petite taille ? Rien ne garantit qu'elles fassent d'elles-mêmes l'effort de contrôler leurs émissions polluantes. Lorsqu'une activité relève de la survie, l'environnement et le climat sont des enjeux qui paraissent lointains et abstraits. Il faut donc soit renoncer à agir sur leurs émissions, soit chercher un mécanisme qui favorise un certain contrôle.

Il n'existe pas une solution unique qui serait applicable immédiatement à ces centaines de millions de petites structures de survie. Ce n'est que de façon progressive, si les conditions de vie s'améliorent et que le revenu se stabilise, qu'il sera possible de mettre en place des mécanismes suffisamment bien pensés avec les personnes concernées pour préserver les activités tout en réduisant leurs émissions polluantes.

En premier lieu, l'imposition mondiale des émissions se traduira par des ressources disponibles pour des investissements dans les infrastructures et les circuits courts, ce qui favorisera l'emploi et le revenu local. Il s'agit ici d'un mécanisme de principe dont l'efficacité n'a rien d'automatique. Il est toutefois certain que les détournements de fonds sont plus probables sur les grands projets d'infrastructures. Une multitude de de microprojets de proximité, élaborés et supervisés par les collectifs d'habitants et les microentreprises feront toujours un meilleur usage des fonds.

En second lieu, il existe un lien organique, mais invisible entre les grandes entreprises mondiales et un très grand nombre de ces microstructures. Du fait d'investissements dans des technologies permettant de réduire les coûts salariaux, les grandes entreprises génèrent relativement peu d'emplois directs au regard des chiffres d'affaires qu'elles réalisent. Elles ont externalisé depuis longtemps une grande partie de leurs activités de façon à ne pas avoir à supporter de coûts fixes. Les risques et les contraintes sont transférés vers une sous-traitance captive aux emplois souvent non déclarés. Une part significative de ces pseudo-indépendants dépend en réalité de grands groupes qui contrôlent de fait leur activité par le biais de la sous-traitance. Ce mécanisme n'est ni nouveau ni limité aux pays les plus pauvres. Il est pratiqué depuis des décennies en France dans des secteurs comme le bâtiment et les travaux publics où certains gros opérateurs ont sur leurs chantiers des manœuvres non déclarées, payés à la journée par des sous-traitants de quatrième ou de cinquième rang[1]. Ce travail de moins en moins déclaré se développe largement au-delà du seul secteur du BTP. Une grande partie des microentreprises en France correspond à des emplois dépendants d'un seul donneur d'ordre qui choisit les clients, définit les prix, fixe les conditions de réalisation.

Les noms d'Uber et de Deliveroo viennent aisément à l'esprit pour évoquer ces entreprises, mais le modèle est étendu largement au-delà de ces entreprises symboliques. En France, des centaines de milliers de faux indépendants travaillent pour de très faibles revenus et dans une très grande précarité pour ces entreprises. Ce sont probablement des centaines de millions de personnes qui travaillent de façon invisible pour ces mêmes groupes dans le monde. Deux milliards d'emplois sur 3,3 sont exercés de façon informelle, soit 60% du total mondial[2].

---

[1] Un contrat peut -être remporté par un groupement comportant des sous-traitants. Ils ont alors le statut de sous-traitant de rang un, c'est-à-dire qu'ils interviennent directement pour l'entreprise qui a obtenu le contrat. Mais ces entreprises peuvent elles-mêmes sous-traiter certains travaux à des entreprises plus petites qui auront alors le statut de sous-traitant de rang deux. Il n'est pas rare que ce mécanisme connu sous le nom de sous-traitance en cascade débouche sur des sous-traitants de rang quatre ou cinq. C'est dans ces rangs éloignés du groupe qui a obtenu le contrat que l'on retrouve des manœuvres payés à la journée. Ce mécanisme est connu des pouvoirs publics depuis des décennies et les inspections du travail ont notamment pour mission de lutter contre ce travail dissimulé.

[2] Cf. *Emplois et questions sociales dans le monde, tendances 2021*, bureau international du travail, 2 juin 2021,

Pour favoriser leur officialisation, une solution possible pourrait être d'autoriser l'émission annuelle d'une tonne de CO^2 par salarié sans imposition. Cette exonération pourrait contribuer à officialiser les emplois, à les pérenniser et à clarifier les liens avec les donneurs d'ordre. Cela représenterait environ 3,3 milliards de tonnes. Sous réserve des capacités d'absorption des puits de carbone naturel, ces émissions annuelles paraissent compatibles avec les possibilités de la planète.

B/ Quel usage de cette fiscalité environnementale ?

L'impôt sur les émissions de CO^2 est conçu pour rendre les émissions plus coûteuses afin de réduire les investissements générateurs de CO^2, les productions inutilement délocalisées et la généralisation des transports mondiaux. Dans cette optique, l'hypothèse d'exonération annuelle d'une tonne d'émissions d'équivalent CO^2 constitue un axe de réflexion à approfondir. Selon la façon de le mettre en œuvre, ce mécanisme peut en effet favoriser des emplois de proximité et s'inscrire par conséquent dans une logique de réduction des émissions globales, en contribuant à réduire les transports sur longue distance.

En dehors de ce mécanisme éventuel, la fiscalité sur les émissions de CO^2 va de pair avec une remise en cause des accords de libre-échange. Mais l'objectif de cette valorisation du circuit court n'est pas le repli sur soi. Il s'agit de réduire la circulation mondiale des marchandises, car celle-ci nuit au climat et à l'humanité dans son ensemble. Afin d'éviter que des logiques xénophobes ne se développent en confondant moindre circulation des marchandises et moindre circulation des humains et des idées, il faut en parallèle favoriser la coopération entre les cultures. Cela veut dire notamment redynamiser les organismes mondiaux de partage des connaissances (en premier lieu l'OMS, Organisation mondiale de la santé), l'accès à l'éducation, la lutte contre la faim, la malnutrition et la pauvreté. La réduction des émissions de gaz à effet de serre doit être un facteur de rapprochement des cultures, permettant l'unité de la différence et des identités de chacun. Enfin, cet impôt vise à faire payer les pollueurs et répond aux questions posées il y a 25 ans. « Les riches ont une plus grande capacité à polluer, une plus grande disponibilité à payer pour polluer, une plus grande capacité à payer le prix de la protection de leur environnement que n'en ont les pauvres[1] ».

---

[1] Cf. *Fiscalité de l'environnement,* rapport du Conseil d'analyse économique, 24 juillet 1998.

Le même rapport indique que les écotaxes affectées à leur propre domaine « tendent à constituer une mutuelle de pollueurs-sociétaires exigeant, dans une interprétation abusivement marchande du principe pollueur-payeur, un juste retour de leurs cotisations sous la forme d'un droit sur l'environnement[1] ». Il s'agit bien de contraindre les entreprises, en jouant sur le nerf de la guerre que constitue le taux de profit. Voici quelques exemples des approches qui pourraient être débattues puis mises en œuvre sur ces sujets.

Les moyens financiers récupérés pourraient ainsi être réinjectés dans des programmes structurels : favoriser les productions de proximité, développer le transport de marchandises par rail et voie, d'eau (pour certaines marchandises pour lesquelles il n'y a pas d'urgence de livraison, mais également pour la gestion des déchets, gravats, etc.), développer les transports en commun (tramway ou trolleybus, trains régionaux, etc.) et les pistes cyclables, développer l'agriculture familiale et les circuits courts, mettre en place de grands programmes de rénovation thermique de l'habitat des plus modestes, etc.

1) *Articuler réglementation et fiscalité pour repenser les transports et l'entreposage*

De nombreuses collectivités souhaitent la venue de plates-formes logistiques et affirment que cela réduira le chômage sur leur territoire. Ce discours méconnait leur impact environnemental (consommation de terres agricoles, rotations de camions), les faibles ressources fiscales générées et le faible niveau d'emploi dans le secteur (moins de 30 emplois à l'hectare). Malgré ces risques, de nombreux élus voient dans ces implantations un avantage majeur, les m^2 construits rendent visible leur action, ils montrent leur volontarisme. Pourtant, ces sites contribuent à la dégradation du paysage, au départ des ménages aisés résidant à proximité des sites, à la baisse du revenu moyen, etc. Agir sur ces activités prédatrices du climat suppose des réglementations empêchant les constructions d'entrepôts de grande taille. Malheureusement, le gouvernement français prend la direction inverse et favorise leur implantation.

D'autre part, la course à la livraison la plus rapide est une ruine pour le climat. Il est nécessaire d'interdire la livraison en moins de 240 heures pour les biens non périssables.

---

[1] Ibid.

L'argument de la livraison quasi immédiate suppose de stocker des centaines de millions de produits pour les livrer rapidement alors que cela pourrait attendre quelques jours dans l'immense majorité des cas. Ces entrepôts géants consomment du foncier, multiplient les circulations de marchandises et les livraisons unitaires, amènent à détruire les produits lorsqu'ils ne sont plus de mode, etc. Cette pratique doit être lourdement imposée. Plus la livraison d'un bien non périssable est rapide, plus l'imposition doit être élevée. On ne peut agir sur ces émissions en se basant uniquement sur la bonne volonté des consommateurs chez qui les groupes géants ont créé un sentiment de manque. Seule l'action réglementaire et fiscale peut mettre un terme à cette course à la livraison en quasi-temps réel. Mais il faut également prendre en compte l'évolution de la logistique des entreprises industrielles et des commerces.

Depuis une quarantaine d'années, le « juste à temps » ou toyotisme[1] est devenu la norme. Ce mode de gestion vise la réduction du stock au niveau le plus bas possible, car acquérir, stocker, gérer les produits est coûteux. En supprimant le stock, on réduit les sorties de trésorerie, on externalise l'entreposage et les emplois. Le commerce a suivi le même mouvement avec la réduction du stock en magasin, libérant des surfaces pour de la vente. En contrepartie, cette organisation génère une augmentation des commandes et livraisons quotidiennes. Il s'ensuit une circulation permanente de véhicules de livraisons, source d'émissions de CO^2, de congestions urbaines, de pertes de temps, de polluants atmosphériques, etc.

Cette logique d'externalisation du stockage/entreposage, de réduction du stock stratégique et de généralisation de la circulation de marchandises doit être remise en cause. Le zéro stock / zéro délai joue un rôle très négatif en termes d'émissions de gaz à effet de serre. C'est l'ensemble du processus productif et commercial qui est organisé dans cette logique. On peut favoriser le retour de stockages intermédiaires dans les entreprises par des réglementations contraignantes. Cette rupture avec la vitesse est également une des conditions du retour des commerces de proximité dans les centres-villes. D'autre part, il serait cohérent d'interdire rapidement la production de véhicules automobiles de plus de 7 CV et les SUV.

---

[1] Le toyotisme vient de l'entreprise Toyota qui a élaboré une méthode basée sur le stock minimum et le délai minimum dans les années 1960. Cette méthode a débouché sur le principe du cinq zéros. Zéros stock, zéros délais, zéro défaut, zéro papier, zéro panne.

Par ailleurs, afin de favoriser la mutation des usages des véhicules, il est nécessaire d'imposer très lourdement les émissions de ces véhicules, par exemple 300 euros la tonne d'équivalent CO^2. Cela n'empêchera pas leur usage, mais le rendra plus coûteux, favorisera le recours à des véhicules plus économes, le co-voiturage et la recherche d'alternatives dans les mobilités. Ce qui amène à la mobilité des personnes.

2) Penser l'inégalité des revenus dans l'accès à la mobilité

La mise en place d'une fiscalité environnementale va fortement augmenter les coûts de mobilité. Or, les ménages les plus modestes sont confrontés à deux contraintes. D'une part, ils vivent souvent loin de leur lieu de travail, dans des espaces souvent mal desservis par les transports en commun, mais dans lesquels les loyers sont plus faibles. D'autre part, la part de leur revenu consacrée aux déplacements est plus importante, d'une part du fait de l'éloignement de leur lieu de travail, d'autre part du fait d'un revenu moyen plus faible.

Ainsi, les 10% de ménages les plus aisés consacrent 11,5% de leur revenu disponible aux transports alors que les 10% les plus modestes y consacrent 21,3%[1]. Un pourcentage très élevé de ces ménages utilise des véhicules diesel, car ils ont longtemps été moins couteux au kilomètre que les véhicules essence. La volonté de rapprocher ce carburant du prix de l'essence se comprend, car le diesel est très polluant, mais cela va impacter lourdement ces ménages déjà en proie à de grandes difficultés financières.

Le tableau ci-après montre que dans les communes où le diesel est majoritaire, le revenu moyen est nettement plus faible que dans les communes où ce sont les véhicules à essence qui dominent[2]. Dans les dix communes de France où le diesel représente plus de 85 % des véhicules, le revenu médian par personne se situe entre 14 850 euros et 23 570 euros. Mais dans les dix communes de France où le pourcentage de véhicules à essence est le plus élevé, le revenu médian se situe entre 23 460 euros et 44 370 euros. Le diesel apparaît donc comme le carburant du pauvre. Il sera indispensable d'aider les ménages modestes, car ils ne pourront assumer le coût fiscal des émissions générées par leurs véhicules.

---

[1] Cf. *En 2017, les ménages consacrent 11% de leur revenu disponible à la voiture*, INSEE première n° 1855, avril 2021.

[2] Cf. https://www.sudouest.fr/2018/11/19/infographie-la-carte-de-france-du-diesel-commune-par-commune-5579695-10407.php et INSEE dossiers complets sur les communes.

François Ascher indique « Plus on est pauvre, plus il est nécessaire de se déplacer, plus il est difficile de le faire, plus cela coûte cher, moins on accède au potentiel de la ville, et plus on risque d'être entraîné dans des spirales qui mènent à la très grande pauvreté, à la marginalité, à l'exclusion[1] ».

Tableau 5

Type de véhicule et revenu moyen de la commune

Commune où l'essence domine	**% essence**	**Médiane revenu**
Neuilly-sur-Seine (92)	74%	44 370 €
Paris 16 (75)	73%	38 900 €
Saint-Jean Cap Ferrat (06)	72%	23 460 €
Paris 07 (75)	71%	43 270 €
Paris 06 (75)	71%	39 330 €
Paris 08 (75)	69%	41 270 €
Villefranche sur mer (06)	68%	24 300 €
Paris 01 (75)	68%	32 890 €
Paris 05 (75)	68%	33 350 €
Vaucresson (92)	68%	39 570 €
Communes où le diesel domine	**% diesel**	**Médiane revenu**
Origne (33)	88%	21 660 €
Sainte-Engrâce (64)	87%	14 850 €
Clamanges (51)	87%	23 750 €
Casties-Labrande (31)	86%	22 310 €
Bédeille (64)	86%	22 490 €
Chambezon (42)	86%	22 500 €
Masnau-Massugiès (81)	85%	15 610 €
Curan (12)	85%	19 010 €
Saint-Martin-d'Audouville (50)	85%	19 150 €
Maumusson-Laguian (32)	85%	20 070 €

Source Sud-Ouest et INSEE

[1] Cf. François Ascher, *Transports, pauvreté, exclusions*, Editions de l'aube 2004 (collectif), p 180.

Le coût de la mobilité doit être relié au coût de l'habitat. On ne peut réfléchir à l'efficacité de mesures de réduction des émissions de CO² sans prendre en compte l'ensemble des éléments qui entrent en jeu. Certains ont les moyens de supporter une fiscalité environnementale forte, d'autres ne le peuvent pas. « La fragilité sociale des habitants est une caractéristique du périurbain subi. Les problèmes financiers sont structurels (ayant du mal à s'acquitter du paiement des traites de leur maison, des déplacements nombreux, l'obligation de posséder deux voitures). Quand le chômage frappe, l'éloignement des zones les plus dynamiques rend difficile un retour à l'emploi[1] ». L'augmentation du prix du carburant pénalisera lourdement ces ménages et la nécessaire fiscalité environnementale doit anticiper et prendre en compte cette réalité sociale. La mesure doit être totalement neutre pour les ménages modestes et très conséquente pour les ménages aisés. Entre ces deux catégories, une analyse approfondie doit établir des seuils qui soient à la fois progressifs et intelligemment dissuasifs concernant l'usage de ces véhicules. Ils doivent notamment déterminer si des alternatives existent et si elles sont compatibles avec la capacité des ménages, leurs contraintes de temps, etc. Procéder ainsi serait l'inverse de ce qui se pratique actuellement en France puisque les hausses de carburant sont indifférenciées.

3) Une fiscalité environnementale mal pensée pénaliserait davantage les femmes

Cette question de la mobilité concerne en particulier les femmes. En effet, la double motorisation traduit souvent l'usage des voitures par les femmes, car lorsqu'il y a un véhicule unique, il est majoritairement dans les mains du mari ou du compagnon. Si le coût de mobilité augmente, nombre de ménages vont calculer qu'il est préférable que la personne qui a le moins de revenus dans le couple (il s'agit en grande majorité de la femme) reste au foyer. C'est un fait national : les femmes ont en moyenne une qualification supérieure à celle des hommes, taux de chômage supérieur[2], un pourcentage de temps partiel est largement supérieur (30,6% contre 7,2%)[3] et un salaire horaire moyen est inférieur de 18%[4].

---

[1] Cf. Christophe Guilluy, *La France périphérique,* Flammarion 2014, p 59.
[2] Source INSEE, recensement 2006.
[3] Cf. *Le travail à temps partiel* DARES synthèse, juin 2013, stat n° 4.
[4] Cf. *Le revenu salarial des femmes reste inférieur à celui des hommes,* INSEE première n°1436, mars 2013.

Ces inégalités ne concernent pas uniquement les moins qualifiées d'entre elles et se retrouvent à des degrés variables dans toutes les tranches d'âge et tous les niveaux de qualification. Le calcul est donc simple, d'un côté, lorsque la femme se retire de l'emploi, le revenu du ménage va baisser de 30 à 40%. Mais de l'autre, les dépenses vont baisser de façon très significative : baisse d'impôt du fait de la perte de revenu, suppression du second véhicule, réduction des dépenses pour assurer la « logistique du quotidien » (amener les enfants à l'école, les garder le soir si les deux parents ont des horaires contraignants, les amener au centre de loisirs le mercredi ou aux activités, voire repasser le linge, faire le ménage[1], etc.). L'inégalité salariale et le manque de services publics de proximité assignent à lotissement de nombreuses femmes. Il ne faut pas que l'action contre le changement du climat aggrave le problème. Il faut donc penser l'inégalité de revenu et articuler cette réflexion au renforcement du service public de proximité, lequel permet d'échapper à l'enfermement loin de l'emploi. L'INSEE montre que ces inégalités s'aggravent lorsque les femmes salariées deviennent mères[2].

- Seules 76% des femmes de 25 à 49 ans exerçant des responsabilités familiales sont en emploi contre 84 % des femmes du même âge qui n'en ont pas. Dit autrement, 17 % des femmes exerçant des responsabilités familiales sont sans activité contre 9 % pour les autres.
- À l'inverse, 91 % des hommes du même âge exerçant des responsabilités familiales sont en emploi contre 82 % pour les autres.

« Ce lien inversé entre femmes et hommes reste vrai une fois que l'on tient compte de l'âge et de la catégorie socioprofessionnelle de la personne, de la situation d'emploi du conjoint éventuel, de l'âge ou du nombre d'enfants[3] ». Les ouvrières sont davantage touchées puisque 54 % de celles qui exercent des responsabilités familiales sont en emploi contre 74 % pour les autres. Pour les femmes cadres, 90 % sont en emploi malgré ces responsabilités contre 94 % pour les autres. Les inégalités que subissent les femmes les poursuivent dans la maternité, mais aussi dans la retraite.

---

[1] Car l'inégalité dans la répartition des tâches au seins des ménages perdure, malgré de lentes améliorations.

[2] Cf. *Être parent : des cadres aux ouvrières, plus de conséquences sur l'emploi des femmes*, INSEE première n° 1795, mars 2020.

[3] Ibid.

Ces femmes qui ont moins d'annuités de travail, davantage de temps partiel et des salaires plus faibles auront des retraites plus faibles. La lutte contre l'enclavement et l'assignation à lotissement des femmes est un véritable enjeu de société et d'égalité.

Cela nécessite de renforcer le service public orienté vers l'enfance et la petite enfance, crèches, centres de loisirs, activités périscolaires, restauration scolaire. La puissance publique doit mobiliser les ressources provenant de la fiscalité environnementale et celles provenant des hauts revenus et hauts patrimoines pour garantir l'égalité entre les sexes. L'action climatique doit prendre en compte ces réalités, en France comme partout dans le monde parce qu'en France comme partout dans le monde les rapports homme/femme restent marqués par l'inégalité.

4) *Repenser la fiscalité agricole au profit des exploitations familiales et non chimisées*

De même qu'il faut repenser la fiscalité sur les forêts et zones humides, la conversion en agriculture biologique et l'installation de jeunes agriculteurs peuvent être favorisées par les dispositifs fiscaux. On peut imaginer une exonération permanente de ces terres dès lors qu'elles ne changent pas de nature.[1] Il faut favoriser la préservation des forêts et espaces humides en prenant en compte leur rôle de puits de carbone provisoire. Prendre en compte les émissions évitées par les forêts existantes permettrait de financer l'entretien que de nombreux petits propriétaires n'ont pas les moyens de réaliser. Il pourrait en être de même des espaces Natura 2000, des bois, forêts et zones humides. Enfin, l'aide aux exploitations familiales et à la conversion bio pourrait prendre en compte les émissions de CO^2 évitées, externalités évitées par la suppression des intrants chimiques.

Il faut donc penser à la fois cet impôt de transition et cette stricte réglementation comme le cœur de la transition climatique et l'articuler à une refonte des impositions.

---

[1] La prise en compte des revenus et du patrimoine des propriétaires est toutefois nécessaire afin de ne pas favoriser un effet d'aubaine. C'est ce qui s'est produit avec la suppression de la taxe d'habitation, certains propriétaires très aisés économisant plus de 10 000 euros par an à la fin du processus de suppression.

5) Fiscaliser lourdement l'obsolescence programmée

L'obsolescence programmée est une véritable plaie environnementale, sociale et économique. Elle contribue à une surproduction de biens dont le cycle de vie est délibérément raccourci. Quel que soit le secteur, il est très simple d'agir :

- Analyser statistiquement la durée de vie des produits. Pour chaque produit, il est possible d'établir des estimations de durée de vie normale tenant compte des composants utilisés. Si l'étude montre que le produit a une espérance de vie de trois ans alors que techniquement il pourrait fonctionner sept ans, il n'est pas certifié. Rétrospectivement, si un produit certifié n'a fonctionné en moyenne que quatre ans alors qu'il aurait dû fonctionner sept ans, l'entreprise subit une imposition correspondant aux émissions de CO^2 supplémentaires liées à cette durée de vie artificiellement réduite, éventuellement complétée d'une amende, elle-même aggravée en cas de récidive.
- Impliquer financièrement les banques prêteuses. Elles ne peuvent continuer à négliger le coût environnemental de leurs activités. La loi doit rendre les banques co-responsables des conséquences environnementales de leurs activités. Si une banque finance des investissements prédateurs du climat, elle doit être pénalisée financièrement, voire pénalement.

6) S'attaquer prioritairement aux activités les plus polluantes pour lesquelles il existe des alternatives

Ne prendre en compte que les responsabilités individuelles rend chacun personnellement responsable du destin de la planète. Cette énorme responsabilité peut se traduire par deux types de comportements, la fuite en avant (c'est-à-dire le déni de la réalité) ou l'austérité et le repli sur une vision survivaliste du futur. Aucun de ces comportements ne permettra de régler le problème puisqu'il ne s'attaque pas aux sources des émissions de gaz à effet de serre. De ce point de vue, des discours trop généraux sur la décroissance renforcent l'angoisse et polarisent les citoyens sur l'un ou l'autre des comportements, la fuite en avant où l'extrême austérité. Faut-il ne plus acheter de vêtements, ne plus voyager, ne plus manger de viande, renoncer à la voiture, circuler systématiquement en bus ou à vélo pour sauver la planète ? Ces interrogations se retrouvent chez énormément de personnes conscientes qu'il faut agir.

Elles traduisent la peur d'un futur qui se traduirait inévitablement par la perte d'une multitude de petits bonheurs du quotidien. Or, s'il faut réduire certaines consommations, il est essentiel de faire la différence entre la consommation finale (c'est-à-dire le bien ou service mis à disposition) et la consommation d'énergie nécessaire pour réaliser, transporter ou stocker ce bien ou service. Lorsqu'on évoque la décroissance, il faut donc commencer par lister les produits ou services gros consommateurs d'énergie et chercher ensuite s'ils ont des alternatives techniques. La production, le transport ou le stockage de certains produits ou services peut se révéler très polluant, mais relativement facile à remplacer par d'autres produits nettement moins générateurs de gaz à effet de serre. Lorsqu'une personne qu'elle manque de réalisme, une expression populaire lui conseille « d'atterrir », de ne plus avoir la tête dans les nuages.

Bruno Latour se demande « où atterrir ? [1]», question particulièrement adaptée au monde du numérique en général et aux datacenters en particulier. Le cloud est l'élément clé de la captation des données individuelles pour en faire des produits commerciaux. C'est un très gros consommateur d'énergie, un générateur de chaleur et un très important émetteur de gaz à effet de serre[2]. Réfléchir à une croissance économe en CO^2 nécessite de sortir la tête des nuages, à tous les sens du terme. Le cloud et son modèle économique sont l'exemple d'une technologie dont il faut réduire massivement la présence. Plafonner le stockage externe et redonner la priorité à un stockage personnel de ses données sur son ordinateur, complété de sauvegardes externes physiques permettrait de réduire considérablement le cloud et sa consommation énergétique démesurée. Cela ne se fera pas sans heurts puisque cela revient à démanteler les principaux groupes mondiaux que sont les GAFAM et leurs équivalents chinois et autres. Mais ce démantèlement nécessaire illustre l'existence de secteurs dont la forte limitation est possible, sans que les consommateurs ne soient contraints à une austérité inefficace. De même, choisir collectivement d'allonger les délais de livraison des biens non périssables ne changera pas la vie des consommateurs. Mais cela peut contribuer à réduire fortement les émissions de CO^2.

---

[1] Cf. Bruno Latour, *Où atterrir ? Comment s'orienter en politique,* éditions La Découverte 2017.

[2] Voir chapitre 2, Les datacenters, un produit nouveau qui n'est pas dans les moyens de la planète.

En ralentissant ces rythmes, on réduit le besoin de stockage massif de produits dont la livraison ultrarapide est un argument commercial. Les très grands entrepôts, la surproduction de biens rapidement obsolètes, leur transport rapide sur des milliers de kilomètres deviennent moins nécessaires et sont moins rentables.

Couplé à une facturation des émissions de CO^2, ce ralentissement contrarie le modèle de la surproduction, du transport et du stockage massifs. C'est probablement le domaine où les gisements de réduction des gaz à effet de serre sont les plus importants. Ces éléments sont fournis pour être débattus. Ils ne doivent pas être séparés des autres enjeux, dont ceux de la croissance et du patrimoine.

IV/ Croissance et gros patrimoines, une contradiction explosive nous attend

A/ Un exemple de pensée magique, croire à une croissance infinie dans un monde fini

Sur cinquante ans, une hausse de 1% du PIB annuel correspond à une progression de 66% du PIB mondial. Une hausse de 1,5% correspond à une multiplication par 2,1 et une hausse de 2% à une multiplication par 2,7. La planète ne possède plus les ressources permettant une telle évolution. Qui peut encore croire qu'il soit possible de tripler le PIB et de réduire les émissions de CO^2 alors que depuis soixante ans nous n'avons jamais empêché leur progression ? Une expansion permanente dans un univers qui n'est pas extensible est impossible. « Comment parler « d'efficacité » à propos de systèmes techniques qui n'ont pas su intégrer dans leurs plans de quoi durer plus que quelques décennies ? Comment appeler « rationaliste » un idéal de civilisation coupable d'une erreur de prévision si magistrale qu'elle interdira à des parents de céder un monde habitable à leurs enfants [1] ». La lutte contre le changement climatique devrait se traduire par un rythme de croissance du PIB nécessairement plus faible :

- Conception du développement plus économe en productions, en limitant la course à l'innovation de produits et à leur obsolescence.
- Moins de circulation des marchandises génératrices de nuisances environnementales.

---

[1] Cf. Bruno Latour, *Où atterrir ? Comment s'orienter en politique,* Editions La Découverte 2017, p 86.

- Moins de consommations énergétiques en réduisant les transports de marchandises et la place du numérique dans la vie quotidienne (cloud, 5 G et datacenters).

Mécaniquement, être économe en CO^2 devrait se traduire par une croissance annuelle du PIB plus faible. Il faudra donc à la fois prendre en compte ces coûts environnementaux, mais également faire avec un PIB qui augmente moins rapidement voire diminue, mais en lien avec une répartition des richesses radicalement différente.

B/ Sans fiscalité correctrice, une moindre croissance accentuera les inégalités

Depuis de nombreuses années, le rendement du capital est supérieur à la croissance annuelle, ce qui aggrave les inégalités de répartition des richesses. Si le PIB augmente en moyenne de 0,5 à 1,5 %, mais que les gros patrimoines augmentent de 4 à 5 %, ces patrimoines vont peser de plus en plus dans la richesse mondiale, au détriment des revenus issus du travail. Ce déséquilibre renforce le caractère rentier de nos sociétés. Thomas Piketty démontre qu'une situation de faible croissance et de rendements élevés du capital. « Implique mécaniquement que les patrimoines issus du passé se recapitalisent plus vite que le rythme de progression des revenus et de la production. Dans ces conditions, il est presque inévitable que les patrimoines hérités dominent largement les patrimoines constitués au cours d'une vie de travail[1] ».

Aujourd'hui, le patrimoine est encore plus inégalement réparti que le revenu. Selon Thomas Piketty, les 10% des personnes percevant les revenus les plus élevés représentent 25 à 30 % du revenu total alors que les 10% des personnes ayant le patrimoine le plus important représentent toujours au moins 50 % de ce patrimoine, voire 90 % dans certaines sociétés. Autrement dit, les inégalités de patrimoine sont encore plus massives que les inégalités de revenus. « 50% des personnes les plus pauvres en patrimoines ne possèdent rien ou presque rien, toujours moins de 10 % du patrimoine total et généralement moins de 5%, soit dix fois moins que les 10% les plus fortunés [2] ». Une telle situation est contradictoire avec le discours méritocratique en vogue. Nos sociétés qui vantent l'entrepreneur seront de plus en plus des sociétés de rentiers si rien n'est fait pour changer cette situation.

---

[1] Cf. Thomas Piketty, *Le capital au 21 ème siècle*, Seuil 2013, p 53/54.

[2] Ibid, p 386.

La planète comptait 140 milliardaires en dollars en 1987, elle en comptait plus de 1 400 en 2013[1] et près de 2800 en 2021[2]. Leur patrimoine connu serait passé de moins de 300 milliards en 1987 à 5 400 milliards en 2013 et environ 13 000 milliards en 2021[3]. Tenant compte de l'évasion fiscale massive, ils sont en réalité largement supérieurs. Non seulement le patrimoine est très concentré, mais de plus il est d'autant mieux rémunéré qu'il est important. « Les 0,1% les plus riches bénéficient d'une croissance de leur patrimoine de 6% par an alors que la progression du patrimoine moyen mondial n'est que de 2% par an, cela impliquerait au bout de trente ans que sa part dans le capital de la planète aura triplé. Les 0,1% détiendraient alors plus de 60% du patrimoine mondial[4] ». Ce rendement plus élevé accroît d'autant plus les écarts de richesse que la croissance est faible. La fiscalité environnementale présente donc un autre avantage sociétal, elle combat les inégalités sociales et peut contribuer à réduire la rente et les patrimoines disproportionnés.

Thomas Piketty propose des mesures précises pour réduire ces inégalités, tout en insistant sur les difficultés techniques du fait de législations avantageuses pour ces multimilliardaires.

Son travail encyclopédique ouvre le débat puisqu'il s'agit de remettre en cause la répartition de la valeur ajoutée entre salaires et profits à hauteur de plusieurs milliers de milliards d'euros annuels. Cela se traduira par une remise en cause de la concentration des patrimoines et par la remise en cause de l'enrichissement par la rente que permettent ces patrimoines très concentrés, dont la progression est supérieure à celle du PIB.

Nous avons à gros traits estimé à environ 150 000 milliards de dollars sur ces 25 dernières années les dégâts environnementaux et climatiques non pris en compte par les entreprises. Cela correspond à deux ans du PIB mondial. Si la dette climatique accumulée n'est pas remboursable, il est possible d'interrompre sa progression et de s'attaquer également à la dette monétaire des États afin de dégager rapidement des ressources pour agir.

---

[1] Ibid, p 690.
[2] Cf. Statista Research Department, 7 mai 2021.
[3] Cf. Thomas Piketty, *Le capital au 21 ème siècle*, Seuil 2013, p 690 et OXFAM, Les inégalités tuent, janvier 2022 p 18.
[4] Ibid, p 700.

V/ Que faire de la dette publique si la dette climatique n'est pas remboursée ?

Les dettes contractées par les Etats pour limiter les effets de la crise due au COVID sont un des arguments mis en avant pour retarder l'action contre le changement climatique, au principe que la priorité est l'emploi et que le climat attendra. La crise climatique est sous-estimée parce que le scénario de l'inacceptable est rejeté. Il faudrait davantage de croissance pour créer davantage d'emplois pour ensuite avoir les moyens de s'attaquer au coût de l'action contre le changement climatique. La croissance serait bloquée si la dette était trop élevée. Vraiment ?

A/ Quand les croyances modifient les résultats

Début 2010, Carmen Reinhart et Kenneth Rogof, deux universitaires d'Harvard publient une étude qui affirme qu'il existe un lien entre dette publique et croissance économique. Ils ont pour cela étudié les données de quarante pays sur deux-cents ans et ensuite retenu vingt de ces pays pour la période 1946 à 2009. Pour ceux-ci, la croissance passerait de + 3 % à -0,1% lorsque la dette atteint ou dépasse 90 % du PIB. Ils en concluent que ce seuil de dette débouche sur la récession. Cet article obtient immédiatement un grand succès. Le commissaire européen aux affaires économiques Olli Rehn s'appuyait ainsi sur ses conclusions pour réaffirmer l'efficacité des mesures prises par la Commission[1].

Pourtant, entre 2010 et 2013, de nombreux chercheurs veulent vérifier ce lien, car un des aspects qui surprend le plus est le caractère brutal des effets. Au-dessous de 90% de dette/PIB, la croissance reste correcte, mais à partir de 90%, elle chute brutalement. Ce comportement économique inhabituel fait penser à un problème d'échantillonnage. En avril 2013, trois étudiants[2] obtiennent les données et constatent que certaines valeurs ont été retirées de l'analyse. Ils constatent également une méthode de calcul des moyennes erronée.

---

[1] « Il est largement reconnu, sur la base de sérieuses recherches, que lorsque les niveaux de dette publique s'élèvent au-dessus de 90%, ils tendent à avoir une dynamique négative sur l'économie, ce qui prend la forme d'une croissance ralentie durant de nombreuses années ». (Lettre aux ministres européens des Finances, 13 février 2013). Voir également études économiques OCDE 2011, n°5 ou la loi de finances 2010.

[2] Cf. Herdon, Ash and Pollin, *does high public debt consistently stifle economic Growth ? À critique of Reinhart and Rogoff,* Université du Massachussetts avril 2013.

On comprend mieux l'erreur méthodologique que comporte l'article en le présentant de façon simplifiée. Pour les besoins de la démonstration, seuls deux pays sont ici pris en compte, la Grèce et la Nouvelle-Zélande. Lorsque la dette dépasse 90%, du PIB l'évolution annuelle du PIB est mise en parallèle avec ce ratio.

Reinhart et Rogof ont créé quatre tranches du ratio dette/PIB : de 0 à 30 %, 30 à 60 %, 60 à 90 % et plus de 90 %. Ils ont ensuite relevé pour chaque pays concerné le taux de croissance du PIB pour l'année où la dette atteint ou dépasse 90% du PIB. Or, leur méthode de calcul est fausse. D'après le tableau ci-dessous, élaboré à partir des travaux de Reinhart et Rogof, le ratio dette/PIB de la Nouvelle-Zélande aurait dépassé le seuil de 90% une seule fois (en 1951) alors que la Grèce aurait dépassé ce seuil sur l'ensemble des années 1991 à 2009.

Tableau 6

Dette et PIB de la Grèce et de la Nouvelle-Zélande[1]

Années où le ratio dette PIB est supérieur 90%	Évolution PIB Nouvelle-Zélande	Évolution PIB Grèce
1951	-7,60%	
1991		3,10%
1992		0,70%
1993		-1,60%
1994		2,00%
1995		2,10%
1996		2,40%
1997		3,60%
1998		3,40%
1999		3,40%
2000		4,50%
2001		4,20%
2002		3,50%
2003		6,00%
2004		4,70%
2005		3,70%
2006		3,70%
2007		4,20%
2008		3,70%
2009		-3,10%
Moyenne du Pays	**-7,60%**	**2,90%**

Reinhart et Rogof ont ensuite calculé l'évolution moyenne du PIB. Dans le cas néo-zélandais, ils obtiennent une moyenne de -7,6%, ce qui est juste. Ils procèdent de la même façon pour les 19 années où le ratio dette/PIB grec a dépassé 90% et obtiennent une moyenne de 2,9%, ce qui constitue en soi un problème.

[1] Source : Université de Sherbrooke/perspective monde.

En effet, 17 de ces 19 années ont connu une croissance du PIB, ce qui est exactement l'inverse de ce qu'ils voulaient démontrer. Une dette élevée n'a pas freiné la croissance de la Grèce 17 années sur 19. D'autre part, la « moyenne » néo-zélandaise composée d'une seule valeur décrit un évènement ancien (il remonte à 1951), alors que les 19 évènements grecs sont contemporains (1991 à 2009). Dans notre exemple simplifié, leur raisonnement débouche sur les valeurs suivantes :

- Addition des taux de croissance des deux PIB, -7,6 %+ 2,9% = -4,7%.
- Évolution du PIB moyen, -4,7%/2 = -2,35%.

Le recul moyen du PIB serait donc de -2,35% pour ces deux pays lorsque le ratio dette/PIB dépasse 90%. Ce pourcentage n'a aucune valeur scientifique, car on ne peut donner le même poids statistique à une « moyenne » reposant sur un seul évènement (par ailleurs ancien) et à une autre moyenne reposant sur 19 évènements (récents). C'est ce que rappellent les trois étudiants. Une méthodologie plus correcte devrait être la suivante. Si la Grèce fait partie 19 fois des pays ayant un ratio dette/PIB supérieur à 90% et la Nouvelle-Zélande une seule fois, la Grèce doit entrer 19 fois dans le calcul et la Nouvelle-Zélande une seule fois. C'est le raisonnement que des lycéens doivent savoir construire pour éviter des contresens élémentaires. Pour autant, on ne pourrait pas non plus affirmer que lorsque ces deux pays connaissent une année de dette/PIB supérieure à 90%, leur croissance moyenne serait de +2,3%.

Cette moyenne ne serait pas non plus rigoureuse, car la distorsion de nombre (dix-neuf évènements contre un) et d'époque (les années cinquante contre les années 1990 à 2010) biaiserait l'analyse. La Grèce serait surpondérée dans l'analyse comparée et la Nouvelle-Zélande sous-pondérée. Les trois étudiants ont donc repris le travail sur l'ensemble de l'échantillon et calculent que la croissance des pays intégrés dans l'analyse passerait de 3 % à 2,2% et non à -0,1%. La différence théorique des rythmes de croissance (de 3 % à 2,2%) est trop faible pour conclure à un effet de seuil. Cela d'autant plus qu'il peut y avoir des causes spécifiques à la stagnation du PIB : Crise locale, effet négatif de la réduction des dépenses publiques sur la consommation et donc sur la croissance, baisse de l'investissement public et donc du PIB à la suite de la baisse des impôts, etc.

Enfin, ils ont constaté que les auteurs ont supprimé des données. Par exemple, ils ont pu vérifier que quatre années où la Nouvelle-Zélande était dans la catégorie 90% ont été supprimées du fichier source.

Or, pendant ces quatre années, la croissance du PIB a été très forte. Ce sont les conclusions issues de ce fichier tronqué et de cette méthodologie fausse qui ont été reprises largement par les médias et des institutionnels. Lorsqu'une étude présente un résultat inattendu et contraire aux analyses menées jusque-là, cela ne signifie pas que nécessairement qu'elle soit fausse, car elle peut avoir apporté un éclairage nouveau. Mais dans le cas de Reinhart et Rogof, le résultat obtenu correspond tellement à ce qu'ils souhaitaient qu'ils n'ont pas effectué les vérifications nécessaires et leur étude est truffée d'erreurs. D'autre part, on ne sait pas si c'est la récession qui aggrave la dette ou la dette qui crée la récession[1]. Derrière cet exemple, on retrouve les questions qui sont au cœur de ce livre. La dépense publique est vécue par certains comme une anomalie, une pathologie. Cette obsession débouche sur une autre pathologie consistant à nier les faits et la réalité. C'est exactement la même chose lorsque les émissions de CO^2 importées sont oubliées. Cela permet de présenter l'Europe et la France comme des territoires vertueux alors que le continent a délocalisé ses productions et ses émissions, en particulier en Asie. Enfin, on ne peut exiger que les dettes publiques soient remboursées quoiqu'il en coûte et négliger la dette climatique.

B/ annuler la dette climatique, mais rembourser la dette publique ?

Même si notre système économique était rapidement réorienté, certains dégâts sont irréversibles. Selon de nombreux scientifiques qui évoquent la notion d'emballement climatique, tout retour en arrière est probablement impossible au-delà de deux degrés. Dans un tel contexte, la dette climatique passée apparaît non remboursable. Les 150 000 milliards d'euros d'émissions de CO^2 non imposées sont une perte nette pour l'humanité, mais un immense profit pour une infime minorité.

---

[1] « Arindrajit Dube, économiste à l'université du Massachussetts montre par exemple que la dette est plus fortement corrélée à la croissance passée qu'à celle à venir. Ce pourrait donc être le manque de croissance qui entraîne une augmentation de la dette et non le contraire ». *La Recherche*, mai 2014. La crise du COVID 19 semble confirmer cette analyse, l'augmentation de la dette provient d'un effondrement du PIB, ce n'est aucunement la dette qui provoque la baisse du PIB, mais le virus et le confinement rendu nécessaire par celui-ci.

D'un côté, les banques financent la croissance d'entreprises qui créent une dette climatique non remboursable, de l'autre elles exigent le remboursement des dettes contractées par les Etats.

Un prêteur est rémunéré en principe pour le risque qu'il prend. Mais les États et institutions internationales (FMI, Banque centrale européenne, etc.) se sont substitués aux banques privées lors de la crise financière de 2008 ou lorsque la Grèce n'a pu rembourser sa dette. Le risque « est inhérent à l'activité bancaire » selon la banque de France qui indique par ailleurs « Le rôle d'intermédiaire financier des établissements de crédit les expose structurellement au risque de transformation ou de taux, en finançant des actifs à long terme avec des dépôts ou d'autres formes de financements souvent libellés à court terme[1] ». Les banques sont rémunérées pour le risque qu'elles sont supposées prendre en accordant des prêts. Elles sont en principe légalement responsables si elles ont mal estimé ou dissimulé des risques. David Graeber interroge ce dogme qui voudrait qu'une dette soit toujours remboursée. « L'énoncé « on doit toujours payer ses dettes » n'est pas vrai. Tout prêteur est censé prendre un certain risque. Si l'on pouvait se faire rembourser n'importe quel prêt, même le plus stupide, s'il n'existait aucun code des faillites par exemple, les effets seraient désastreux. Quelles raisons les prêteurs auraient-ils de ne pas consentir des prêts extravagants ? [2]». De fait, les profits bancaires sont privés, les pertes bancaires sont socialisées et nous nous substituons aux banques en reprenant à notre charge des prêts qu'elles ne pourront se faire rembourser. C'est également ce que nous faisons concernant le climat. Nous prenons à notre charge la dette climatique alors qu'elle est pour l'essentiel le résultat d'un modèle économique dans lequel les bénéfices sont privés, mais les coûts environnementaux collectifs.

Le changement du climat est supporté par toute la société, de même que nous nous substituons aux institutions financières lorsqu'elles génèrent des pertes. Il n'est pas envisagé d'exiger le remboursement de la quote-part de la dette climatique des grandes entreprises et des banques. Mais dans le cas des dettes publiques, ces mêmes banques et fonds spéculatifs exigent leur remboursement. Cette pratique porte un nom anglais, "Too Big to fail", trop gros pour faire faillite.

---

[1] Cf. Banque de France. Revue de la stabilité bancaire n° 6 juin 2005, p 88.

[2] Cf. David Graeber, *Dette, 5 000 ans d'histoire,* Babel 2011, p 9.

L'argument est simple, la faillite des établissements financiers entraînerait des conséquences systémiques et engendrerait une très forte dépression économique. La solution est-elle dans la fuite en avant des crises financières à répétition ? Faut-il continuer à socialiser ces pertes comme nous socialisons le coût du changement climatique ? Ne faudrait-il pas plutôt transformer les garanties apportées aux banques par les Etats en participation publique dans leur capital voire en contrôle définitif ? Ce serait une excellente incitation à la prudence et à l'investissement réduisant les émissions de gaz à effet de serre. Puisqu'il est possible de ne pas payer sa dette climatique, mais d'obtenir toujours le remboursement des prêts accordés, le comportement des banques et entreprises est rationnel. L'absence de sanctions à hauteur des dégâts générés autorise ce comportement nuisible. Il n'y a rien dans le système international actuel qui les pousse à une quelconque responsabilité sociale, environnementale ou bancaire. Ces entreprises géantes sont au contraire couvertes par l'ensemble de la société. On ne pourra pas limiter le changement climatique sans remettre en cause leur pouvoir. La dette climatique passée n'est plus remboursable. Mais il faut maintenant fiscaliser les émissions annuelles afin de changer radicalement notre modèle économique en faisant porter l'effort sur les principaux émetteurs que sont les grandes entreprises et les banques.

Faim dans le monde, fin du mois, fin du monde. On ne peut lutter contre le changement climatique sans lutter contre les inégalités.

Les climatosceptiques sont convaincus qu'il n'y a pas de changement climatique ou que s'il existe, il n'a pas de lien avec l'activité humaine. Mais ils ne sont que la partie visible du négationnisme climatique. En refusant d'agir réellement pour éviter ce changement, les grandes banques et entreprises, la Banque mondiale, l'Union européenne, le FMI et les gouvernements de la plupart des États ne sont pas différents des climatosceptiques. Ils sont conscients que le climat change, mais ils continuent à affirmer que la solution passe par le marché et la technologie. Qu'ils nient le changement climatique ou qu'ils en minorent les conséquences ne fait pas une grande différence. Les discours n'étant pas suivis d'actions, les paroles des uns et le silence des autres débouchent sur un même effet, les émissions de gaz à effet de serre progressent constamment.

Les climatosceptiques et les inactifs du climat ont un autre point commun, ils refusent que notre système socio-économique soit réorienté. Ils réduisent le changement climatique à des comportements individuels et rejettent l'action collective par la loi et la fiscalité. Ce rejet les fragilise, car il ne leur reste plus que l'espérance d'une succession de miracles technologiques mis en mouvement par le marché et évitant le pire des maux : l'impôt. Se prémunir contre les risques majeurs nécessite des investissements très importants. Or, pour réaliser ces investissements, il faut des dépenses publiques et donc des impôts.

Rejeter les risques associés au climat ou tout autre risque n'est donc pas lié à un manque de clairvoyance de la part de ces élites. C'est un choix de société, un choix de classe selon un milliardaire américain « La guerre des classes existe, c'est un fait. Mais c'est la mienne, la classe des riches, qui mène cette guerre et nous sommes en train de la remporter [1] ». Limiter le réchauffement climatique autour de deux degrés reste possible à condition d'y consacrer environ 12 % du PIB mondial par une fiscalité dissuasive sur les émissions de CO^2. Cela réduirait d'environ un tiers le profit moyen à l'échelle mondiale[2].

---

[1] CF. Warren Buffet, 25 mai 2005.

Cette forte baisse des profits ramènerait le partage de la richesse à ce qu'il était avant la révolution conservatrice du début des années 1980. Le partage de la richesse s'est massivement déformé au détriment du travail depuis cette époque et ce mouvement ne s'est jamais arrêté depuis. La place des revenus d'activité dans l'économie contemporaine est trop faible et celle des profits et patrimoines trop importante. Sortir de l'impasse climatique impose de remettre en cause le poids du profit dans la richesse produite pour deux raisons. D'une part, c'est le moyen de transférer du revenu vers les plus modestes et de leur permettre d'accéder à des biens et services de base. D'autre part, cela favorise une logique de circuit court et donc une forte baisse des émissions. Lier fiscalité et réorientation économique constitue par conséquent le point de rupture avec ce modèle d'émissions massives de CO^2. Les super-prédateurs du climat sont la cible principale de ces mesures, il n'est plus possible de continuer à leur transférer chaque année des milliers de milliards d'euros. Cet ordre de grandeur explique pourquoi la résistance au changement n'est pas de l'incompétence.

Une réorientation de l'économie mondiale se traduirait par moins de profits pour les très gros actionnaires, des patrimoines moins concentrés, moins de pouvoir pour les grands groupes, banques et fonds d'investissement divers. Depuis au moins un quart de siècle, ceux qui ont intérêt à ce que rien ne change construisent « l'incompétence des autres »et le renoncement des Etats et des citoyens :

Maintien d'une valeur de la tonne de CO^2 très basse, déconnectée de la réalité.

Soutien aux travaux pseudoscientifiques contestant la réalité du changement climatique puis son origine anthropique puis les mesures prises, aussi minimes soient-elles.

Généralisation des accords mondiaux favorisant la circulation des marchandises et limitant les droits des Etats à agir dans le sens de l'intérêt général, etc.

Les groupes dominants l'économie mondiale ne peuvent reconnaître que si leurs profits passent par des émissions de CO^2, ces émissions auront lieu. De même, ils ne peuvent reconnaître que si leurs profits passent par le chômage de masse, il y aura chômage de masse. Enfin, ils peuvent encore moins assumer que si leurs profits passent à la fois par des émissions de CO^2 et le chômage de masse, il y aura émission de gaz à effet de serre et chômage de masse. Ce silence permet d'éviter le débat sur le risque climatique, l'emploi et la pauvreté.

Il permet surtout d'éviter d'aborder la question des profits. Ils ont besoin de faire croire que les technologies et le marché apporteront les solutions aux problèmes de l'humanité. Mais ce discours est fragile. Il faut « faire patienter » en attendant non pas Godot, mais de supposées innovations salvatrices[1].

En attendant ce miracle, ils poussent au conflit entre individus pour masquer leurs responsabilités. Dans les périodes de crise, il est difficile de prendre du recul et d'analyser objectivement la situation. Nos vies et celles de nos enfants sont en jeu et cela pousse aux tensions avec ceux qui ne verraient pas le problème ou qui n'auraient pas les bons comportements individuels. Pour dépasser la tentation du conflit interindividuel, il faut déconstruire les discours et les pratiques des prédateurs du climat.

1) Le pouvoir d'achat et l'emploi sont les alliés du climat

La remise en cause du modèle économique actuel articulée à une fiscalité forte bouleverserait le mode de production en favorisant le circuit court, la réduction drastique des transports mondiaux inutiles, les surproductions, etc. L'action climatique ne se limite donc pas aux comportements individuels, elle doit remettre en cause notre modèle économique. Dans ce contexte, les discours sur la décroissance sont inadaptés, car trop généraux. Ils créent un sentiment d'insécurité pour des millions de gens dont le revenu est déjà trop faible pour vivre correctement. Or, ce qui doit prioritairement baisser est le profit du fait de son impact sur le climat. Cette réorientation économique remettant en cause la mondialisation économique génère au contraire de l'emploi et du revenu en valorisant la proximité.

2) Les discours généraux occultent la réalité

Les phases de crise sont anxiogènes et poussent souvent à se replier sur des éléments de langage dépourvus de sens. C'est le cas en particulier des « bons gestes » ou du discours de l'innovation. Ces discours sont incohérents. Le consommateur doit à la fois moins consommer pour préserver la planète et consommer davantage pour préserver la croissance.

---

[1] Ecrite en 1948, cette pièce de Samuel Beckett met en scène deux vagabonds qui attendent Godot. Mais plus le temps passe et plus ils s'inquiètent. Que faire en l'attendant ? Sont-ils au bon endroit ? Est-ce le bon jour ? Est-il déjà passé ?

Ce discours simpliste, ces contradictions, cette espérance dans une technologie salvatrice, cette exigence du bon geste ressemblent à une pratique religieuse. Cela rassure sans doute, mais cela n'agit pas dans sur le monde réel. Limiter le réchauffement climatique à deux degrés impose à la fois l'investissement public et une fiscalité importante. C'est exactement l'inverse du discours dominant. Le conflit des idées est donc inévitable.

3) Rechercher un bouc émissaire individuel empêche de comprendre la cohérence du système

La recherche d'un coupable idéal est aussi très courante dans les phases de crise. Le danger est que chacun mette en cause son voisin, parce qu'il mange trop de viande, possède un véhicule diesel, ne trie pas suffisamment, etc. Or, au-delà du petit levier d'action des comportements individuels, il y a le levier principal de la logique socio-économique. C'est celui-ci qui doit être prioritairement activé en imposant les gros émetteurs pour les contraindre à rompre avec leur modèle économique intenable. Nous avons essayé d'apporter des éléments sur les actions qu'il est possible de mettre en œuvre. Ces exemples ne font évidemment pas le tour du sujet, mais ils illustrent le rôle central de notre système socio-économique dans la crise climatique. Plus nous cherchons l'individu coupable, moins nous analysons les mécanismes de notre système socio-économique, plus nous perdons de temps. Entre les grands feux, la pandémie, les inondations en Europe, les inégalités croissantes, la pauvreté et les températures caniculaires, la situation actuelle est angoissante. Dans ce contexte, le groupe social qui a intérêt à ce que rien ne change utilisera tous les arguments pour maintenir le statu quo. Par exemple, imposer les émissions de CO^2 serait protectionniste.

C'est tout l'inverse, il s'agit d'une démarche internationaliste puisqu'elle vise à préserver le genre humain dans son ensemble. Réduire les transports mondiaux de marchandises est l'inverse du protectionnisme et du nationalisme, car l'action climatique nécessite le multilatéralisme. Le repli sur soi et la réduction de la circulation mondiale des marchandises sont deux choses différentes, car les rapports humains sont différents des rapports entre marchandises. Réduire le transport mondial des marchandises ne veut pas dire imposer les importations pour protéger son marché.

Cela veut dire au contraire imposer les importations ET les exportations en fonction des émissions que celles-ci génèrent pour réduire ces émissions et favoriser les relocalisations et productions dans chaque pays.

D'autre part, le multilatéralisme signifie que l'action sera efficace si elle est mondiale, ce qui ne veut pas dire attendre une sorte de nuit du 4 août de la fiscalité environnementale[1]. Il est possible de prendre une autre direction dès maintenant, même si ce changement de cap sera conflictuel, notamment avec les instances européennes. Mais peut-on faire autrement qu'accepter le conflit pour changer les priorités économiques, sociales et environnementales ? Cette réorientation nécessite de redonner sens à l'action des États, des citoyens et des collectivités territoriales. Car chacun et chacune, Etat, collectivités territoriales, fonctionnaires, citoyens peut peser pour que le droit, la fiscalité, l'organisation socio-économique évoluent dans ce sens, comme l'illustrent en annexe quatre exemples concernant des collectivités territoriales de France métropolitaine et d'outre-mer.

À nous de jouer.

[1] La nuit du 4 août 1789, l'Assemblée nationale française a voté l'abolition des privilèges féodaux.

Annexe. Quatre exemples de perte de sens de l'action publique, 1990/2020.

La fonction publique possède-t-elle encore les moyens et la volonté d'une stratégie différente et autonome vis-à-vis des grandes entreprises ? Et au sein de celle-ci, les fonctionnaires ont-ils encore la possibilité et l'envie de contribuer à des stratégies dont la nature différerait de celles de ces grandes entreprises ? Pensent-ils que les entreprises sont plus efficaces que le service public pour répondre aux besoins ? Sont-ils devenus les supplétifs des supplétifs, c'est-à-dire les exécutants de décisions qui seraient en réalité inspirées par la logique et les stratégies d'entreprise ? Y a-t-il d'ailleurs « une » pensée ou des points de vue différents au sein de cette fonction publique ? Ces questions sont examinées au travers de quatre exemples répartis sur une trentaine d'années. La remise en cause du service public a été tellement puissante ces dernières décennies qu'elle est désormais largement partagée. De nombreux fonctionnaires ont intégré l'idée qu'ils n'étaient que des coûts et pensent que la gestion publique est inefficace. Cette rupture culturelle dans la fonction publique a pris du temps. Elle commence dès les années 1980 avec le modèle nord-américain de management par objectif. Élaboré par Peter Drucker à partir des années 1950, le management par objectif se répand dans les structures publiques avec l'arrivée au pouvoir de Margaret Tchatcher et Ronald Reagan. Paradoxalement, ce management repose sur une dissolution, celle de l'objectif. Plus précisément, l'objectif fondamental disparaît au profit d'une succession d'opérations qui sont autant de micro-objectifs que le salarié doit effectuer. À lui ou elle de s'organiser au mieux pour que cette tâche soit effectuée dans les délais.

En principe, la hiérarchie n'intervient plus sur la façon de procéder, mais fixe une tâche (un micro objectif) et un délai pour l'atteindre. Ce type de management est lourd de conséquences. Il réduit la réflexion des salariés aux moyens, outils, méthodes qu'ils doivent mettre en œuvre pour effectuer une succession de tâches. Ils n'ont plus à réfléchir à l'objectif final (améliorer un service rendu, « faire société », etc.), mais seulement aux micro-objectifs assignés. On comprend à quel point ce changement est important puisque le fondement du service public est l'intérêt général. En supprimant cet objectif central et quasi-philosophie au profit de micro-objectifs opérationnels, ce management supprime le sens du service public, l'essence de l'action publique.

Il est devenu très difficile d'introduire de la transversalité dans l'action publique, d'articuler quantitatif et qualitatif, de penser le futur en intégrant les notions de risques et d'alternatives, de le penser comme incertain, etc. Dans la plupart des cas, ces renoncements ont de faibles conséquences sociétales lorsqu'on les observe individuellement. Mais leur caractère systémique explique la dissolution des fondements du service public dans l'esprit d'un grand nombre de fonctionnaires. Renoncer s'est fait sans violence, par des normes désincarnant le travail. Le service public limité à ses dépenses salariales et ce nouveau management ont généralisé la perte de sens du travail et créé une crise profonde :

Peur des conséquences professionnelles d'une éventuelle opposition aux exigences de la hiérarchie ou des élus.

Positionnement comme simple exécutant des décisions.

Difficulté à mesurer les conséquences des choix du fait du cloisonnement du travail.

Désintérêt pour son travail du fait de cette perte de sens et soumission à des normes que l'on sait inadaptées.

Épuisement, renoncement, éléments de langage vides de contenu, mais qu'il faut absolument intégrer dans les documents et interventions.

Individualisation du travail et de l'évaluation qui empêche de mettre en évidence les enjeux communs avec d'autres collègues, indifférence et repli sur son univers immédiat, présentation de la question climatique comme un enjeu essentiellement juridique, etc.

« On dit souvent qu'il y a démotivation parce qu'il y a perte de confiance. Or, il ne s'agit pas seulement d'une perte de confiance, mais bien d'une perte de croyance, c'est-à-dire de motifs. La démotivation est l'exténuation d'un modèle de la raison qui a été transformée en ratio, c'est-à-dire en calculs, en comptabilité[1] ». Christophe Dejours rappelle que la majorité des gens a été enrôlée au service d'un système dont elle désapprouve les méthodes et que cela est obtenu sans l'usage de la force [2]. De son côté, Jean-Léon Beauvoir évoque « L'apprentissage de l'obéissance[3] ».

---

[1] Cf. *La performance, une nouvelle idéologie ?* Ouvrage collectif, éditions la découverte 2004, pp 219/220.

[2] Cf. Christophe Dejours, *Souffrance en France, la banalisation de l'injustice sociale*, préface, p IX. Seuil 2009.

[3] Cf. Jean-Léon Beauvoir, *Les illusions libérales, individualisme et pouvoir social,* Presses universitaires de Grenoble, 2005, p 102.

Dans cette conception du travail, il n'existe plus de collectif de travail, chacun est face à ses responsabilités, à ses objectifs particuliers et il ne doit compter que sur lui-même. Nous retrouvons ainsi la responsabilité individuelle, qu'il s'agisse du climat ou du rapport au travail. La société n'existe pas, il n'existe que des individus.

Ce qui est vrai dans le secteur marchand l'est encore plus dans le secteur public, historiquement structuré autour de la question du sens et de l'utilité collective :

1. Le rôle de conseil disparaît. Le rapport avec les élus et la hiérarchie s'est dégradé au fil du temps. De plus en plus, il est demandé une obéissance stricte, ce qui interdit toute forme d'échange entre le haut et le bas. Le haut sait, le bas exécute.
2. La notion de métier disparaît. Au nom de l'adaptation permanente, les salariés et fonctionnaires voient leur champ d'interventions s'étendre, sans fil conducteur ni formation adaptée. L'injonction à la polyvalence sert à pallier les baisses d'effectif. Cette polyvalence forcée limite le temps disponible pour la réflexion, elle discrédite le rôle du savoir professionnel, remplacé par l'occupation d'un ou plusieurs « postes ». Tout ce qui fait le métier est nié.
3. L'évaluation formelle se généralise. Le plus souvent, elle ne prend pas en compte le contexte (que se passe-t-il en amont de mon travail ? Faut-il pallier régulièrement des absences ? Les équipements nécessaires sont-ils opérationnels ? Quelle est la forme du travail rendu en aval ? Comment est mesurée sa qualité, son efficacité individuelle et collective pour les clients ou usagers ?).

Évaluer ne doit pas se limiter à des aspects quantitatifs qui ne permettent pas de prendre en compte la réalité et la complexité du travail effectué. Cela favorise les pratiques stéréotypées et la routine. Cette omniprésence de l'évaluation formelle est liée au développement du management par objectif qui quantifie les micro-objectifs atteints. La capacité à penser de façon transversale n'a pas sa place dans ce schéma organisationnel et managérial. Cette conception du travail basée sur le court terme, l'obéissance, le quantitatif, le cloisonnement interdit de penser la complexité. Or, penser de façon transversale permet de situer le travail dans sa dimension systémique, c'est-à-dire d'anticiper.

La réduction du travail à une normalisation formelle produit l'incapacité collective à penser l'impensable, donc à s'y préparer. Certains y croient vraiment et appliquent scrupuleusement les consignes.

D'autres n'y croient pas ou plus, ils ne sont ni croyants ni pratiquants et sont parfois exclus de fait des collectifs de travail, marginalisés et souvent en grande souffrance physique ou psychique. D'autres encore y croient un peu ou sont indifférents et appliquent les consignes avec plus ou moins d'enthousiasme. Certains voient les choses autrement, notamment depuis le coronavirus et veulent une autre vie pour eux-mêmes et leurs enfants, etc.

Mais tous ensemble, ils ne forment plus un collectif de travail, mais un ensemble d'individus qui cohabitent dans le travail en ayant chacun des objectifs individuels fixés par la hiérarchie et/ou les élus. Pour comprendre comment la notion d'intérêt général a été chassée de la fonction publique, nous présentons plusieurs diagnostics réalisés pour des collectivités locales sur une trentaine d'années. Ces exemples tirent des enseignements généraux de ces cas particuliers. Les projets sont-ils élaborés avec une participation active des équipes ou imposés d'en haut ? Des alternatives ont-elles été discutées ? Les réflexions prospectives envisagent-elles des scénarios catastrophes ? Comment les projets se confrontent-ils aux coûts qu'ils représentent ? Comment les enjeux environnementaux sont-ils pris en compte ? Les remontées de terrain qui limitent les risques d'erreurs sont-elles possibles ? Etc.

Ces questions se posent avec les dirigeants d'une régie de transport surestimant délibérément le coût d'un moyen de transport (I/ *Que fait le trolleybus sur la corniche* ?), des cadres territoriaux perplexes devant la mesure du coût des transports routiers de marchandises en ville (II/ *Les camions dans la ville sont-ils des incompris* ?), d'autres cadres confrontés à un maire autoritaire les empêchant de s'exprimer sur un projet contestable (III/ *Faut-il craindre la grenouille timide* ?), et enfin de hauts fonctionnaires niant une erreur fiscale et l'ampleur des moyens nécessaires pour éviter l'explosion de Mayotte (IV *Mayotte, proche de la Guyane ou de Haïti ?*).

I/ Mais que fait le trolleybus sur la corniche ? (1990).

« La société serait-elle devenue un produit de l'entreprise ? La question est inévitable pour des sociologues affrontant la valeur médiatique contemporaine de l'entreprise. Si la dynamique sociale de l'entreprise est forte de nos jours, faut-il en attendre un effet en retour sur la société globale, ses règles, ses institutions et ses idéologies dominantes ? »
Renaud Sainsaulieu 1990[1].

Issus de la même grande école d'ingénieurs, les deux dirigeants de la régie de transport ont réalisé un diagnostic clair. Il conclut que le dépôt de trolleybus excentré est coûteux, car de petite taille. Il nécessite du personnel administratif qui pourrait être mutualisé ou supprimé (secrétariat, encadrement, entretien, sécurité, restauration, etc.). Il faut donc le regrouper avec le grand dépôt de bus plus central. D'autre part, les coûts kilométriques sont plus importants pour ces trolleybus du fait de ces frais de structures et le regroupement sera source d'économies[2].

Mandatée par le comité d'entreprise, dans le cadre des lois Auroux [3], l'étude du projet de la direction visait à vérifier les éléments justifiant la fermeture du dépôt et donc les conséquences sur l'emploi. L'analyse des coûts par kilomètre confirmait que ceux-ci étaient plus importants que dans tous les autres dépôts.

---

[1] Cf. Renaud Sainsaulieu, *L'entreprise, une affaire de société,* Presses fondation nationale des sciences politiques 1990, p 27.

[2] Un trolleybus est un véhicule de transport de personnes alimenté par une ligne électrique aérienne, mais qui circule sur la voie publique. Les installations qu'il nécessite sont donc plus importantes qu'un bus, mais largement inférieures à celles d'un tramway puisqu'il ne nécessite aucune installation au sol (rail, site propre, etc.).

[3] Votées au début du premier septennat de François Mitterrand, ces lois ont imposé la création d'un droit d'expression des salariés sur leurs conditions de travail (loi du 4 août 1982), créé une obligation annuelle de négocier dans l'entreprise, sur les salaires, la durée et l'organisation du travail (loi du 13 novembre 1982), mis en place les comités d'hygiène, de sécurité et des conditions de travail (CHSCT, loi du 23 décembre 1982), instauré un droit de retrait du salarié en cas de danger grave et imminent (loi du 23 décembre 1982). Ces dispositions permettaient notamment aux comités d'entreprises de faire appel à des consultants spécialisés pour réaliser des études sur l'introduction de technologies nouvelles. Les CHSCT ont été supprimés fin 2017 et ce type d'études permettant de débattre de choix stratégiques, d'investissements, d'emplois, n'est plus possible désormais.

Il semblait économiquement rationnel de supprimer ce dépôt, de réduire les effectifs et de regrouper les personnels de conduite dans le dépôt central, contrairement au premier échange avec le secrétaire du comité d'établissement. Le consultant. « Si vous contestez la fermeture du dépôt, c'est que vous pensez qu'elle n'est pas justifiée. D'après vous, quelle est la vraie raison de sa fermeture et du transfert vers le dépôt central ? ». Le secrétaire du comité d'établissement. « Tournez-vous vers votre droite ». À environ cinquante mètres sur la droite, en entrant sur le terrain au fond duquel se trouvait le hangar fermé où sont stockés les trolleybus la nuit, la méditerranée... Une vue large et ouverte sur celle-ci, depuis un surplomb lumineux ce jour de grand ciel bleu.

Parce qu'il fait beau, le personnel avait sorti les tables de cantine et mangeait dehors, en regardant la mer.

Faut-il évoquer le fait que les salariés mangeaient en regardant la mer ? Oui, car regarder la mer n'est pas incompatible avec respecter les horaires. Pendant que le consultant participait au repas, les trolleybus sortaient du dépôt et prenaient leur service à l'heure prévue. Manger en regardant la mer n'enlevait donc rien à la qualité du travail, on peut joindre l'utile et l'agréable. Il n'y a donc rien à cacher. Du moins n'y a-t-il rien à cacher du côté des salariés, car précisément, le fait qu'ils regardent la mer est ce qui motive la fermeture du dépôt. Mais pour comprendre cela, il faut retourner au dépôt. En comparant le coût kilométrique des autres dépôts à celui-ci, on constate bien un écart significatif (de l'ordre de 50%). Dit autrement, un kilomètre effectué par les trolleybus du petit dépôt coûte environ 50 % plus que le même kilomètre effectué par n'importe quel autre véhicule de n'importe quel autre dépôt. Les salaires des conducteurs de trolleybus sont 5 à 10% plus élevés que ceux des conducteurs de bus, car ils nécessitent une formation spécifique. Et c'est précisément le fait qu'il s'agisse de trolleybus qui explique la différence de 50% du coût kilométrique entre un véhicule provenant du petit dépôt et un véhicule provenant d'un autre dépôt. En effet, les trolleybus circulent en centre-ville, zone où le trafic automobile est le plus dense de l'agglomération. Pour cette raison, sa vitesse commerciale est inférieure de 35% environ à celle des bus utilisés sur l'ensemble de l'agglomération. Il met 35% de temps en plus que les autres véhicules pour effectuer un kilomètre, ce qui est indépendant de la taille du dépôt. L'écart de salaire entre chauffeur de bus et chauffeur de trolleybus également indépendant de la taille du dépôt. Au total, la quasi-totalité de l'écart de coût kilométrique s'explique par autre chose que la taille du dépôt.

La différence tient au type de véhicule et à la zone où il est utilisé. La fermeture ne se justifiait pas compte tenu du coût de l'opération (démanteler les lignes aériennes sur plusieurs kilomètres, en créer de nouvelles dans le nouveau dépôt, démanteler le dépôt, licencier certains salariés ou financer leur reconversion, etc.). Pourquoi alors envisager une opération si lourde pour un bénéfice théorique si faible ? Le lecteur aura noté la référence constante à la vue sur mer. Cette vue est l'argument réel de la fermeture du dépôt. L'exécutif local voulait vendre le terrain pour réaliser une plus-value immobilière et l'affecter au budget général, avec l'appui technique des cadres dirigeants de la régie. Elle a dû conserver l'ensemble du personnel, les salariés ayant pu faire entendre leurs arguments. Cette expérience est instructive pour plusieurs raisons, car elle apporte un autre éclairage sur la présentation des faits, l'existence de scénarios alternatifs, le débat sur les stratégies d'une entreprise (publique ou privée) et finalement sur la démocratie.

A/ Peut-on toujours avoir confiance dans les analyses et chiffres présentés ?

Les arguments utilisés sont orientés et les données sélectionnées pointent vers un seul futur possible, mais les chiffres sont biaisés.

1) La motivation immobilière est à l'origine de la fermeture du dépôt.

La contre-expertise montrait que les chiffres fournis par la direction servaient une stratégie différente de celle qui était mise en avant officiellement. La véritable motivation était financière et la fermeture n'avait rien à voir avec les caractéristiques du dépôt, mais tout à voir avec une logique immobilière.

Pour éviter le débat sur la véritable stratégie, les analyses ont été biaisées, les arguments étaient mensongers et les salariés comme les habitants sont perdants. C'est une mauvaise affaire lorsqu'on prend en compte les besoins de mobilité dans cette métropole en extension. Cette fermeture a privé la collectivité d'un pôle proche des périphéries. Elle a donc contribué à des coûts environnementaux augmentés en freinant la capacité à offrir un réseau de transports en commun performant.

2) Éviter un débat de société sur la véritable logique des restructurations

Où en est notre démocratie lorsque des salariés risquent de perdre leur emploi du fait d'arguments trompeurs qui visent à masquer la véritable stratégie ? Si un débat sur les objectifs véritables avait été engagé, il aurait montré que la véritable préoccupation n'était pas le coût du dépôt, mais l'opportunité immobilière. Plus généralement, connaître les objectifs réels des actionnaires déboucherait sur une contestation systémique de leur logique et c'est bien cela le problème. Un réel dialogue social donnant aux salariés les moyens de construire des scénarios alternatifs serait conforme aux valeurs démocratiques régulièrement évoquées pour différencier la France des régimes autoritaires. Mais en pratique, le pouvoir est très centralisé et les possibilités de débat sur les projets sont inexistantes. Dans ce dépôt comme dans le rapport sur l'intelligence artificielle, la logique réellement à l'œuvre est occultée pour éviter qu'elle ne soit contestée. Ces arrangements avec la réalité sont devenus la règle dans l'ensemble de la société. Des collectivités peuvent masquer qu'un projet d'aménagement est confié à des opérateurs privés pour qu'ils réalisent des équipements publics en échange d'un quasi-laisser-faire sur le reste du foncier vendu.

Elles peuvent de même sous-estimer délibérément le coût d'un projet parce que des bureaux d'étude parfois liés à des entreprises du BTP les ont convaincues qu'il apporterait de l'attractivité. De son côté, l'Etat surestime délibérément l'avantage financier de regrouper des régions ou sous-estime l'impact de l'intelligence artificielle sur l'emploi. Les entreprises quant à elles peuvent détourner les règles en matière de provisions comptables pour faire opportunément apparaître une perte dans une structure qu'elles veulent fermer puis réintégrer cette provision après avoir réalisé l'opération. Elles passent ainsi de lourdement déficitaires à miraculeusement bénéficiaires, etc.

Tout n'est pas que dissimulation et le coût d'un projet peut être établit correctement, des rapports officiels peuvent ne pas être réécrits ou autocensurés et les pertes d'une entreprise peuvent être réelles, une dette peut constituer un réel problème, etc. Mais ce qui domine est l'utilisation d'arguments inexacts pour imposer la mise en œuvre de scénarios préétablis. Cette manipulation des salariés et des citoyens contribue à la crise démocratique et à la défiance à l'égard des responsables politiques. Depuis des décennies, omissions, présentations biaisées, argumentaires tronqués, courbes de déficit accentuées pour imposer telle ou telle réforme, etc. se sont généralisés. Le trolleybus illustre le risque démocratique que représente la manipulation des faits.

B/ Que devient la démocratie si les faits ne peuvent plus être débattus ?

Ce n'est pas l'incompétence qui explique les faiblesses de l'argumentaire sur la fermeture du dépôt ni celui sur l'intelligence artificielle. Dans les deux cas, masquer les véritables objectifs est un choix rationnel qui institutionnalise le mensonge.

Il ne s'agit pas ici d'entrer dans les catégories binaires du « bien » et du « mal », mais de mesurer les conséquences de ces choix : faire la part du vrai et du faux devient de plus en plus difficile, ce qui nourrit la défiance et renforce les sentiments anti-élites et antisystème. Les réactions épidermiques remplacent le débat et peuvent amener les salariés, fonctionnaires et citoyens à renoncer aux projets alternatifs au profit de conflits plus ou moins spontanés. Développer une culture du mensonge et de l'omission nourrit le complotisme. Cela incite à rechercher un individu malfaisant plutôt qu'à examiner la logique économique à l'œuvre derrière les décisions prises. Les dirigeants de la régie de transport n'ont pas d'objectifs diaboliques, ils ont pour commande politique de vendre le dépôt et de réduire à court terme les dépenses. Cette stratégie était à la fois masquée et basée sur la vision apparente des coûts, sans prendre en compte l'intérêt d'un tel équipement en quasi-périphérie d'une métropole. Ces arrangements permanents avec la réalité contribuent au mal-être au travail et à la perte de sens de celui-ci. On sait que c'est faux, mais on ne peut pas le dire, car contester les choix faits isole et met en porte-à-faux vis-à-vis de la hiérarchie et des autres collègues. Cette distorsion croissante entre les discours officiels, les stratégies affichées et la réalité construit le renoncement et l'incompétence collective. Le déni du réel s'est installé dans les discours, il se généralise dans les pratiques et on se contente d'appliquer les directives, sans apporter sa réflexion et ses enrichissements. L'incompétence se construit de cette façon.

Mais que devient la démocratie si elle n'existe pas au travail ? Si celui-ci est devenu pyramidal et fermé aux points de vue alternatifs, voter ponctuellement lors des élections ne suffit pas à garantir le fonctionnement démocratique de la société.

La démocratie c'est le débat dans la société, mais aussi dans le lieu de travail, l'expression de points de vue différents et l'acceptation que ces points de vue ont droit de cité, droit d'entreprise. Lorsque ce débat disparaît, l'idée même que d'autres points de vue puissent exister et s'exprimer disparaît également.

Dans le cas du dépôt de trolleybus, le droit du travail permettait à l'époque d'obtenir un financement pour une contre-expertise. D'autre part, les salariés possédaient une force collective au travers de syndicats puissants capables de peser sur les décisions. Capacité à produire des idées et capacité à imposer qu'elles soient discutées étaient deux atouts importants dont disposaient les salariés de cette régie de transport. C'est certainement ce qui a permis que la fermeture se fasse sans suppression d'emplois, mais on peut se demander trente ans plus tard si ces compromis sont encore possibles et même souhaités par les exécutifs. La suppression des lois Auroux et l'absence de dialogue social semblent indiquer le contraire. Cela ne va ni dans le sens d'une démocratie moderne ni dans le sens de l'acceptation qu'il existe différents savoirs, aussi pertinents les uns que les autres. On observe d'ailleurs souvent que les élus venant du monde de l'entreprise ont plus de difficultés avec le dialogue et plus généralement avec l'élaboration collective d'une stratégie. Ils sont habitués à décider seul ou en petit comité. Démocratiser l'entreprise les aurait sans doute habitués à davantage d'écoute.

Dans une société qui valorise officiellement la connaissance, le qualitatif, la formation pour s'adapter à un monde qui change de plus en plus vite, on voit mal comment le discours sur l'importance des savoirs peut cohabiter avec un tel déni de l'intelligence collective. La citoyenneté en pâtit inévitablement, car voter tous les cinq ans ne suffit pas à faire contrepoids à l'autoritarisme et au rejet de tout scénario alternatif pour le futur.

Mais pour autant, tout ne se réduit pas à l'autoritarisme et à l'application sans état d'âme des décisions. Les salariés peuvent aussi refuser de repenser les stratégies. C'est ce que montre l'exemple ci-dessous.

II/ Les camions dans la ville sont-ils des incompris ? (2003).

En 2003, la direction de l'évaluation d'une autre métropole souhaitait disposer de mesures des externalités négatives générées par le transport routier de marchandises sur son territoire. Dans cette optique ont été successivement analysés :

- Les pollutions atmosphériques (dioxyde de souffre, oxydes d'azote, composés organiques volatils, monoxyde de carbone ou CO^2, particules en suspension, cuivre et plomb). Les polluants atmosphériques augmentent les risques de maladies respiratoires, le coût pour le système de santé ainsi que le taux de morbidité.
- Les nuisances sonores et l'impact sur la vie et la santé de l'exposition au bruit. Le bruit perturbe le sommeil, débouche sur la consommation de médicaments, augmente les risques de dépression ou de maladies, les dépenses de la sécurité sociale et des ménages, réduit la valeur des habitations, etc.
- L'impact des congestions urbaines (surconsommation d'hydrocarbures, concentration des polluants, dégradation des façades, etc.). Les véhicules contribuent à saturer les réseaux routiers et augmentent le temps quotidien des trajets, donc les coûts collectifs, augmentent la fatigue et les risques sanitaires, etc.

Ces externalités négatives ont été estimées entre 230 et 430 millions d'euros (valeurs septembre 2022), soit 12 à 25 % du budget de la communauté concernée. Cela correspond aux sommes que les entreprises du secteur économisaient chaque année.

Ce travail a été présenté à la direction de l'évaluation, mais aussi au développement économique qui a fait de la logistique un axe de développement. En mettant en évidence l'existence de coûts non pris en compte, l'étude a fortement perturbé la représentation que ce service se faisait du développement économique pour deux raisons. D'une part, elle montrait qu'un secteur stratégique transfère des coûts très importants sur la collectivité et que ces coûts étaient négligés jusque-là. D'autre part, établir une estimation monétaire des nuisances a déstabilisé certains cadres et perturbé la vision des secteurs d'activité à privilégier. Comprendre que le prix de marché n'est qu'une partie du coût total de l'activité rend les stratégies plus complexes à élaborer. Certains fonctionnaires peuvent considérer qu'ils n'ont pas à s'interroger sur le fonctionnement des entreprises et leur logique de développement. Il s'agirait d'objets neutres, ce qui contribue à voir le coût environnemental comme un hors sujet.

D'autre part, même si la question du coût environnemental est prise en compte, la collectivité ne peut pas changer la logique des entreprises et par conséquent certains pensent qu'il n'est pas utile de chercher à estimer un coût sur lequel on ne pourrait de toute façon pas agir. Ces points de vue cohabitaient, mais le principal problème était le fait que ces externalités se chiffraient en centaines de millions par an. La divergence de vue était flagrante entre la direction de l'évaluation qui partageait les conclusions de l'étude et le service économique qui les rejetait de fait. On peut penser que si cette collectivité avait entamé une inflexion stratégique progressive il y a vingt ans, des changements seraient visibles. Cette expérience locale pouvait être partagée avec l'association des communautés urbaines, le club des grandes villes d'Europe, les ministères des Transports, de l'Environnement, des Finances, le Parlement européen, etc.

Il arrive qu'un diagnostic mette en évidence la nécessité de revoir une stratégie. Mais il arrive aussi fréquemment que la domination de la communication amène à refuser ses conclusions. Non parce qu'elles seraient fausses, mais parce qu'elles heurtent les représentations usuelles et les pratiques. Un scénario fil de l'eau s'est installé silencieusement. Dans ce territoire comme dans de très nombreux autres, les vingt ans perdus risquent d'imposer une rupture brutale. Trop de temps s'est écoulé sans que rien ne se passe. Un non-dit inconfortable s'est installé, on sait que la stratégie ne s'attaque pas aux vrais enjeux, mais personne n'en parle. Travailler au report modal, à la livraison du dernier kilomètre, aux énergies consommées par ces véhicules, à leur gabarit, à la diversification économique pour éviter la dépendance sectorielle, aux mutations des mobilités, à la gestion de l'étalement urbain, au commerce de centre-ville, etc., tout cela pouvait s'anticiper, se repenser, à condition de remettre en cause des certitudes anciennes. Prendre en compte ce type d'analyse sans se sentir remis en cause dans sa légitimité suppose de considérer qu'une stratégie de développement n'est pas un tout ou rien, mais un processus qui avance en s'adaptant à la réalité. Il s'agit d'affiner, de nuancer la stratégie, pour se projeter dans un futur moins dépendant de cette activité, bref de prendre en compte la complexité du réel.

Le déni collectif au sein de ce service montre qu'il faut favoriser le sens critique plutôt que l'obéissance si on veut faire évoluer les pratiques.

Mais cela montre aussi le besoin de formation continue et transversale puisque dans l'ensemble, les économistes n'avaient pas connaissance de ces thématiques, contrairement à la direction de l'évaluation. Que peut-on tirer de cette expérience vingt ans plus tard ?

A/ Quand le temps presse, peut-on se payer le luxe de perdre 20 ans ?

Il existait dès cette époque de nombreux travaux sur les coûts environnementaux[1], le Laboratoire d'Économie des Transports avait établi un modèle de calcul des rotations hebdomadaires de véhicules de marchandises en ville selon les secteurs[2]. Étudier les externalités sur ce territoire ne relevait donc pas de la recherche économique de pointe. Mais vingt ans plus tard, ces analyses ont été marginalisées en France et en Europe, du fait d'un lobbying efficace des entreprises des secteurs concernés. « Selon l'organisation Influence Map, cinq des entreprises majeures du pétrole et du gaz (Exxon Mobil, Royal Dutch Shell, Chevron BP et Total) ont par exemple dépensé en tout plus d'un milliard de dollars dans les trois années suivant les accords de Paris pour financer des Think tanks dits climatosceptiques[3] ». Clive Hamilton pense toutefois que « Même si l'invention des mensonges des climatosceptiques peut être attribuée à Exxon, on ne peut pas en dire autant du besoin de les croire. Le doute a été semé sur un sol fertile[4] ». Cette remarque n'est pas accessoire, beaucoup de salariés ne pensent pas qu'il puisse y avoir des alternatives aux stratégies présentées par leurs directions. Leur formation, le management individualisé par objectif, l'étroitesse de pensée des élus et cadres dirigeants, tout cela les rend plus perméables aux discours simplistes. Une partie significative d'entre eux en vient à penser que le coût apparent est le seul critère pertinent.

Pour toutes ces raisons et au-delà des freins européens et de la tiédeur nationale, il faut admettre que l'action locale est très en retard sur ces enjeux.

---

[1] Cf. Commission des communautés européennes, *Note d'orientation du Livre blanc sur l'avenir de la politique commune des transports*. 18 juillet 2001. CITEPA, « *Inventaire des émissions de particules primaires* », décembre 2001.

[2] Modèle Freturb, basé sur le fichier SIREN de l'INSEE.

[3] Cf. Laurence Tubiana, la recherche novembre 2020.

[4] Cf. Clive Hamilton, *Penser l'anthropocène*, science po les presses 2018, p 42.

Où en seraient les politiques publiques et la fiscalité aujourd'hui si une culture de l'évaluation des coûts environnementaux s'était progressivement construite ? Il est probable que d'autres priorités auraient émergé.

- Requalification des zones existantes plutôt que multiplication de projets nouveaux.
- Maîtrise du foncier plutôt qu'étalement urbain.
- Nouvelles formes commerciales urbaines plutôt que centres commerciaux périphériques.
- Recherche de circuits courts, développement massif des AMAP[1] et de l'agriculture biologique plutôt que poursuite du modèle agrochimique exportateur.
- Développement de transports alternatifs, renforcement du fret ferroviaire et relance du réseau ferroviaire régional, plutôt que des bus inters cités ou la voiture individuelle, etc.

De nombreuses métropoles ont développé une offre de transports en commun (tramways notamment), des pistes cyclables, un tri réellement sélectif, des constructions économes en énergie, etc. Mais certaines ont dans le même temps repoussé vers l'extérieur leurs contraintes, ces métropoles écologiquement vertueuses en apparence sont hypocrites en réalité. Elles ont laissé faire, voire favorisé l'éloignement de l'habitat pour les ménages modestes ne pouvant accéder aux zones centrales du fait de prix fonciers inaccessibles. Elles ont favorisé l'implantation de plates-formes logistiques en périphérie. Elles ont de fait aggravé le recours à la voiture pour se déplacer du lieu de résidence (de plus en plus lointain) vers le lieu de travail, etc.

Dans les faits, ces collectivités ont repoussé leurs contraintes vers leur périphérie. Elles en ont fait des territoires de desserrement de leurs contraintes, avec un coût environnemental croissant du fait des mobilités contraintes croissantes. Ce bilan négatif résulte de décisions qui ne se sont pas attaquées aux problèmes systémiques ni dans l'action publique, ni dans le rapport aux entreprises et à leur stratégie. Si vingt ans d'expérience avaient été accumulés, les collectivités territoriales seraient aujourd'hui mieux armées pour mesurer les coûts et avantages des projets, estimer l'impact d'une piste cyclable, d'un habitat à prix modéré proche des lieux de travail, d'un transport en commun en site propre, etc.

---

[1] Association pour le maintien d'une agriculture paysanne.

Depuis au moins trente ans, l'intérêt particulier des entreprises prime sur l'intérêt général dans le silence et sans débat. « Le temps de cerveau disponible pour des risques qui semblent dépasser de très loin notre sphère d'action est limité. Nous préférons ignorer un problème sur lequel nous ne pensons pas avoir de levier, ce qui freine l'action collective[1] ». Les modélisations des coûts environnementaux qui étaient nombreuses dès les années 1990 et avaient un début de diffusion dans le monde local semblent avoir été étouffées. Par l'illusion que la création permanente de nouveaux parcs d'activité était la solution, par le déni des scénarios catastrophes et le retour au fil de l'eau, etc. Les responsabilités ne sont donc pas limitées à une hiérarchie lointaine, il y a aussi un effet colibri négatif dans les décisions non prises, les portes non ouvertes, les changements nécessaires, mais rejetés. Par conséquent, l'individu colibri a quand même une responsabilité personnelle. Il peut réfléchir aux émissions collectives et en particulier celles des entreprises, dont prioritairement le plus grosses.

Il peut alors examiner s'il est possible de les réduire et comment le faire, il prend sa part de colibri à la réflexion commune.

B/ Peut-on imaginer des politiques publiques locales prenant en compte ces réalités ?

Imaginons que les collectivités aient capitalisé deux décennies d'expertises et bénéficié de l'implication du Parlement européen pour établir une fiscalité environnementale prenant en compte les coûts cachés. Si cette porte avait été ouverte il y a vingt ans, nous saurions mesurer l'impact d'une piste cyclable, d'un circuit court dans la restauration scolaire, d'un projet de zone d'activité ou de centre commercial, d'une stratégie de métropolisation attirant des populations jusque-là obligées d'étendre leur zone de recherche d'emplois, etc.

Nous serions capables de mesurer l'impact d'un projet sur la santé, les congestions urbaines, l'accidentologie, les retards au travail, la dégradation de l'habitat. Nous saurions dire que cet investissement doit bénéficier d'une subvention environnementale à hauteur de ce qu'il contribue à économiser collectivement. Nous serions mieux à même de justifier l'utilité d'une fiscalité environnementale visant la réduction des émissions de CO^2, car cette fiscalité aurait un débouché opérationnel et local tout en ayant un effet global. La question est alors de savoir si cela n'a pas été fait ou PAS ENCORE fait ?

---

[1] Cf. Laurence Tubiana, *La Recherche*, novembre 2020.

Quoi qu'il en soit, si les services comme les élus locaux ou nationaux veulent investir réellement ces questions, ils ne doivent pas craindre les grenouilles timides qui arrivent dans la section suivante.

III/ Doit-on craindre les grenouilles timides ? (2010).

A/ Une logique dépassée pour un projet coûteux et inutile

Une vingtaine de cadres territoriaux participent à la présentation des conclusions sur le projet de zone d'activité à la place d'un bois qui abrite une zone humide. Ce bois accessible par une petite route secondaire n'a aucun rôle dans les flux économiques. Enfin, il n'existe pas de besoin exprimé pour cette opération. De façon résumée, ce projet voulu par le maire n'a ni validité économique, ni cohérence urbaine, politique ou environnementale ni même fiscale. À la différence de l'expérience précédente, les services pensent que le projet du maire n'est pas bon, mais les cadres ne s'expriment pas sur ce sujet du fait de l'autoritarisme du maire. Le consultant déroule son argumentaire, mais il n'y a pas de véritable échange. Le maire, physiquement absent, mais présent dans les esprits, ne tolère pas que son projet soit contesté. Pour sortir de cette impasse, un des participants propose une astuce. S'il existe un endémique[1], les directives européennes permettront de ne pas faire la zone projetée. Quelques mois après, la grenouille timide apporte la solution. Elle se reproduit dans ce petit bois et ses ébats sont incompatibles avec la zone industrielle envisagée. La grenouille donne une leçon d'aménagement, mais quelle est la morale de l'histoire ? Tout d'abord, comme on ne peut débattre des vraies raisons pour lesquelles ce projet devrait être abandonné, on se couvre grâce à un artifice.

Mais ce faisant, les questions environnementales apparaissent comme des contraintes qui freinent le développement économique. C'est une grenouille timide qui détermine l'abandon d'un projet incohérent, mais non l'inefficacité économique, sociale et environnementale du projet lui-même. L'environnement et sa préservation n'apparaissent pas comme des enjeux sociétaux majeurs, mais comme un moyen de contourner un projet jugé inefficace. La logique d'aménagement économique du maire restait cantonnée dans des pratiques datant du début des lois de décentralisation (1982/1983).

---

[1] En biologie, une espèce endémique est spécifique à une région bien délimitée, et elle n'est trouvée nulle part ailleurs dans le monde. Le droit européen protège ces espèces.

Il n'envisageait pas de favoriser la densification des zones existantes et favorisait l'extension et la consommation d'espaces boisés ou agricoles. Cette logique extensive a été évitée grâce aux astuces des services. Après le coronavirus, on peut craindre que des voix s'élèvent pour clamer que les grenouilles ne doivent pas nuire à l'emploi. L'écologie, l'environnement seront désignés comme l'ennemi du développement[1]. Dans cette commune comme dans de nombreuses autres, le fait que les services ne puissent jouer leur rôle de conseil auprès des élus contribue à la confusion, à l'inefficacité, à la création de zones économiques sans nécessité véritable. Un très grand nombre de collectivités n'ont pas de projets solides et créent des parcs parce que les élus et un grand nombre de techniciens pensent qu'il faut le faire. Depuis une vingtaine d'années, les zones industrielles ou commerciales représentent plus de 50 % des surfaces consommées chaque année en France. Si ces parcs consomment inutilement du foncier, des terres agricoles ou forestières, ils consomment aussi des ressources qui manquent pour d'autres projets utiles. Cet exemple n'est pas un épiphénomène ni le produit d'un contexte local qui rendrait timides les grenouilles comme les cadres.

Au contraire, il traduit une dérive dans les rapports entre élus et services. Alors, les élus « veulent » et il faudrait habiller leur demande de légitimité, même si les techniciens pensent que le projet n'est pas solide ? La réponse est malheureusement qu'il est devenu très difficile pour les fonctionnaires de tenir leur rôle de conseil auprès des décideurs. Si le politique veut, il faut s'exécuter, car il faut que son volontarisme se lise dans l'espace par la création de zones d'activité, centres commerciaux ou plates-formes logistiques. Les évaluations d'emplois sur les parcs d'activité sont extrêmement rares. Pourtant, s'ils étaient des réussites, les élus seraient demandeurs de chiffres sur l'emploi et communiqueraient sur leurs succès. Leur silence sur ce sujet traduit l'absence de résultats tangibles. De façon plus générale, les collectivités n'ont pas connaissance du volume d'emploi existant sur le territoire qu'elles administrent et ne cherchent pas à en avoir[2].

---

[1] De son côté, le gouvernement français a organisé une convention citoyenne sur le climat mais il n'en accepte pas les conclusions.

[2] Des formations réalisées depuis une vingtaine d'années pour des cadres en postes sur ces thématiques montrent que plus de 80% d'entre eux ne peut fournir d'indications sur l'emploi local. Cela signifie qu'il n'y a pas de demande pour cet indicateur clé.

B/ Quel rôle des services dans la décision politique ?

Un élu peut-il croire qu'il est omniscient et demander aux cadres d'exécuter sa commande sans l'enrichir de leur légitimité technique ? L'élu serait-il à la fois juriste, démographe, sociologue, économiste, fiscaliste, géographe, écologue, urbaniste et DRH ? Tout cela crée de la confusion. Il est élu pour mener à bien un projet politique, en s'appuyant sur des services neutres, objectifs et indépendants. Tout projet doit se confronter à la légalité et à sa faisabilité. Les services sont là pour cela et leur devoir est de vérifier si la décision est conforme à la légalité et à l'intérêt général. Doivent-ils également pouvoir donner leur sentiment sur l'utilité ou l'efficacité du projet ?

En principe oui, mais chacun sait que ce retour est difficile. Dans un monde idéal, dans lequel la séparation des pouvoirs fonctionne, l'élu accepte et même souhaite l'équilibre des pouvoirs. Mais n'est pas Montesquieu qui veut et la majorité des élus accepte très difficilement que les services aient des propositions pour améliorer un projet, proposer un investissement ou à l'inverse conseiller de ne pas le réaliser s'il n'est pas efficace ou utile. Le consultant devient alors le dernier recours, celui qui peut faire entendre à l'élu une complexité qu'il ne voulait pas forcément admettre jusque-là. Mais les choses se compliquent encore plus si on demande au consultant de tenir le discours attendu par l'élu et non de présenter une analyse objective. Dès ce moment, les barrières sautent. Les conclusions sont biaisées en fonction des attentes politiques, comme le montrent le rapport sur l'intelligence artificielle et l'argumentaire faussé concernant le dépôt de trolleybus. Des conclusions servant la communication politique sont attendues. Elles contribuent à la multiplication des zones économiques vides, des centres commerciaux de périphérie concurrents des commerces de centre-ville, des plates-formes logistiques aux impacts sous-estimés et aux emplois surestimés, des propos lénifiants sur les nouvelles technologies, l'inutilité de la dépense publique, etc. Face à cette pression constante, les services sont soit dépossédés d'une part majeure de leurs responsabilités (l'élu devient une sorte de chef de service qui veut être obéi) soit en situation de contournement (chercher une grenouille qui pourrait amener l'arrêt d'un projet, mais sans indiquer les vraies raisons de cet arrêt).

Pour ce petit bois, le consultant n'a pas réécrit ses conclusions pour satisfaire les attentes du maire et la grenouille timide a obtenu ce que n'arrivaient pas à obtenir les services et le consultant.

En contournant le maire pour éviter un gâchis financier et un contresens économique et environnemental, les fonctionnaires ont pris un risque au nom de l'intérêt général et c'est tout à leur honneur. Mais dans la durée, on ne peut se satisfaire qu'une grenouille empêche la création d'une zone d'activité inutile. La solution est dans le retour aux fondamentaux. L'élu assume la décision finale quelle que soit l'analyse faite par les services ou le consultant et on ne produit pas d'étude arrangée, car cela ouvre une boite de Pandore très dangereuse pour la démocratie. Si à l'inverse, l'élu ou le décideur se couvre en faisant pression sur les services pour que les conclusions soient conformes aux attentes, rien ne va plus. Dès ce moment, la démocratie est bancale, un de ses piliers (celui de l'équilibre des pouvoirs) est abimé. En fait, ces situations ont un rapport direct avec la prospective et la dépense publique.

La prospective, car créer une zone industrielle est une projection vers le futur. Mais dans le cas de ce projet, il n'y a pas d'utilité économique, cette zone aurait un impact environnemental négatif et elle génèrerait très peu d'emplois pour un investissement public significatif et très peu de ressources fiscales. Créer des m^2 théoriquement dédiés à l'activité économique, mais largement sous-utilisés relève en réalité davantage de la stratégie de communication que de l'action. La grande majorité des économistes territoriaux rencontrés ces dernières années le confirme, notamment avant les élections, il faut que des projets sortent de terre afin de montrer aux électeurs que l'on agit pour l'emploi. Créer des m^2 exprime le volontarisme et la volonté d'agir pour l'emploi. Mais il s'agit de discours sans projet stratégique.

La dépense publique, car cette zone exprime une certaine conception de la dépense publique. Il faut que la dépense soit visible et ces opérations cochent toutes les cases. Leur visibilité dans l'espace est leur atout. Cela montre la dépense dans ce qu'elle a de visible et quantitatif, par opposition à un travail de longue haleine en matière d'insertion, d'aide aux micro créateurs d'entreprises, etc. Rien n'est plus visible qu'un m^2, c'est une dépense publique inscrite dans le sol alors que l'utilité d'un éducateur spécialisé, une infirmière ou un enseignant n'est pas visible dans ce même sol. C'est une autre forme d'asymétrie informationnelle. Un volontarisme réduit aux apparences, est-ce cela que nous devons attendre d'une société hautement qualifiée, faisant au quotidien l'apologie de la connaissance, de la démocratie, des initiatives partagées, etc. ? Tout cela ne date pas d'hier et il est temps de quitter notre timide grenouille pour prendre la direction de Mayotte.

IV/ Mayotte est-elle à mi-chemin du développement de la Guyane ou de Haïti ? (2012-2020).

« Ce que des hommes ont inventé pour donner sens à leur existence sociale, d'autres hommes peuvent le comprendre, quand bien même ils ne sont pas prêts à reprendre à leur compte ces façons de penser et d'agir ».
Maurice Godelier 2007[1]

Mayotte synthétise les problèmes qui sont au cœur de ce livre : Obsession de la baisse de la dépense publique et application sans état d'âme de directives inadaptées au territoire, refus d'envisager tout scénario de rupture ou de crise, absence de vision prospective et transversale, etc. Pour comprendre pourquoi tant d'affirmations négatives, situons Mayotte dans l'espace et l'histoire.

A/ Mayotte, une île de l'archipel des Comores qui a choisi le rattachement à la France.

Les Comores ont été colonisées en 1841 et sont devenues territoires d'outre-mer en 1958. Le 22 décembre 1974, trois des quatre îles des Comores ont voté majoritairement pour l'indépendance, Mayotte ayant voté contre à 63%. Selon le droit international, les anciennes entités coloniales ne sont pas divisibles et les quatre îles auraient dû accéder à l'indépendance. Près de cinquante ans après, le sujet reste brûlant, les Mahorais favorables au rattachement à la France évoquant le droit des peuples à décider de leur destin et les gouvernements successifs des Comores évoquant le droit international. L'ancien préfet Philippe Boissadam insiste sur le manque de réflexion et d'anticipation de la France. « La France, dans ces péripéties, a plus subi qu'agi et elle a été dans l'incapacité d'anticiper, de maîtriser le processus de l'indépendance des Comores[2] ».

Ce préambule montre la complexité de la situation. La culture mahoraise diffère de celle des départements d'outre-mer et de la métropole avec notamment 95% de la population de confession musulmane. Le droit du sol repose sur trois bases, orales, écrites, coraniques, écrites métropolitaines.

---

[1] Cf. Maurice Godelier, *Au fondement des sociétés humaines. Ce que nous apprend l'anthropologie, Flammarion* 2007, p 61.

[2] Philippe Boissadam, *Mais que faire de Mayotte ?* L'Harmatan, avril 2009, p 166.

Comme dans de nombreuses autres cultures, il n'existe pas toujours de documents écrits pour prouver une propriété (Nations indiennes des USA, îles du Pacifique, Afrique de l'Est, etc.). La transmission d'une terre est un acte sacré, supérieur à un document écrit du fait de son essence divine. Enfin, le sol se transmet parfois oralement, mais surtout de mère à fille, ce qui est une situation plus rare dans le monde musulman[1].

Mayotte présente donc une triple originalité, le rattachement à la France, l'importance de l'Islam, la place des femmes dans la société par le biais de la propriété du sol. Dans la plupart des civilisations, la propriété s'est construite par conquêtes, en détruisant les traces des anciens propriétaires. Ce principe a été théorisé en 1858 en Australie par le système Torrens qui postulait que sans trace écrite, les terres n'avaient pas de propriétaires. Ce principe s'est appliqué dans l'ensemble des colonies françaises.

Mais avec le recul sur son histoire coloniale, la France pouvait comprendre et admettre que le droit traditionnel n'est pas inférieur au droit du sol pratiqué en métropole. Mayotte représentait ainsi pour la France une occasion de tourner la page d'un passé colonial violent qui a nié partout la diversité des civilisations, des cultures, des religions, des identités et imposé partout la même norme et la même histoire, celle de « nos ancêtres les Gaulois ». Au fond, réfléchir aux conditions du développement de Mayotte, était l'occasion de montrer que la mondialisation ne débouche pas fatalement sur le nivellement des cultures et que l'identité et l'originalité d'une petite île de l'océan Indien peuvent être préservées. Mais cela supposait d'assumer le choix de rattacher Mayotte à la France tout en évitant la confrontation avec les autres Îles des Comores. Jusqu'à présent, les choses ne se passent pas ainsi et l'obsession de la réduction des dépenses publiques empêche de penser la complexité, toujours plus coûteuse que le simplisme.

---

[1] Lorsqu'un homme se mariait, il devait construire une maison sur la terre de sa femme. S'il se séparait, il quittait le foyer en n'emportant que ses affaires personnelles. Mayotte et les Minangkabau de Sumatra soient les seules sociétés dans lesquelles l'Islam est majoritaire et qui connaissent ce cas de figure. Ce principe historique a connu des distorsions progressives au cours du temps, mais avoir une fille reste essentiel pour une mère Mahoraise afin de lui transmettre un bien et donc de lui garantir un minimum d'autonomie.

Pour réussir la départementalisation en janvier 2013, l'Etat français devait constituer des équipes interdisciplinaires chargées de recenser et analyser les formes de pouvoir, les raisons historiques des tensions avec les autres îles des Comores, les façons de les dépasser et de développer une meilleure entente avec celles-ci, les contradictions internes à la société, etc. Ethnologues, démographes, anthropologues, spécialistes du droit foncier, du droit coutumier, sociologues, etc. auraient dû travailler ensemble et en lien étroit avec la population et les personnalités locales pour mieux comprendre la société mahoraise, ses contradictions. Or, ce travail n'a pas été fait. Pourtant l'histoire montre que lorsque deux cultures différentes décident de faire route ensemble, la plus petite des deux est menacée de se faire absorber par la plus puissante.

Ce risque est d'autant plus élevé que la France a pratiqué cette dilution des cultures jusqu'au dernier tiers du XXe siècle. De ce point de vue, la question foncière est hautement symbolique. La plupart des institutionnels rencontrés entre 2012 et 2020 ignoraient l'existence d'un droit oral de la propriété. Ce qui était mis en avant n'était pas son existence, mais l'absence de propriété écrite. Le droit oral, le droit coutumier pourtant présent partout dans l'ancien empire colonial français apparaissait comme un manque et non comme un droit local, au même titre que le droit écrit. Le plein serait l'écrit et l'oral serait un vide. L'approche française est restée traditionnelle au mauvais sens du terme. Rien n'a été pensé pour permettre la synthèse entre droit écrit et droit oral, le premier apparaissant implicitement supérieur au second. Au-delà de chercher à adapter les règles métropolitaines, il fallait étudier si elles sont compatibles avec la réalité locale et la mise en place de la fiscalité locale illustre comment l'impréparation débouche sur des catastrophes.

B/ Comment le département le plus pauvre peut-il avoir les bases fiscales les plus élevées ?

Pour fixer le montant des impôts appliqués sur une habitation ou un local professionnel, les services fiscaux calculent la valeur locative cadastrale de ce local. Ils établissent le loyer qu'il faudrait payer et calculent un tarif par m^2 qui s'appliquera aux locaux du même type dans la commune. Dès les années 1980, cette disposition réglementaire n'est plus appliquée sans toutefois être abrogée.

Les loyers n'ont plus servi de base aux calculs, remplacés par un indice national évoluant deux fois moins vite. Au bout d'une trentaine d'années, la valeur locative ne représentait plus que 35 à 40 % des loyers réels. Mais la disposition n'étant pas abrogée, ses principes ont été appliqués à Mayotte et les valeurs locatives ont été calculées selon les loyers. Ces derniers sont très élevés du fait de la pénurie de logements et d'une forte demande. Malgré un revenu moyen quatre fois plus faible qu'en métropole[1], un très faible tissu d'entreprises et un chômage massif, les valeurs locatives cadastrales sont beaucoup plus élevées qu'en métropole. Elles dépassent 10 000 € en moyenne en 2014 à Mamoudzou (ville préfecture) pour une maison, contre 2 500 € à Bordeaux par exemple[2]. Une minorité de Mahorais est imposée à un niveau très élevé et une majorité n'est pas imposée du fait des défaillances cadastrales. Le ministère des Finances a mis de longues années à reconnaître son erreur, ce qui a eu de lourdes conséquences :

- Fortes inégalités entre les contribuables lourdement imposés dont l'habitation est recensée et ceux dont l'habitation n'est pas encore prise en compte.
- Imposition excessive pour de nombreuses entreprises alors que le tissu économique est embryonnaire.
- Budgets des communes trop faibles pour poursuivre l'adduction d'eau, développer le tout à l'égout, améliorer l'habitat et les équipements publics, assurer la restauration scolaire, etc.

De même, le risque de tensions entre Mahorais et Comoriens et le coût des actions à mettre en œuvre pour éviter l'explosion de l'île sur un modèle haïtien ont été systématiquement sous-estimés. L'objectif des services centraux était de dissimuler les problèmes pour minorer les moyens à mobiliser.

Notamment parce que la notation et le déroulement de carrière sont liés au strict respect de l'objectif de réduction des dépenses. Tout ceci n'est pas un scénario catastrophe. C'est une catastrophe, liée à un manque de préparation et de moyens consacrés par l'Etat à réussir la décentralisation. Mais il est de plus en plus difficile de masquer ces difficultés, dont le coût augmente d'autant plus que le temps passe sans qu'une action solide et cohérente soit mise en œuvre.

---

[1] En 2011 selon l'INSEE, le niveau de vie médian mensuel est de 384 € à Mayotte contre 1 599 € en France métropolitaine. Le niveau de vie ou revenu moyen par unité de consommation correspond au revenu du ménage divisé par le nombre de personnes qui constituent ce ménage.

[2] Cf. données fiscales DGFIP.

De la même façon que l'inaction climatique depuis vingt ans a augmenté le coût du changement de trajectoire, l'inaction durable à Mayotte augmente le coût futur de l'action. Soit il fallait acter ces erreurs, les solder et repenser l'ensemble des dispositifs mis en place. Soit il fallait accorder une dotation spécifique à Mayotte, de telle façon que les communes disposent des mêmes ressources par habitant que celles de métropole. Dans les deux cas, il fallait passer devant le Parlement et contredire la ligne officielle de baisse des dépenses publiques. Ce déni de réalité se retrouve dans l'utilisation de formules magiques.

Tout ne serait qu'une question de temps et Mayotte serait en cours de rattrapage des autres départements d'Outre-mer. Le rattrapage est l'équivalent de la foi dans les technologies pour régler les problèmes climatiques.

C/ Le rattrapage de la métropole, l'autre nom du déni de réalité

Les départements d'outre-mer sont régulièrement comparés à la métropole afin de mesurer l'évolution de leur écart de développement. La Guyane aurait ainsi 27 ans de retard en 2010[1], La Réunion en aurait 21 et Mayotte autour de 60. La notion de rattrapage repose sur l'hypothèse que des territoires en difficulté peuvent rattraper des territoires plus avancés. Or, les difficultés sont au contraire souvent cumulatives.

- Le fort taux de chômage limite le revenu, la consommation, les perspectives et les plus diplômés (notamment les jeunes qui n'ont pas encore d'enfant, les couches moyennes et les diplômés) peuvent quitter le territoire pour chercher un meilleur avenir ailleurs.
- La faiblesse du tissu économique contribue au faible niveau d'emploi et l'économie est souvent tirée majoritairement par l'emploi public.
- Faible revenu, faible niveau d'emploi, faible développement économique contribuent aux faibles ressources fiscales des collectivités. Elles sont alors contraintes d'augmenter les taux d'imposition ou de réduire davantage le service à la population.

[1] Cf. *Quel niveau de développement des départements et collectivités d'Outre-mer ? Une approche par l'indice de développement humain.* Olivier Sudrie, document de travail novembre, février 2013. Ce même tableau situe la France au 14ème rang mondial pour l'indicateur de développement humain, La Réunion étant au 54ème, la Guyane au 73ème et Mayotte au 107ème (les chiffres datent de 2005 pour cette dernière).

Les publications de l'INSEE montrent que la convergence n'a rien d'automatique. Elle dépend en réalité de l'intervention publique et nécessite des moyens financiers et humains, des infrastructures, des mesures réglementaires ou fiscales pour inciter des entreprises à s'implanter, etc.

Si cette dépense ne s'inscrit pas dans un projet stratégique, s'il n'y a pas d'articulation entre le budget et le projet, entre les dépenses et les stratégies pour le futur, les progrès sont limités dans le temps. Ils ne permettent pas un développement véritable. Ainsi, les ressources fiscales par habitant sont deux à quatre fois plus faibles que dans les autres départements d'outre-mer du fait des défaillances du cadastre, et ce malgré des valeurs locatives moyennes plus élevées. Une très forte dégradation est probable. Si les indicateurs socioéconomiques de Mayotte ressemblent à ceux de la Guyane, les projections démographiques divergent puisque Mayotte pourrait compter jusqu'à 740 000 habitants en 2050[1], devenant ainsi le département d'outre-mer le plus peuplé après la Réunion. Une croissance infinie sur une planète finie est impossible et cela est encore plus vrai dans un petit territoire déjà soumis à une forte pression environnementale. Est-il possible de faire vivre en 2050 près de 740 000 personnes sur 374 km² ? Mayotte ne dispose déjà pas des ressources en eau suffisantes pour la population actuelle et la pandémie a confirmé la gravité de la situation. Les pénuries sont régulières, de nombreux cours d'eau sont désormais taris même en saison des pluies. Mais il faut également prendre en compte le relief de l'Île, les plaines littorales sont saturées et les nouveaux arrivants s'installent sur des coteaux sensibles aux glissements de terrain. Comme dans toute zone tropicale, le risque est aggravé par les très fortes pluies qui ravinent les sols, phénomène accentué par le déboisement. La progression continue de la population aggrave les pénuries d'eau et dégrade sa qualité avec les risques sanitaires que cela représente : déjections du bétail, détergents, pompages sauvages, dégradation de la mangrove, etc. L'agriculture est elle-même menacée[2].

---

[1] Cf. INSEE Mayotte n° 26, 15 juillet 2020.

[2]« L'érosion des sols menace la durabilité de l'agriculture, la sécurité des habitations et l'efficacité des infrastructures et, conséquemment, l'équilibre de l'écosystème du lagon par l'envasement du milieu aquatique lié aux dépôts sédimentaires ». Cf. *Lutte contre l'érosion des sols et l'envasement du lagon de Mayotte,* Bureau de recherche géologiques et minières, 19 octobre 2017.

Améliorer la situation nécessite notamment de fixer l'habitat près des lieux de production, ce qui implique un autre schéma d'aménagement, des investissements décentralisés et coûteux au regard de la population concernée. Tenant compte de ces constats et des spécificités de l'île, le rattrapage n'est donc pas une certitude. Il apparaît comme un scénario au fil de l'eau qui ne dit pas son nom alors que le scénario catastrophe commence à se réaliser à Mayotte.

- Fortes tensions avec les Comoriens habitant à Mayotte.
- Développement de l'abstentionnisme et importance du vote d'extrême droite.
- Insécurité croissante.
- Forte réduction l'activité agricole, de la pêche artisanale et familiale inadaptée au cadre européen et dégradation rapide des écosystèmes.
- Régression de l'autonomie alimentaire.
- Fiscalité la plus élevée de France, mais budgets des communes les plus faibles par habitant.
- Fortes inégalités d'imposition entre des entreprises ou personnes non imposées du fait des défaillances du cadastre et d'autres surimposées du fait des erreurs de Bercy, etc.

La croissance du PIB ne compense pas la dégradation des conditions de vie, le chômage massif, l'illettrisme, l'insécurité foncière, les violences, la haine des Comoriens, la dégradation du cadre de vie.

Tout cela génère une grande déception à l'égard de la France.

D/ Un échec qui traduit l'absence de l'Etat et le refus d'anticiper les risques

Gabriel Garcia-Marquez écrit en 1981 un roman intitulé *Chronique d'une mort annoncée* [1]. Tout le monde savait, mais personne n'a rien fait. À Mayotte, peu de hauts fonctionnaires et décideurs nationaux ont cherché à savoir et anticiper. Car le silence profite à la carrière. Il fallait qu'on parle le moins possible de l'île, car moins on en parle, moins on parle de ses spécificités. Au lieu de prendre en compte la complexité de la situation, la plupart des hauts fonctionnaires concernés par Mayotte l'ont cachée à leur ministre de tutelle, lesquels se sont satisfait de ce silence.

---

[1] Cf. Gabriel Garcia-Marquez, *Chronique d'une mort annoncée*, Grasset 2001.

Faute de préparation, la France n'a produit aucune réflexion solide sur la forme de rattachement de Mayotte la plus adaptée à son identité. Création d'un statut proche de la Nouvelle-Calédonie ou de la Polynésie française, départementalisation, etc. L'impréparation, la volonté de limiter la dépense publique, la non-prise en compte de l'enjeu environnemental, l'adaptation au coup par coup des politiques publiques, le refus des scénarios catastrophes, etc., tout cela se cumule à Mayotte et débouche sur un risque réel de chaos.

C'est aussi en cela que Mayotte constitue un signal d'alerte qui doit interroger les pratiques et la place que l'on donne à l'action publique, à l'anticipation, à l'étude de scénarios catastrophes.

V/ Quels points communs entre camions, grenouilles, trolleybus et Mayotte ?

Ces expériences ont pour points communs que le sens de l'intérêt général et la capacité à anticiper se sont dissous dans l'obsession de la moindre dépense.

Le trolleybus montre qu'une stratégie peut être masquée par des chiffres volontairement incomplets. L'emploi est menacé pour des raisons qui n'ont rien à voir avec les coûts de fonctionnement du service. Cette régie a fonctionné comme une entreprise privée qui gonflerait ses pertes pour licencier plus facilement. Ses dirigeants ont utilisé des arguments faussés pour atteindre leurs objectifs. Il n'y a pas de démocratie au travail dans ces conditions. Cette stratégie favorise l'argument d'autorité, la concentration du pouvoir et la verticalité.

Le camion incompris indique que des conclusions peuvent être rejetées si elles contestent l'efficacité supposée des entreprises et la vision dominante du développement. Une partie des cadres a refusé de prendre en compte les coûts environnementaux, car cela impactait la rentabilité des entreprises. Pourtant, identifier un problème ne veut pas dire mettre en œuvre brutalement et immédiatement des solutions. Nier son existence empêche de s'y attaquer et rien n'a changé pendant deux décennies.

La grenouille timide montre pourtant qu'on peut défendre l'intérêt général et préserver l'environnement. Mais la crise démocratique et le fonctionnement pyramidal sont si forts qu'il faut ruser pour limiter les dégâts et le gâchis d'argent public. Les fonctionnaires n'ont pu jouer leur rôle de conseil auprès des élus.

Le camion incompris et la grenouille timide ont un point commun, soit on renonce à affronter le problème, soit on le contourne, mais sans pouvoir aborder les questions de fond à l'origine du problème.

Mayotte montre qu'en refusant la dépense publique, et en niant tout risque de catastrophe, on crée les conditions de la catastrophe. Espérer une convergence avec les économies plus développées relève précisément de la croyance. Il en est de même lorsqu'on veut croire que le marché et les technologies régleront les problèmes du climat. Mayotte illustre peut-être ce qui attend la planète si ses habitants ne réagissent pas. Les expériences précédentes illustrent les ambiguïtés de certains fonctionnaires devant les enjeux de démocratie au travail, de présentation de diagnostics et de scénarios les plus objectifs possibles, de prise en compte des coûts environnementaux, de prise en compte des dépenses nécessaires pour qu'un territoire en très grandes difficultés sorte du sous-développement, etc. Ces expériences ne sont pas toute la réalité et le temps s'est accéléré : pandémie, guerre aux portes de l'Europe mégafeux et inondations qui montrent à quel point le changement du climat c'est maintenant. Tout cela amènera peut-être de nouvelles réflexions sur la place respective du service public et du marché, sur l'impôt, l'anticipation et la notion de risque ?

Lorsque les processions pour qu'il pleuve se multiplient et que la sécheresse se poursuit, les fidèles se détournent parfois d'une religion qui ne produit pas les effets voulus. Les religions de l'Égypte ancienne, de la Grèce antique ou de la Rome impériale ont certainement perdu leur force lorsque l'évolution de la société ou des défaites militaires ont montré que l'évocation des dieux n'avait pas d'effet.

Sources citées et bibliographie

Académie des sciences, 26 mars 1791.
ADEME, *Recommandations pour lutter contre l'effet d'îlot de chaleur urbain,* 2012.
ADEME, *l'impact spatial et énergétique des datacenters sur les territoires*, février 2019.
Agora, *The european power sector in 2019, up to date analysis on the electricity transition,* mars 2020.
Ascher François, dans *Transports, pauvreté, exclusions,* éditions de l'aube 2004 (collectif).
Ascher François, *Les nouveaux principes de l'urbanisme*, éditions de l'aube 2010.
Assemblée nationale, *Les coûts de production de l'électricité,* rapport de l'Office parlementaire d'évaluation des choix scientifiques et technologiques, 1999.
Banque de France. Revue de la stabilité bancaire n° 6, juin 2005.
Blog De La Logistique, novembre 2016.
Beauvoir Jean-Léon, *Les illusions libérales, individualisme et pouvoir social,* Presses universitaires de Grenoble, 2005.
Blanc Benoit, *Réduire le méthane, l'autre défi du changement climatique*, décembre 2018 IDDRI et Agence française de développement, p 20.
Boissadam Philippe, *Mais que faire de Mayotte ?* L'Harmatan, avril 2009.
Boyer Robert, *Les capitalismes à l'épreuve de la pandémie*, éditions La Découverte 2020.
Braudel Fernand, *La Méditerranée et le monde méditerranéen à l'époque de Philippe II*, Armand Colin 1990.
Braudel Fernand, *Les mémoires de la Méditerranée,* éditions de Fallois 1998.
Brossier Christian et Leuxe André, *Un exemple d'externalité, la mesure des coûts complets du transport routier*, note de synthèse service des études et statistiques ministère de l'Equipement, 2000.
Bureau de recherche géologiques et minières, *Lutte contre l'érosion des sols et l'envasement du lagon de Mayotte,* 19 octobre 2017.
Bureau international du travail, *Emplois et questions sociales dans le monde, tendances 2021*, 2 juin 2021
Capital, *Ces vingt entreprises émettraient un tiers du dioxyde de carbone dans le monde,* neuf octobre 2019.
Carbon disclosure project, rapport 2013.

Cellule prospective et stratégie du ministère de l'Aménagement du Territoire et de l'Environnement, Évaluation *économique et décision publique,* 2001.
Centre d'analyse stratégique, *Le fret mondial et le changement climatique*, 22 septembre 2010.
CEPREMAP, *La polarisation de l'emploi en France. Ce qui s'est aggravé depuis 2008*, 2019.
Charbonnier Pierre, *Abondance et liberté. Une histoire environnementale des idées politiques,* éditions La Découverte 2020.
Chevalier Jean Marie, *Les grandes batailles de l'énergie,* Galimard 2004.
Cholet Mona, *Sorcières, la puissance invaincue des femmes,* éditions Zones 2018.
Chomsky Noam et Marv Waterstone, *Les conséquences du capitalisme*, Lux édition 2021.
CITEPA, *Inventaire des émissions de particules primaires*, décembre 2001.
CNRS, *Changement climatique, les résultats des nouvelles simulations françaises*, 17 septembre 2019.
CNRS. https://ecoinfo.cnrs.fr/2020/02/11/consommation-energetique-des-technologies-blockchain/.
Collectif, *Penser l'anthropocène*, science po les presses 2018.
Collectif, *Transports, pauvreté, exclusions,* éditions de l'aube 2004.
Collectif, *Commission des comptes et de l'Économie de l'Environnement*, *l'énergie de demain*, EDP sciences, 2005.
Comby Jean-Baptiste, *La question climatique. Genèse et dépolitisation d'un problème public,* Raisons d'agir éditions, 2015
Commissariat général au plan, *Transports, choix des investissements et coût des nuisances*, juin 2001.
Communauté Européenne, *External costs of energy*, 1995.
Commission des communautés Européennes, *Note d'orientation du Livre blanc sur l'avenir de la politique commune des transports,* 18 juillet 2001.
Commission des communautés Européennes, *livre vert sur l'efficacité énergétique*, 22 juin 2005.
Commission des communautés Européennes, *Responsabilité sociale des entreprises : une nouvelle stratégie de l'UE pour la période 2011-2014*. COM/2011/0681 final.
Conseil d'analyse économique, *Fiscalité de l'environnement,* rapport du 24 juillet 1998.

Conseil d'analyse économique, *Kyoto et l'économie de l'effet de serre*, 14 janvier 2003.
Conseil économique pour le développement durable, *Prix du quota de co² et taxe carbone*, n° 12/2010.
Conseil européen, *communication de la Commission. Lignes directrices concernant les aides d'Etat à la protection de l'environnement et à l'énergie pour la période 2014/2020,* Document 2014/C 200/1.
Crawford Matthew, *L'éloge du carburateur*, éditions La Découverte 2010.
Crawford Matthew, *Prendre la route*, éditions La Découverte 2021
DARES synthèse, *Le travail à temps partiel*, stat n° 4, juin 2013.
DARES/France Stratégie, *les métiers en 2022. Résultats et enseignements,* avril 2019.
Dégremont Marie, *La Recherche,* juin 2020.
Dejours Christophe, *Souffrance en France, la banalisation de l'injustice sociale*, Seuil 2009.
Denant-Boèmont Laurent, *vers un renouveau des méthodes du calcul économique public ? Métropolis* n°106/107, 1998.
DGEMP DIDEME, *Coûts de référence de la production électrique*, Décembre 2003.
Diamond Jared, *Effondrement*, Folio essais 2006.
Direction générale du trésor, *Evaluations économiques des services rendus par la biodiversité*, n°294, décembre 2021,
Donzelot Jacques, *Faire société, la politique de la ville aux États-Unis et en France*, Seuil 2003.
Ekeland Ivard, *Au hasard. La chance, la science et le monde,* Seuil 1991.
Espace presse Sénat, *Trois questions à Anne Catherine Loisier,* 20 avril 2020.
https://www.europarl.europa.eu/news/fr/headlines/society/20191129STO67756/emissions-de-co2-des-avions-et-des-navires-faits-et-chiffres-infographie, mise à jour du 17/09/2020.
Finances contrôle stratégie, *L'analyse lexicométrique des macro-discours par les vocabulaires. Enjeux théoriques et méthodologiques,* 29/02/2021.
Fonds monétaire international, rapport 2019.
France stratégie, *Évaluation du crédit d'impôt pour la compétitivité et l'emploi. Synthèse des travaux d'approfondissement*, septembre 2017.
France Stratégie, *Intelligence artificielle et travail,* 28 mars 2018.
France Stratégie, *La valeur de l'action pour le climat*, février 2019.

France Stratégie, M*aîtriser la consommation du numérique, le progrès technologique n'y suffira pas*, octobre 2020.
Frey Carl Benedikt et Osborne Michael, *The futur of employment. How susceptible are jobs to computerization*? 17 septembre 2013.
Friedman Milton, *Inflation et système monétaire*, Calmann-Lévy, 1969.
Gandré Pauline et Camille Cornand, *Cette « myopie au désastre » qui dégrade nos capacités de réponse aux crises, The Conversation*, 10 avril 2020.
Global carbon project, 2020.
Godelier Maurice, *Au fondement des sociétés humaines. Ce que nous apprend l'anthropologie, Flammarion* 2007.
Graeber David, *Dette, 5 000 ans d'histoire,* Babel 2011.
Groupe intergouvernemental d'experts sur l'évolution du climat.
Groupe de travail sur le charbon du délégué interministériel au développement durable, *Charbon propre, Mythe ou réalité ?* 23/03/2006.
Guilluy Christophe, *La France périphérique*, Flammarion 2014.
Harari Yuval Noah, *Homo deus, une brève histoire du futur, Albin* Michel 2015.
Harper Kyle, *Comment l'empire romain s'est effondré,* éditions La Découverte 2019.
Harribey Jean Marie, *La soutenabilité, une question de valeur(s),* Document CED n° 34/1999.
Haut Conseil pour le climat, *Agir en cohérence avec les ambitions,* rapport 2019, juin 2019.
Haut Conseil pour le climat, *Redresser le cap, relancer la transition*, rapport 2020, juillet 2020.
Harrisson Robert, *Forêts. Essai sur l'imaginaire occidental*, Flammarion 1992.
Herdon, Ash and Pollin, *does high public debt consistently stifle economic Growth? A critique of Reinhart and Rogoff,* Université du Massachussetts avril 2013.
INERIS, *Captage et stockage géologique du CO^2, retour d'expérience et perspectives,* 30 novembre 2017.
INSEE, DGFIP, CNAF, CNAV, CCMSA, *Enquête revenus fiscaux et sociaux 2017,* 2018.
INSEE analyses n° 9, *300 000 ménages Aquitains fragilisés par le coût de l'énergie*, avril 2015.

INSEE analyses n° 56, *Prix social du carbone et engagement pour le climat : Des pistes pour une comptabilité économique environnementale* ? octobre 2020.
INSEE Antilles Guyane n° 11, novembre 2008.
INSEE *Comptes de la nation 2019.*
INSEE, *Dossier complet Commune de Corbeil-Essonnes.*
INSEE, rapport au président de la République, *Partage de la valeur ajoutée, partage des profits et écarts de revenus en France*, 13 mai 2009.
INSEE première, n°1436, *Le revenu salarial des femmes reste inférieur à celui des hommes,* mars 2013.
INSEE première n° 1795, *Être parent : des cadres aux ouvrieres, plus de consequences sur l'emploi des femmes*, mars 2020.
INSEE première n° 1855, *En 2017, les ménages consacrent 11% de leur revenu disponible à la voiture,* avril 2021.
INSEE première n °1872, *En 2019, le salaire net moyen dans la fonction publique hospitalière diminue de 0,8% en euros constants,* septembre 2021.
INSEE Références, *Changement climatique et effet de serre,* 27 février 2020.
INSEE, *Produit intérieur brut et grands agrégats économiques en 2019,* 30 septembre 2019.
INSEE informations rapides, *Au deuxième trimestre 2020, l'emploi salarié baisse de nouveau nettement dans le secteur privé et chute dans la fonction publique*, n° 2020-227, 8 septembre 2020.
INSEE informations rapides n°2020-81, *En 2018, le salaire net moyen dans la fonction publique baisse de 1% en euros constants,* 26 mars 2020.
INSEE, *Définitions, méthodes et qualité*, site internet.
Jany-Catrice Florence, *Peut-on dissoudre le concept de capitalisme dans celui de marché ?* France culture, 21 septembre 2021.
Kergoat Michèle, *Libéralisme et protection de l'environnement,* L'Harmattan 1999.
La croix, six décembre 2016.
La performance, une nouvelle idéologie ? Collectif, éditions la découverte 2004.
Latour Bruno, *Où atterrir ? Comment s'orienter en politique*, éditions La Découverte 2017.
La Recherche, Aux *origines du séisme du Teil*, juillet-août 2020.
La Tribune, 27 février 2019 et 16 janvier 2020.

Lawlor Eilis, Kersley Helen et Steed Susan, *A bit rich. Calculating the real value to society of different professions,* New Economic Foundation 2019.
Léac Jean Pierre, https://www.lescahiersdelinnovation.com/quelle-definition-donner-de-linnovation, cahiers de l'innovation, 2019.
Lefebvre Henri, *la production de l'espace,* Anthropos 2000.
Le Figaro, 25 avril 2019.
Le Figaro, où se trouvent les stocks de nitrate d'ammonium ? 10 août 2020.
Les Échos, 25 juin 1997.
Le Monde, 2 novembre 1998.
Lemoine Jacques, *Mythes d'origine, mythes d'identification,* L'homme 1987, tome 27.
Le Point, *Vis ma vie de chercheur en France*, Premier juin 2016.
Lettre du service de la recherche et de la prospective de la D4E, n° 5/2000.
Luchini Stéphane, *De la singularité de la méthode d'évaluation contingente. Économie et Statistiques* n° 357/358, 2002.
Lussault Michel, *L'homme spatial,* Seuil 2007.
L'Usine Digitale,19 juin 2019.
Mangin David, *la ville franchisée,* éditions de la Villette 2004.
Marianne, *Qui sauver en cas d'accident ?* 26 octobre 2018.
Météo France, *Changement climatique, quel climat futur ? projections climatiques*, https://meteofrance.com/changement-climatique/quel-climat-futur/projections-climatiques-passer-du-global-au-local, consulté le premier mars 2021.
Ministère de l'Ecologie, *Véhicule à délégation de conduite et politiques de transports*, synthèse bibliographique, novembre 2015.
Ministère de l'Aménagement du Territoire et de l'Environnement, *Évaluation et décision publique*, 2001.
Ministères de la Transition Ecologique, des Finances, du Logement, des Transports, de l'Industrie, des PME, de la Transition Numérique, *Lettre de mission entrepôts*, 9 septembre 2020.
Ministère de l'Économie et des Finances, Direction Générale du Trésor 21 février 2018, n°216.
Ministère de l'Économie et des Finances, DGEMP, 26 avril 2004.
Ministère de l'Agriculture 06/08/2020.https://agriculture.gouv.fr/les-engrais-base-de-nitrate-dammonium-le-stockage-et-les-risques-daccidents.

Mission ministérielle, *Changement climatiques et exposition des zones sensibles aux feux de forêts*, rapport, juillet 2010.
Molière, *Le tartuffe*, 1664.
Molière, *Le malade imaginaire,* 1673.
Mongin Olivier, *La ville des flux*, Fayard 2013.
Monod Jacques, *Le hasard et la nécessité*, Seuil 1970
Mumford Lewis, *La cité à travers l'histoire*, Agone 2011.
Nasa: EOSDIS, Earth observing system Data and Information System.
Nicolas Jean Pierre, *Le coût des nuisances des transports : méthodes d'évaluation et usage des résultats obtenus,* document de travail n° 98/02.
OCDE Revue économique, printemps 1991.
OCDE/Commission européenne/Eurostat, *Principes directeurs proposés pour le recueil et l'interprétation des données sur l'innovation technologique,* manuel d'Oslo édition 2005.
OCDE, études économiques, 2011, n°5.
OCDE Perspectives de l'emploi, *Partage de la valeur ajoutée entre travail et capital : comment expliquer la diminution de la part du travail ?* 2012.
Office national des forêts, Conseils d'administration.
ONU, *Convention cadre des Nations-Unies sur les changements climatiques*, 1992.
ONU, Comptabilité *environnementale et économique intégrée, manuel des opérations,* 2001.
ONU, *Conférence de Bonn sur le changement climatique*, juin 2019.
ONU, *L'Etat de la sécurité alimentaire et de la nutrition dans le monde*, 13 juillet 2020.
Organisation mondiale du commerce, *Évolution du commerce dans le cadre de l'OMC : statistiques utiles*, https://www.wto.org/french/res_f/statis_f/trade_evolution_f/evolution_trade_wto_f.htm
Oxfam, *Inégalités extrêmes et émissions de CO^2*, décembre 2015.
Oxfam, *La colossale empreinte carbone des banques : une affaire d'Etat,* Novembre 2019.
OXFAM, *Les inégalités tuent*, janvier 2022 p 18.
Pétro Stratégie 17 novembre 1997.
Piketty Thomas, *Le capital au 21 ème siècle,* Seuil 2013.
Prigogine Ylia, *La fin des certitudes,* Odile Jacob, 1996.
Prud'hommes Rémy, *Mégavilles : Économie et gestion* dans *le monde des villes*, 1996.

Ripert Christophe, *Quantification de polluants et consommations liées à la circulation routière,* Comptes 1999 des transports, note de réflexion, deux novembre 2000.
Robin Marie Monique, *La fabrique des pandémies. Préserver la biodiversité, un impératif pour la santé de la planète,* Cahiers libres La Découverte 2021.
Sainsaulieu Renaud, *L'entreprise, une affaire de société,* Presses fondation nationale des sciences politiques 1990.
Scott James, *Homo domesticus. Une histoire profonde des premiers Etats,* Editions La Découverte 2019.
Sénat, *Les niveaux de vie dans les Outre-mer : un rattrapage en panne* ? Rapport du 9 juillet 2014.
Sénat Espace presse, *Trois questions à Anne Catherine Loisier*, 20 avril 2020.
SNCF, *L'internalisation des coûts externes et la prise en compte de l'environnement dans la politique des transports*, 1997.
Souami Taoufik, *Étude sur l'état de l'environnement et la transition écologique à Corbeil-Essonnes,* mars 2021.
Statista Research Department, 7 mai 2021.
Stavins Robert, *L'approche économique de la protection de l'environnement*, Harvard, 2003.
Stern Nicholas, *The review of Economics of Climate Change,* Cambridge University Press, 2006.
Stiglitz Joseph, *Le prix de l'inégalité*, Babel 2012.
Sud-Ouest, 26 juin 2019.
https://www.sudouest.fr/2018/11/19/infographie-la-carte-de-france-du-diesel-commune-par-commune-5579695-10407.php
Sudrie Olivier, *Quel niveau de développement des départements et collectivités d'Outre-mer ? Une approche par l'indice de développement humain.* Document de travail, février 2013.
Tubiana Laurence, *la Recherche* novembre 2020.
Urry John, *Sociologie des mobilités,* Armand Colin 2005.
Voiture-autonome.net. 1 décembre 2016.
Viguier Jean-Michel, *Corbeil-Essonnes : Berges de Seine et rives de l'Essonne, rapport d'étape*, avril 2021.
Zask Joelle, *Quand la forêt brûle. Penser la nouvelle catastrophe écologique*, premier parallèle 2019.

Structures éditoriales du groupe L'Harmattan

L'Harmattan Italie
Via degli Artisti, 15
10124 Torino
harmattan.italia@gmail.com

L'Harmattan Hongrie
Kossuth l. u. 14-16.
1053 Budapest
harmattan@harmattan.hu

L'Harmattan Sénégal
10 VDN en face Mermoz
BP 45034 Dakar-Fann
senharmattan@gmail.com

L'Harmattan Cameroun
TSINGA/FECAFOOT
BP 11486 Yaoundé
inkoukam@gmail.com

L'Harmattan Burkina Faso
Achille Somé – tengnule@hotmail.fr

L'Harmattan Guinée
Almamya, rue KA 028 OKB Agency
BP 3470 Conakry
harmattanguinee@yahoo.fr

L'Harmattan RDC
185, avenue Nyangwe
Commune de Lingwala – Kinshasa
matangilamusadila@yahoo.fr

L'Harmattan Congo
219, avenue Nelson Mandela
BP 2871 Brazzaville
harmattan.congo@yahoo.fr

L'Harmattan Mali
ACI 2000 - Immeuble Mgr Jean Marie Cisse
Bureau 10
BP 145 Bamako-Mali
mali@harmattan.fr

L'Harmattan Togo
Djidjole – Lomé
Maison Amela
face EPP BATOME
ddamela@aol.com

L'Harmattan Côte d'Ivoire
Résidence Karl – Cité des Arts
Abidjan-Cocody
03 BP 1588 Abidjan
espace_harmattan.ci@hotmail.fr

Nos librairies en France

Librairie internationale
16, rue des Écoles
75005 Paris
librairie.internationale@harmattan.fr
01 40 46 79 11
www.librairieharmattan.com

Librairie des savoirs
21, rue des Écoles
75005 Paris
librairie.sh@harmattan.fr
01 46 34 13 71
www.librairieharmattansh.com

Librairie Le Lucernaire
53, rue Notre-Dame-des-Champs
75006 Paris
librairie@lucernaire.fr
01 42 22 67 13

www.ingramcontent.com/pod-product-compliance
Lightning Source LLC
LaVergne TN
LVHW011014061026
849535LV00006B/1879